Propriedade e Domínio

— A TEORIA DA AUTONOMIA —

Titularidades e Direitos Reais nos
Fractais do Direito Civil-Constitucional

Conselho Editorial
André Luís Callegari
Carlos Alberto Alvaro de Oliveira
Carlos Alberto Molinaro
Daniel Francisco Mitidiero
Darci Guimarães Ribeiro
Draiton Gonzaga de Souza
Elaine Harzheim Macedo
Eugênio Facchini Neto
Giovani Agostini Saavedra
Ingo Wolfgang Sarlet
Jose Luis Bolzan de Morais
José Maria Rosa Tesheiner
Leandro Paulsen
Lenio Luiz Streck
Paulo Antônio Caliendo Velloso da Silveira

A769p   Aronne, Ricardo.

Propriedade e domínio: a teoria da autonomia: titularidades e direitos reais nos fractais do direito civil-constitucional / Ricardo Aronne; atualizada por Simone Tassinari Cardoso. – 2. ed., rev. e ampl. – Porto Alegre: Livraria do Advogado Editora, 2014.

212 p. ; 23 cm.

Inclui bibliografia e anexos.

ISBN 978-85-7348-883-8

1. Direito de Propriedade. 2. Direitos reais. 3. Direito privado. 4. Direito – Filosofia. 5 . Direito civil. 6. Direito constitucional. I. Cardoso, Simone Tassinari. II. Título.

DU 347.23

CDD 346.04

Índice para catálogo sistemático:
1. Direito de Propriedade   347.23

(Bibliotecária responsável: Sabrina Leal Araujo – CRB 10/1507)

Ricardo Aronne

Propriedade e Domínio

— A TEORIA DA AUTONOMIA —

Titularidades e Direitos Reais nos Fractais do Direito Civil-Constitucional

2ª EDIÇÃO
Revista e Ampliada

Atualizada por
Simone Tassinari Cardoso

Porto Alegre, 2014

© Ricardo Aronne, 2014

Atualização
Simone Tassinari Cardoso

Capa, projeto gráfico e diagramação
Livraria do Advogado Editora

Pintura da capa
Salvador Dalí

Revisão
Rosane Marques Borba

Direitos desta edição reservados por
Livraria do Advogado Editora Ltda.
Rua Riachuelo, 1300
90010-273 Porto Alegre RS
Fone/fax: 0800-51-7522
editora@livrariadoadvogado.com.br
www.doadvogado.com.br

Impresso no Brasil / Printed in Brazil

Prefácio da 2ª edição

Prefácio ao texto atualizado pelo novo Código Civil

O advento do Código Civil de 2002 marcou o ressurgimento dos estudos na área do direito privado. Temas outrora descurados, como a evicção, temas impostos pela lei nova, a exemplo da função social do contrato, somaram-se à já expressiva investigação que buscava as fontes do direito civil na Constituição. Uma das questões que se podem qualificar "problemáticas", nesse último viés, avulta no fundamento, na limitação e na legitimidade tanto da posse, quanto da propriedade.

E, realmente, as relações de apropriação da pessoa humana no tocante aos bens da vida sofreram vertiginosas mudanças. A ideia de que somente bens corpóreos, ou coisas, podem ser objeto de posse, não se harmoniza com os bens imateriais, mas curiosamente tão reais, prodigiosamente produzidos pela sociedade pós-moderna. É demasiado estreita para as formas e manifestações da propriedade, sem embargo da sua conformação social, que assumiram um inegável caráter virtual.

A obra de amplo sucesso – ora revista e ampliada –, que agora apresento aos leitores, embora tarefa desnecessária, e por generosa incumbência do seu fértil e inventivo autor, que por sua vez qualquer menção laudatória, porque conhecido por seus brilhantes estudos bem além da comunidade dos juristas, antecipou e produziu essa autêntica revolução hermenêutica no âmbito dos direitos reais.

Ricardo Aronne investiga, com rigor e sabedoria, as bases da propriedade e do domínio, apresentando resultados notáveis. De algum modo reinventou toda a disciplina. Oxalá encontre a desejada repercussão na prática dos tribunais!

Araken de Assis
Professor Titular da PUC/RS
Doutor em Direito pela PUC/SP
Desembargador (aposentado) do TJRS
Advogado em Porto Alegre e São Paulo

Prefácio da 1ª edição

A caminho do novo Direito Civil brasileiro

Acedi, sob a luz do contentamento, à honra de prefaciar a obra do professor Ricardo Aronne, iluminado jovem integrante do corpo docente, na disciplina de Direito Civil, da exemplar casa de ensino e formação jurídica que é a Pontifícia Universidade Católica do Rio Grande do Sul. O trabalho é resultado de sua pesquisa que redundou em ímpar dissertação de Mestrado, examinada por nós na lúcida presença e perspicaz sabedoria dos professores doutores Juarez Freitas e Gustavo Tepedino.

O texto vem a lume merecidamente. Inserido no assim denominado "giro coperniciano", coerente com seu tempo, a pesquisa do professor Ricardo Aronne traduz elogiáveis passos de uma grande travessia. Acompanhei a elaboração da dissertação, seu processo e conteúdo, as inquietações, as etapas vencidas, e ao final verifiquei que, tomando o inacabado como definição, não traduziu apenas o novo como mera dimensão vernacular ou reducionismo novidadeiro.

Nele há investigação e reflexão, congruentes com o nível sério e aprofundado das dissertações de Mestrado da PUC-RS. Enfrentando temática própria dentro dos Direitos Reais, evitando a repetição e a reprodução de saberes, a análise levada a efeito tem visão propositiva, transcendendo a recuperação conceitual dentro do sistema e a partir do próprio sistema jurídico. Aponta, enfim, para um instigante rompimento das fronteiras entre o direito obrigacional e o direito real.

Elege como campo de exame as titularidades e o patrimônio, ciente de que aí está parte substancial das mudanças pelas quais passa ou deve passar o Direito, em geral, e o Direito Civil, em particular, sem descurar da dimensão da pessoa, a caminho do novo Direito Civil brasileiro. Acata, por isso, o itinerário da viagem pedagógica descrita por Pietro Perlingieri no Direito Civil Constitucional, explicitada no Brasil por Maria Celina Bodin de Moraes, entre outros. Crises e transformações, que demandam o *saber mestiço* da interdisciplinaridade apontado por Michel Serres, são chamadas à colação no trabalho que procura (e consegue), no redesenhar do mapa cartográfico da contemporaneidade, evitar dois perigos: o da banalidade e o da confusão, para os quais, ao tratar do discurso da tolerância, já houvera alertado, em 1990, Paul Ricoeur.

Nele não se descuida da semente da dúvida, ungido pela virtude de rejeitar soluções simplórias, passando, por isso mesmo, pela pertinência do pensamento sistemático e pelas interrogações, sempre cabíveis, na perspectiva filosófica de Dworkin, na crítica de Kelsen e na relevância da dimensão constitucional, consoante já apontada na obra do professor Luís Roberto Barroso. O texto de Aronne enfrenta as tormentas epistemológicas que banharam os rios da modernidade e que se projetaram, na indiferença, numa pálida, incolor e inodora manualística do Direito Civil. Não reproduz a estreita dogmática do real e do obrigacional, e faz aflorar, para além da mera dicotomia, um novo modo de percepção que, na *funcionalização* das titularidades patrimoniais, repensa paradigmas do Direito Civil brasileiro contemporâneo.

O estudo tem relevância aqui e alhures. Passa do Direito Civil para focalizar, nos dias correntes, o estágio da doutrina civilística no ensino jurídico. Retoma, por isso mesmo, a principiologia e a tábua de valores aptas a orientar o fenômeno jurídico, numa perspectiva de sistema aberto à problematização.

Com esmero e dedicação, vocacionado a integrar a família jurídica com diversos autores, cúmplices da caminhada, a citar, por ilustração, Gustavo Tepedino, Ricardo Pereira Lira e Orlando de Carvalho, enfrenta temáticas inadiáveis, como a repersonalização, a constitucionalização e a publicização. Desafia, por conseguinte, mitos e dogmas no Direito Privado, aqueles que já suscitavam a análise e o interesse da obra de Oscar Correa.

Merece nossos cumprimentos a Editora responsável, reafirmando seu compromisso de qualidade e seriedade, ao dar ao público brasileiro essa visão crítica do Direito a partir da análise dos limites e possibilidades de superação da dicotomia clássica entre direitos reais e direitos obrigacionais.

Bela decolagem para o Autor, cuja obra vê, nas turbulências e transformações do Direito Civil, menos naufrágio e mais porto para ancorar esperança e crítica, dialeticamente reconstruindo possibilidades emancipatórias da instância jurídica.

Prof. Dr. Luiz Edson Fachin
Faculdade de Direito da Universidade Federal do Paraná

Nota da atualizadora

A propósito desta nova edição

Uma das maiores dificuldades de ministrar a disciplina de Direito das Coisas é encontrar bibliografia adequada e coerente com a prática dos Tribunais, mas sobretudo com a vida dos seres humanos. Nestes 12 anos, tenho recebido todas as modalidades de insurgências acadêmicas. As advertências estudantis situam-se desde um "Professora, mas na prática não é assim!" ou "Isso não é coerente com o tecido constitucional", até um "Não consigo entender uma linha deste parágrafo, afinal, pode ou não pode? É direito real ou obrigacional? Como assim, precisa registrar, mas se não registra tem efeitos?".[1]

Realmente, passados mais de 25 anos da Constituição Federal, ainda se pode afirmar que continuamos a extrair efeitos de sua alteração paradigmática. Na disciplina do Direito das Coisas não é diferente. Funcionalização, boa-fé, compromisso com o ser humano são elementos em constante mudança e reflexão.

Em 1999, o professor Ricardo Aronne entregou à comunidade jurídica uma produção ímpar no que diz respeito à concepção do Direito de Propriedade. E hoje, passados mais de 10 anos da entrada em vigor do "novo Código Civil" necessita-se afirmar, que ainda permanece atual. Com responsabilidade, apresentou domínio e propriedade como definições autônomas, informando aos leitores que as noções se prestam a finalidades distintas. Marcou o cenário jurídico com uma concepção que, ao contrário das tradicionais, dá guarida a lidas da prática diária. Produziu uma teoria que efetivamente sustenta a prática, construindo noções técnicas que viabilizam a densificação do projeto constitucional, desafiador, includente, mas, sobretudo, voltado para o ser humano.

---

[1] Expressões que sintetizam especialmente alguns acadêmicos mais dedicados a esta disciplina, que hoje são homenageados nas pessoas de Leila Almeida e Guilherme Wunsch, que em seus discursos indicavam o desconforto acadêmico com algumas respostas expostas doutrinariamente.

Primeiramente, cabe ressaltar que, embora marco normativo significativo, a Codificação em vigor permanece sem conseguir extrair o compromisso que deveria ter assumido com a Carta Constitucional. Condicionou o cumprimento da função socioambiental da propriedade à lei, criou instituto jurídico de difícil aplicação (§§ 4º e 5º do artigo 1.228), e mais, deixou de conceder tutela à multipropriedade, *time sharing* e ao *shopping center*, que poderiam ter sido abordados, por tratarem-se de vinculações contemporâneas de grande utilidade.

Resta a pergunta: para que serve então uma teoria se não for para atender à realidade?

Por esta razão, desde aquele período, aderi à proposta acadêmica de pensar e construir um Direito Civil voltado para a vida. Naquela época, passei a integrar o Grupo de Pesquisa Prismas do Direito Civil-Constitucional, sobre a coordenação do professor Aronne, e, após 13 anos, permaneço com o sentimento inicial. – Eis um espaço democrático que se destina a refletir o Direito aliado à vida! Se alguns pensadores restam aprisionados no "mundo do Direito", aqueles mantêm seus pés comprometidos com a realidade.

Talvez o compromisso deste grupo com a reflexão seja o motivo da honra que me acompanha ao atualizar esta obra. Em vista disso, pretendeu-se apresentar a matéria com reflexão crítica à luz da disciplina legislativa do "novo" Código Civil, Lei 10.406, de 10 de janeiro de 2002, em vigor desde 11 de janeiro de 2003. Respeitou-se o pensamento do autor, apresentando notas diretas e identificadas com a sinalização [NA].

Sem deixar de reconhecer a tradição do construído juridicamente sobre a noção Propriedade, propõe-se o desafio de aliar a esta compreensão olhar contemporâneo, atualizado, comprometido com o projeto constitucional. Compromete-se mais com as pessoas do que com o patrimônio ensimesmado. Isso, aliás, não é proposta da atualização, mas do autor originário!

E, para complementar sua obra, entendeu-se necessário acrescer à obra inicial – *Teoria da Autonomia* – um adendo especial para tratar da posse, instituto jurídico este que, longe de apresentar-se como *foyer* da propriedade, como se concebeu classicamente, tem vida autônoma. Publicado pela primeira vez em 2003, seu discurso sobre posse compõe o que se pode nominar de "Teoria Tríptica", posto que trabalha a noção de posse em sua tríplice dimensão. Com este texto, novamente, o professor Aronne faz o que o caracteriza enquanto pensador: fornece mais teoria capaz de responder a vida.

Registro, neste momento, meu agradecimento ao Professor Ricardo Aronne, por ensinar-me que muitos são os seres humanos que pensam, todavia, nem tantos são aqueles capazes de refletir sobre o próprio pensamento!

Porto Alegre, junho de 2013.

Prof^a. Dra. Simone Tassinari Cardoso

Coordenadora do Curso de Direito e Titular de Direito Civil
da Rede Metodista de Educação do Sul – IPA
Professora de Direito Civil da Pontifícia Universidade
Católica do Rio Grande do Sul

Sumário

Resumo...15

1. Introdução...17

2. Metodologia empregada...21

3. Motivações do presente estudo...26

4. Características básicas dos Direitos Reais...33

5. A "publicização" do Direito Privado...42

6. O tratamento conceitual de propriedade e domínio...55

7. Problematizando o tema...63

8. Em busca de uma redefinição do domínio...80

9. Caracteres do domínio...101

10. O domínio enquanto Instituto de Direito Civil...110

11. A doutrina e o Instituto da Propriedade...120

12. Considerações em torno do conceito de propriedade...126

13. Os novos contornos da propriedade privada...141

14. Função social e igualdade...157

15. Conclusão...161

Referências bibliográficas...166

ANEXO
Titularidades e apropriação no novo Código Civil brasileiro – Breve ensaio
sobre a posse e sua natureza...175

Apresentação – A despatrimonialização da pertença...175

1. Introdução...177

2. Em busca de uma radiografia da posse codificada...182

3. A aporética possessória e a teoria tríptica...188

4. Posse e função social...201

5. Possessórias e função social da posse...208

6. Considerações finais...210

Resumo

O presente livro tem por objeto a revisão dos conceitos de propriedade e domínio, cujos exames dedicados ao tema observáveis na doutrina têm por base as concepções clássicas da civilística, já incompatíveis com o sistema jurídico contemporâneo. O fio condutor do estudo centra-se na exigência do sistema de "repersonalização", com o desfoque protetivo do patrimônio, observável na concepção liberal burguesa do Direito, para o indivíduo inserido solidariamente no contexto social da comunidade em que se encontra, ante os valores constitucionais que adentraram ao ordenamento desfigurando o Direito Civil tradicional, dando-lhe novos contornos, molduras e exigências. Nesse passo, são conduzidas ilações sobre a publicização do Direito Civil, com sua chamada "constitucionalização", por ser um dos fatores centrais que dão a nova fisionomia da espécie, que se aparta do norte individualista e egoísta que o guiava, reorientando-se teleologicamente em face de princípios e valores que passam a dar um novo conteúdo material às regras que lhe são próprias e subsistem, bem como positivando outras, em sentido completamente diferente das havidas no século passado, ainda inspiradoras de nossa civilística fundada na Jurisprudência dos conceitos. A base de desenvolvimento desse estudo, como se pode observar, é a metodologia jurídica, cuja escola inspiradora é a do pensamento sistemático, o qual é suscintamente explicado em capítulo próprio, que busca expor o método de compreensão jurídica, em sede de Teoria Geral do Direito, que orienta as linhas que se seguem. O texto inicia o trato a partir dos conceitos de propriedade e domínio, identificados um com o outro, fruto da inspiração pandectista que alimentou a dogmática clássica, fundante das bases do Direito Civil, que deságua em nosso século e que ainda tem grande influência na produção jurídica contemporânea. O tema supradefinido dá margem ao trato tópico da matéria, com vistas à problematização dessa identificação conceitual, na qual se busca demonstrar que tais conceitos emergem autônomos do sistema jurídico. A partir de então, o texto passa a dar o trato autônomo dos conceitos de propriedade e domínio, revelando seus contornos próprios e independência, em que se observa que sequer as naturezas jurídicas de domínio e propriedade se identificam, sendo o primeiro de ordem real, e o segundo, pessoal. Salientadas as distinções, advém o estudo em específico do domínio como conceito autônomo, do que, em seguida decorre sua autonomia como instituto, também centralizando os direitos reais. A dissertação dedica momentos à análise da funcionalização do mesmo, fruto da porosidade principiológica que o comunica com a propriedade, instituto diverso que tem por objeto instrumentizá-lo pela via obrigacional, de modo que as faculdades no bem, por parte do titular, hão de ser exercidas em proveito social. Seguido ao domínio, advém ao texto a análise do conceito e consequentemente do instituto da propriedade, em que se explicitam as concepções conceituais que a doutrina apresenta para o tema, confessadamente insuficientes, para partir-se para a sistematização do instituto, com vistas a que seja apreendido um conceito apto ao ordenamento contemporâneo. Antevista a obrigacionalização da propriedade, esta é repassada historicamente, e é buscada a perspectiva que o sistema jurídico orienta em prol da funcionalização desse direito, outrora absoluto e ilimitado internamente, ora completamente alterado de modo a se impor a revisão de seu próprio conceito, a partir do sistema jurídico atual, de modo a que se limite interna e impulsionadoramente, em prol da função social que lhe advém, com vistas à realização do primado da igualdade material (princípio esse que tem capítulo dedicado ao seu estudo), como exigência ao seu titular. A conclusão repassa rapidamente os tópicos do texto, centrando-se nesse redimensionamento dos conceitos da propriedade e domínio, abertos e preenchidos tópica e axiologicamente, para revelar a franca decadência da civilística tradicional, centrada em conceitos historicamente resgatados e imutáveis, recheada de distorções formais e materiais ante as abstrações que lhe são comuns, que dá lugar a um Direito Civil repersonalizado e contemporâneo, que assume seu papel instrumental em face de uma realidade social a qual não pode ignorar.

1. Introdução

A matéria proposta como tema de enfoque é o esteio fundamental no qual se centra o direito das coisas, enquanto via reguladora da relação entre os indivíduos e os bens da vida que o cercam.

Em que pese o academicismo que possa externar a questão proposta pelo trabalho, é indiscutível a dificuldade que se observa na doutrina em vislumbrar propriedade e domínio como conceitos e institutos próprios, com funções e objetos distintos.

Nesse passo, é importante proceder ao reexame proposto com os olhos contemporâneos, na medida em que a matéria em tela vem sendo visitada, nos exames dedicados a ela, tendo por base a dogmática da superada pandectista do século XIX, e uma revisão teórica nos moldes objetivados, além da relevância já intrínseca de repensar conceitos postos pela civilística clássica, traz importantes repercussões práticas na operação com os direitos reais.

Os conceitos de domínio e propriedade centralizam o direito das coisas, cujos demais institutos decorrem dos desdobramentos da propriedade e do domínio (este último por ter tratamento correlato ao anterior, pela doutrina). Em face disso, a propriedade e, via de consequência, o domínio, perfazem as noções nucleares da espécie, cujas alterações, devido a inter-relação entre os demais institutos de direitos reais com esses, refletem-se em toda a respectiva disciplina.

As definições daqueles objetos se apresentam confusas em decorrência do exposto, de modo que todo o direito das coisas passa a mostrar-se árido e por vezes com desdobramentos que resultam em perplexidades, nada singelas, que alcançam doutrina, jurisprudência e até mesmo nossa legislação civil.

A proposta do presente trabalho é a revisão de ambos os institutos como autônomos, com os pés fincados na metodologia, de modo a que se possa "arejar" o direito das coisas, a partir de seus pilares, com os bons ventos da contemporaneidade, buscando no tratamento da matéria a "repersonalização" nos direitos reais, amparada na "constitucionalização" do Direito Civil. Repisa-se sobre estas noções porque as codificações civis brasileiras apresentam racionalidade imbuída de conservadorismo. Tanto 1916 quanto 2003 repisam conceitos clássicos sobre o que seja o direito das coisas. [NA] Assim, passa-se de modo incidental pela manualística, com o fito de centrar problemáticas, expor divergências, ou para entabular abordagens. O pensamento jurídico sistemático se mostra lente apta pela qual se revelam o domínio e a propriedade autônomos, teleologicamente orientados pelos valores constitucionais, no curso do presente estudo.

Os conceitos a serem reexaminados, para que se possa vislumbrar as dificuldades que se apresentam como inerentes ao tema proposto, importam em titularidade (seja em aspecto positivo ou negativo) e objeto, implicam liame de faculdades perante o bem da vida, porém não se identificam, apesar de não se excluírem.

A busca da independência conceitual entre propriedade e domínio, não obstante de mostrar-se de maior correção científica como observar-se-á, tem fim precípuo diverso.

Tal independência é perseguida para que se alcance a autonomia entre propriedade e domínio no âmbito de institutos de direito privado, pois com isso pode ser vislumbrada uma despatrimonialização do direito das coisas, pondo-o em nova sintonia com o sistema jurídico, repersonalizado.

No que se refere à propriedade, graves se constatam os problemas emergentes de sua conceituação e limitação. A doutrina majoritária, com uma visão eminentemente privatista do instituto, permeada pelos ideais liberais há muito desmitificados, ainda trata a propriedade como um direito absoluto, quase que no sentido exato do termo. Tal postura não corresponde à realidade da sociedade e do próprio sistema jurídico que a regula.

No intuito do repensar proposto, a conceituação de Karl Larenz,[2] sobre o direito de propriedade, se mostra adequada como lente através da qual é possível analisar o estatuto proprietário na trilha de um novo conceito na linha em que aponta Gustavo Tepedino,[3] que seja aberto e teleologicamente orientado pelos valores recebidos no sis-

---

[2] LARENZ, Karl. Derecho civil: Parte general. 3. ed. Jaén: *Revista de Derecho Privado*, 1978, p. 53. trad. Miguel Izquierdo.

[3] TEPEDINO, Gustavo. Contornos constitucionais da propriedade privada. In: *Estudos em homenagem ao professor Caio Tácito*. Rio de Janeiro: Renovar, 1997. p. 321. [NA] Da mesma forma em TEPEDINO, Gustavo; SCHREIBER, Anderson. A garantia da propriedade no direito brasileiro. *Revista da Faculdade de Direito de Campos*, Ano VI, n° 6 – Junho de 2005.

tema jurídico vigente, que se tensionam, positivados no princípio do acesso e garantia da propriedade e no princípio da função social.

No que se refere ao domínio, impõe-se um reexame da doutrina civilista clássica, que normalmente o identifica integralmente com propriedade ou o aponta como sendo o direito de propriedade referente a bens materiais, sempre sem o reconhecimento da devida autonomia.

O direito de propriedade se vislumbra a partir do proprietário em relação aos demais indivíduos, já o domínio se vislumbra de modo diverso, ou seja, do indivíduo em relação ao bem. Na concepção clássica, o domínio seria, então, o conjunto das relações entre o indivíduo e a coisa, expresso pelo *jus fruendi, utendi* e *disponendi*.

No curso deste trabalho, buscar-se-á emparelhar tais conceitos perante hipóteses concretizantes, com seus efeitos e desdobramentos jurídicos, repisando e demonstrando serem a propriedade e o domínio conceitos autônomos. Mostra-se possível e necessário compreender suas diferenças, das quais emanarão repercussões práticas e teóricas que poderão trazer novos rumos ao tratamento de tais institutos, que não se identificam, em razão das respectivas autonomias conceituais, sendo tão somente complementares.

Apesar da presente proposta parecer conceitualista, pelo fato de o tema desenvolvido estar centrado em conceitos, deve ficar consignado que seu intuito é justamente o do desapego de uma visão como a da Escola da Exegese, que ampara a metodologia da civilística clássica, terminando por engessar o sistema através do tratamento estanque de conceitos dos quais não pode fugir.

O reexame conceitual dos termos "propriedade" e "domínio", dessa forma, será a lente pela qual poderá ser observada a alteração dos direitos reais no Direito Civil brasileiro, implicando uma exegese diferenciada da amparada na civilística clássica.

Como resultado de operar com o ordenamento de modo adequado e científico, assentado no pensamento jurídico sistemático, os conceitos mudam ou evoluem, pela mobilidade do sistema no qual se inserem, com reflexos nos respectivos institutos, descabendo seu tratamento estático, comprometido com a manutenção de um *status quo* que sequer é vigente no âmbito do nosso direito positivo.

Nesse passo, tem-se por objeto a sistematização da propriedade e do domínio, na perspectiva de superar a visão imposta pela doutrina civilista tradicional, que se embasa em metodologia já superada na ciência do Direito, cujas incongruências formais e materiais atentam contra o próprio sistema jurídico.

Propriedade e Domínio – A TEORIA DA AUTONOMIA

Pelo exposto, revela-se clara a razão da opção de construir as linhas que se seguem tendo por base o pensamento sistemático, pois se o reexame proposto se amparasse na doutrina clássica, que se funda na Escola da Exegese,[4] dificilmente poder-se-ia chegar a conclusões e desdobramentos outros que os já apregoados pelo sistema civilista tradicional, em franco descompasso com a sociedade moderna e a própria realidade jurídica que dela e para ela deve emanar.

"Repersonalização" do Direito e "Constitucionalização" do Direito Civil emergem no trato da matéria como a coluna vertebral do presente texto, em prol de superar-se a proposta de estatuto proprietário objetivada pela dogmática civilística clássica, como exigência da própria metodologia do pensamento sistemático.

Propriedade e domínio se revelarão autônomos pela própria compreensão do sistema, através de conceitos jurídicos indeterminados que se preenchem axiologicamente pelos valores positivados no sistema jurídico e se hierarquizam topicamente em face dos valores sociais apreendidos pelo mesmo em sua abertura, resultando em diversos desdobramentos cambiáveis em face dos casos concretos aos quais o ordenamento tem de responder.

A autoimposta inaplicabilidade da Jurisprudência dos Conceitos é fator determinante para evolução metodológica, com a qual resulta superada a civilística tradicional por refutar, em suas bases, a mobilidade e abertura do sistema.

Repisa-se revelar o pensamento sistemático, a independência dos conceitos de propriedade e domínio e a construção de dois institutos jurídicos autônomos e completamente reorientados teleologicamente pelos valores e princípios constitucionais.

---

[4] Tratar-se-á no texto como sinônimos os termos Escola da Exegese, Jurisprudência dos Conceitos, Dogmática e Pandectista. **[NA]** "A escola da exegese deve seu nome à técnica adotada pelos primeiros expoentes no estudo e exposição do Código de Napoleão, técnica que consiste em assumir pelo tratamento científico o mesmo sistema de distribuição da matéria seguido pelo legislador e, sem mais, em reduzir tal tratamento a um comentário,artigo por artigo, do próprio Código." (BOBBIO, Norberto. *O positivismo jurídico: lições de filosofia do direito*. São Paulo: Ícone, 1995, p. 83). "A redução do Direito à norma, com a desconsideração de questões éticas, políticas e sociológicas na esfera do Direito atinge seu ápice com a Jurisprudência dos Conceitos." (BITTAR, Carlos Eduardo. *Curso de Filosofia do Direito*. São Paulo: Atlas, 2007, p. 348). "Sabemos que o jurista conhece o direito de forma preponderantemente dogmática. Ao fazê-lo está preocupado com a decidibilidade dos conflitos com um mínimo de perturbação social possível. (p. 93) ocupamo-nos da dogmática de modelo analítico, cuja tarefa gira em torno da identificação do direito." (FERRAZ JÚNIOR, Tercio Sampaio. *Introdução ao Estudo do Direito*. 4ª ed. São Paulo: Atlas, 2003, p. 256). "a Escola Histórica do direito aplicou a maior parte do seu vigor espiritual à construção de uma civilística sistemática; ela tornou-se (...) numa 'pandectística' ou 'ciência das pandectas'. Prosseguiu, assim, a orientação formalista, aberta por Anselm Feuerbach e pela teoria metodológica do jovem Savigny, que transportou a matéria do direito comum a construção sistemática e conceitual do anterior jusracionalismo." (WIEACKER, Franz. *História do Direito Privado Moderno*. Lisboa: Fundação Calouste Gulbenkian, 1967, p. 491).

2. Metodologia empregada

A metodologia empregada para o exame do tema proposto é a do pensamento sistemático. Tem-se por metodologia, parafraseando Karl Larenz,[5] o método científico de compreensão e solução de questões jurídicas no contexto e com base em um ordenamento jurídico.

É importante tal explicitação, na medida em que o desenvolvimento desse estudo tem seu assento na metodologia e, para melhor clareza, seja semântica ou científica, a melhor sintonia possível entre o texto e aquele que o interpreta é recomendável e mais facilmente alcançável.

Cumpre explicitar o conceito de sistema jurídico que acompanhará a exposição, diretamente derivado daquele de Juarez Freitas.[6] O sistema jurídico é uma rede axiologicamente hierarquizada de regras, princípios e valores, positivados em nosso ordenamento.

Conceituado como tal, o sistema, definido está seu método de interpretação, que deverá ser sistemático, não no sentido empregado por Carlos Maximiliano,[7] e sim no de que ao interpretar-se ou aplicar-se uma regra ou princípio, estar-se-ia interpretando ou aplicando o sistema como um todo, procedendo uma dialógica sistematização do direito neste processo.

A interpretação se dará com a hierarquização dos sentidos teleológicos das regras, princípios e valores jurídicos, não só esclarecendo-os, mas, principalmente (o emprego do termo é intencional como

---

[5] LARENZ, Karl. *Metodologia da ciência do direito*. Lisboa: Calouste Gulbenkian, 1989, p. 1.

[6] **[NA]** Vide FREITAS, Juarez. *A interpretação sistemática do direito*. São Paulo: Malheiros, 2002, p. 54. "Em tal linha, sempre em atenção à imprescindível e irrenunciável meta de formulação de um conceito harmônico com racionalidade intersubjetiva, e com a dialética da circularidade hermenêutica, entende-se apropriado conceituar o sistema jurídico como uma rede axiológica e hierarquizada topicamente de princípios fundamentais, de normas estritas (ou regras) e de valores jurídicos cuja função é a de, evitando ou superando antinomias em sentido *lato*, dar cumprimento aos objetivos justificadores do Estado Democrático de Direito, assim como se encontram consubstanciados, expressa ou implicitamente, na Constituição".

[7] MAXIMILIANO, Carlos. *Hermenêutica e aplicação do direito*. Rio de Janeiro: Forense, 1984, p. 156.

Propriedade e Domínio – A TEORIA DA AUTONOMIA

se verá adiante), dando-lhes uma unidade teleológica estruturante de modo a evitar quebras no sistema, extraindo-se a *ratio* do sistema no seu todo, em sua incidência tópica. Essa busca de unidade teleológica se observa não ser formal e sim material, como bem demonstra Pasqualini.[8]

Cumpre esclarecer que a tipologia de normas ora utilizada é a de Dworkin,[9] na qual norma é gênero, do qual princípios e regras são espécies. Diferem tais espécies de normas, efetivamente, não no que tange à sua juridicidade, e sim, no tocante à sua forma normativa de incidência, tendo as regras uma maior concreticidade e os princípios, maior grau de abstração.[10]

Em face da compreensão do sistema em sua unidade, onde há uma ligação intrínseca do mais abstrato princípio constitucional à mais densa regra da legislação infraconstitucional, a alteração da Constituição Federal traz consequências exegéticas no Código Civil, de modo a que não se faça possível interpretá-lo da mesma forma em face de Constituições diferentes, como procede a manualística por partir de conceitos que toma como suprassistêmicos. A unidade apregoada não é de ordem formal, como já exposto, e sim material, pela compreensão da normatividade da malha jurídica.

Nessa medida, o simples fato de ter a Constituição positivado igualdade, justiça, bem-estar, como valores supremos a consubstanciar uma sociedade pluralista fundada na harmonia social,[11] desloca o contexto do Código de 1916, exigindo do intérprete uma leitura sob tais moldes, pois ele resta vinculado por tal norma (suprema) em sua operação exegética.

Observe-se que a dignidade da pessoa humana se positiva como princípio jurídico geral, fundamentando o princípio estruturante do Estado Democrático de Direito. Nesse passo, nosso regime Constitucional do Estado Democrático de Direito somente se concretiza na me-

---

[8] PASQUALINI, Alexandre. Sobre a interpretação sistemática do direito. *Revista do Tribunal Regional Federal da 1. Região*, Brasília, v. 7, n. 4, p. 96, 1996. "Sem descuidar da valiosa e indispensável busca de 'coerência lógica mínima do ordenamento', chama a atenção para o fato de que tal exigência de unidade jamais será lograda apenas no patamar formal, uma vez que, na origem mais remota do Direito, estão presentes princípios e valores jurídicos potencialmente contraditórios. Isso importa em afirmar-se optar por outra formulação – que o Direito, com asas de cera do formalismo dedutivista, nunca atingirá coerência sem comprometer, ato contínuo, sua eficácia e legitimidade substanciais."

[9] DWORKIN, Ronald. *The philosophy of law*. Oxford: Oxford University Press, 1986, p. 44.

[10] CANOTILHO, J. J. Gomes. *Direito constitucional*. 6. ed. Coimbra: Almedina, 1993, p. 167-169. O referido autor expõe com clareza e didática, sem perda de precisão, a matéria em tela, com respaldo nas conclusões de Dworkin, Larenz e Alexy.

[11] Preâmbulo da CF/88.

dida em que atende a dignidade da pessoa humana, inexistindo na sua falta.

Impõe-se, por força do próprio conjunto normativo, uma releitura "repersonalizante" do Código, deslocando o enfoque protetivo do mesmo do patrimônio para a dignidade da pessoa humana, em face do esclarecimento recíproco das normas, nos moldes que adiante se buscam elucidar. Isso independe de mudanças legislativas no corpo do Código, pois ele sofre mutações, em tese, por qualquer alteração no sistema jurídico que integra.

Diversos princípios jurídicos estruturantes do sistema jurídico, sem que sejam *numerus clausus*, estão expostos ao longo do Título I do texto constitucional, entre os quais, o pluralismo político, a república, a democracia, o Estado de Direito, a independência nacional etc.[12]

A concreticidade é dada por outros princípios decorrentes, de modo a desvendar uma senda político e jurídico-constitucional, clarificando seu sentido e, com eles, formando o que Karl Larenz viria a denominar união perfeita, que redunda em um sistema jurídico, conciso e orientado.[13]

O princípio do Estado de Direito, de tal forma, densifica-se, para se mostrar desvelado pelos princípios da constitucionalidade, proporcionalidade, legalidade, independência dos tribunais, vinculação do legislador e outros tantos.

As regras jurídicas, de igual forma, concretizam os princípios estruturantes. Exemplo do exposto é o caso da alínea "a" do inciso XXXIV do artigo 5º da CF/88, que assegura o direito de petição, densificando o princípio geral da legalidade da administração e o princípio especial da prevalência da lei, bem como o princípio estruturante do Estado de Direito.

Existe uma tendente perda de abstração, que vai do mais etéreo princípio (estruturante) à mais densa regra. Uma norma se densifica em outra através da cadeia do ordenamento. Os princípios estruturantes em gerais, estes em especiais, então em especialíssimos, até a concreticidade das regras.

Do princípio do Estado de Direito (Princípio Estruturante) decorre o princípio da vinculação do legislador aos direitos fundamentais (Princípio Geral), do qual, decorre o princípio da irretroatividade

---

[12] **[NA]** Sobre encadeamento principiológico é possível encontrar explicação substancial e didática em ARONNE, Ricardo. Livro III – Do direito das coisas. In: *Código Civil Anotado*. Rodrigo da Cunha Pereira (coord.). Porto Alegre: Síntese, 2004.

[13] LARENZ, ibidem, p. 180-183.

Propriedade e Domínio – A TEORIA DA AUTONOMIA

(Princípio Especial), do qual decorre o princípio da reserva legal (Princípio Especialíssimo), do qual decorre a regra que dispõe sobre a sanção presidencial (Regra Jurídica). Decorre, dessa forma, um sistema uno, móvel, aberto e garantidor da congruência das normas que o integram, não somente no sentido formal como no material.

O esquema acima explicitado não se desenvolve em uma única direção, das normas mais etéreas para as mais densas, das mais abstratas para as mais concretas, de cima para baixo; eis que a formação de um sistema é atingida através de um processo de esclarecimento recíproco.

Na medida em que tal esclarecimento recíproco entre as normas ocorre na totalidade do ordenamento jurídico, enquanto sistema, a partir da Constituição, tal processo deverá ser observado para qualquer interpretação, mesmo que de norma infraconstitucional, categoria na qual se insere o Código Civil, na condição de lei ordinária.

Os princípios estruturantes precisam das demais espécies de normas (regras e princípios menos abstratos), para ganharem densidade e, ao mesmo tempo, transparência. Portanto, somente o todo formará uma unidade material que, justamente, é a unidade sistemática.

A interpretação jurídica haverá de se orientar pelo princípio da hierarquização axiológica,[14] de modo a serem vencidas ou evitadas antinomias ou conflitos normativos, informada por outros princípios jurídicos objetivadores da interpretação, de modo a que restem afastados subjetivismos e para que não ocorra mera teoria da argumentação, sem a cientificidade necessária.

Como princípios objetivadores de interpretação, deverão informar o princípio da hierarquização axiológica os seguintes: princípio da unidade sistemática, princípio do efeito integrador, princípio da máxima efetividade, princípio da justeza sistemática, princípio da concordância prática, princípio da normatividade constitucional e, finalmente, o princípio da interpretação conforme a Constituição e seus três subprincípios.

Ao se valer da metodologia ora empregada, o intérprete obra efetivamente, ciência e não política do direito, ao contrário do que referia Kelsen,[15] podendo apontar qual das possíveis interpretações de uma norma, dentro da moldura do ordenamento jurídico, é a mais correta

---

[14] **[NA]** Sobre o princípio da hierarquização axiológica e sua utilização, vide Juarez Freitas. *A interpretação sistemática do direito*. São Paulo: Malheiros, 2002, p. 113-145.

[15] KELSEN, Hans. *A teoria pura do direito*. 4. ed. São Paulo: Martins Fontes, 1995, p. 393.

na resolução de um caso concreto em um dado momento histórico de uma sociedade.

Sem prejuízo do acima referido, cumpre salientar que por ser o Direito problemático, a interpretação há de ser feita topicamente, podendo o intérprete, em face de casos diferentes ou momentos históricos diferentes, chegar a resoluções angularmente diversas, na aplicação de uma mesma norma.

Assim definido o sistema, definida está a forma de interpretá-lo, sendo os diversos outros modos (interpretação literal, autêntica, histórica, conforme, teleológica etc.), tão somente momentos de uma interpretação necessariamente sistemática, pelos quais passa o intérprete.[16]

Tais esclarecimentos se fazem essenciais, pois traçam os pontos cardeais pelos quais se guia o reexame proposto, a fim de que se evitem os agudos problemas apresentados pela sistemática civilista tradicional fundada na Escola da Exegese.

O repensar do Direito Civil, portanto, há de ir além do revelar os descalábrios da dogmática civil clássica, cuja manualística insiste em manter arraigada em nosso pensamento jurídico, com ares de indiscutível cientificidade, cuja base é de ordem metodológica. Consequência direta é a de que os problemas resultantes também têm por base a metodologia que os consubstancia.

A metodologia é, pois, o rumo do jurista a dar-lhe o horizonte interpretativo para o manancial de normas sobre as quais se debruça. Assim, cumpre a revelação metodológica, com vistas à constante evolução do pensamento jurídico, pois é nela que se darão os confrontos em sede de ciência.

Daí a importância da compreensão da corrente de pensamento sob o pálio da qual tais linhas se desenvolveram.

---

[16] **[NA]** Nesse sentido, vide FREITAS, Juarez. *A interpretação* ..., p. 19.

3. Motivações do presente estudo

Do exposto, cumpre repelir uma postura correlata à da Jurisprudência dos Conceitos, dentro da qual se construiu o pensamento jurídico do século XIX, sendo a metodologia que subsidiou os raciocínios da civilística clássica, sistematizando nos códigos uma unidade lógico-formal, através de conceitos abstratos, ditos "puros", limpos de tudo o que haja de particular.[17]

A pandectista se funde à Escola da Exegese, na medida em que a ela coube a tarefa de sistematizar as fontes romanas, como matéria-prima para tais construções conceituais que trariam a unidade ao direito, que seria positivado nos códigos que perfazeriam sistemas fechados que se revelariam através dos conceitos.

> Foi Puchta quem, com inequívoca determinação, conclamou a ciência jurídica do seu tempo a tomar o caminho de um sistema lógico no estilo de uma "pirâmide de conceitos", decidindo assim a sua evolução no sentido de uma "Jurisprudência dos conceitos formal".[18]

A civilística tradicional, por centrar-se na consideração exclusiva dos conceitos, se afasta do próprio ordenamento dentro do qual se inserem as proposições jurídicas e que vincula o intérprete, daí resultando quebras no sistema.

O trabalho com conceitos e categorias jurídicas, no âmbito do pensamento sistemático, como proposto, há de ser obrado, também, axiologicamente, hierarquizando regras, princípios e valores, colmatando lacunas e evitando eventuais antinomias, de modo a que nenhuma contradição material resulte no sistema jurídico, em face do conceito alcançado dentro desse, devidamente hierarquizado, em consonância com os valores existentes.

---

[17] LARENZ, Karl. *Metodologia da ciência do direito*. Lisboa: Calouste Gulbenkian, 1989, p. 20.

[18] Id., ibid., p. 21.

Deve ser vislumbrada criticamente a figura jurídica e revelado o seu conteúdo, de modo a encontrar o melhor conceito possível, dentro de muitos que, eventualmente, poderão decorrer.

Com esteio na metodologia em tela, ideologicamente comprometida com a figura do Estado Social positivada na *Lex Maxima* do ordenamento, que é a Constituição Federal de 1988, deve ser repelido o método de interpretação conceitualista facilmente manipulável por não ser vinculado e que, concentrando-se na consideração única e exclusiva dos conceitos, se afasta do ordenamento no qual se insere e ao qual deveria se vincular, acaba por gerar quebras neste, daí decorrendo sua insuficiência científica e até mesmo antijurisdicidade, em alguns momentos.

A fixação dos conceitos, exatamente por não ser histórica,[19] pode variar de sistema para sistema, bem como temporalmente, em um mesmo sistema, tal qual se dá com as regras. Os conceitos derivam da rede axiológica do ordenamento jurídico e existem para ele; nunca o contrário. O historicismo é somente um de seus elementos, não sendo o principal.[20]

Cumpre ao exegeta percorrer tal método de interpretação, porém jamais será o historicismo que dará a palavra final na exegese, servindo como mera alavanca dialógica de compreensão de normas ou institutos.[21]

Um conceito se revela a partir do sistema jurídico, que, gize-se, é aberto e completável em sua sempre saudável mobilidade, de modo a sempre trazer sua adequação ao fim social, teleologicamente orienta-

---

[19] **[NA]** "As normas, grosso modo, operam como gargalos à conformação concreta dos valores, fornecendo bitolas de variáveis densidade, ao discurso. Limites ao intérprete, com mecanismos de auto-sustentação no sistema jurídico, concretizados pelos instrumentos processuais recursais e na composição colegiada das respectivas cortes superiores. Um sistema, em escala macro, previsível, mas nada determinístico, como se colhe da jurisprudência. Dinâmico e instável. Um sistema caótico. Indeterminado, por vezes, em certos recortes de microescala. Um sistema muito mais probabilístico do que fundado por certezas de resultado, cuja eficácia, em muitos sentidos, também é variável. Paradoxalmente, profundamente conservador". (ARONNE, Ricardo. *Direito Civil-Constitucional e Teoria do Caos*. Porto Alegre: Livraria do Advogado, 2006, p. 29).

[20] **[NA]** Desde já há de ser transcrita a basilar lição de FREITAS, Juarez. *A interpretação sistemática do direito*. São Paulo: Malheiros, 2002, p. 22: "Quando se acentua que a interpretação do Direito tem que ser sistemática, pretende-se dizer que as fases exegéticas (literal, autêntica, histórica, gramatical, lógica, teleológica e outras) são apenas momentos ou facetas de uma mesma atividade cognitiva, construtiva e relacional". Segundo Ricardo Aronne: "Os atratores, aqui alicerçados nas regras jurídicas, garantem determinada trajetória ao discurso" (ARONNE, Ricardo. *Direito Civil-Constitucional e Teoria do Caos*. Porto Alegre: Livraria do Advogado, 2006, p. 29).

[21] Saliente-se que a própria interpretação histórica traduz subjetivismo do intérprete, eis que advém de fatos e informações que, além de serem imprecisas na maioria das vezes, não foram vivenciadas pelo intérprete, devendo, portanto, os próprios dados serem interpretados e serem passíveis de diversas interpretações, tal qual se dá com a interpretação originária, quando versa sobre textos legais antigos.

do pelos valores que positiva de modo expresso ou implícito. Conflitos conceituais, tal qual se dá com as normas, hão de ser solvidos à luz dos princípios, regras e valores que o informam.

A abertura de um conceito é a garantia de sua manutenção ante a mobilidade que dele decorre, garantindo sua permanência no ordenamento, por se adequar ao mesmo e à realidade social, variável com o passar do tempo.

Tal abertura advém da indeterminação de certos conceitos, fruto de seu preenchimento valorativo ou da informação principiológica que, por ser axiológica, é cambiante e dialógica, resolúvel topicamente.

Apesar de centrado o presente trabalho em conceitos, cumpre evidenciar que inexiste identificação com o conceitualismo e dogmatismo da civilística clássica. É sob o pálio do pensamento jurídico sistemático que se desenvolvem tais linhas.

A razão desse estudo reside no fato de que a doutrina tradicional, por estar arraigada em conceitos provindos do Direito Romano, distorcidos na Idade Média,[22] está a engessar a mobilidade sistêmica, de modo que o direito das coisas se encontra em pleno descompasso com as demais áreas do Direito e, mesmo, do direito civil.

É observável franca evolução em matéria de direito de família,[23] direito das obrigações[24] etc.; e, no entanto, o direito das coisas conti-

---

[22] DANTAS, San Tiago. *Programa de direito civil*. Rio de Janeiro: Rio, 1979, p. 104-107. v. 3.

[23] **[NA]** Exemplos atuais podem ser retirados dos célebres julgamentos da ADPF132/RS e ADI4277/DF, que reconheceram a inconstitucionalidade da distinção de tratamento legal às uniões estáveis constitídas por pessoas do mesmo sexo. Da mesma forma, o julgamento do REsp 1.183.378/RS, que decidiu inexistir óbices legais à celebração do casamento entre as pessoas do mesmo sexto e ainda, a resolução 175 do CNJ, que em 14.05.2013 veda às autoridades a recusa de habilitação, celebração, ou conversão de união estável em casamento entre pessoas do mesmo sexo.

[24] **[NA]** Com relação a esta parte do Direito brasileiro, vê-se obrigações de fazer sendo criadas por decorrência dos princípios da boa-fé objetiva e da função social do contrato, a exemplo da decisão que segue: "APELAÇÃO CÍVEL. PROMESSA DE COMPRA E VENDA. AÇÃO DE RESCISÃO DE CONTRATO COM PEDIDO DE INDENIZAÇÃO POR DANOS MORAIS. RELAÇÃO DE CONSUMO. OFENSA AO DEVER ANEXO DE INFORMAÇÃO AO CONSUMIDOR. OMISSÃO. OCORRÊNCIA. INADIMPLEMENTO. SENTENÇA DE PROCEDÊNCIA MANTIDA. I. Presentes as figuras do consumidor e fornecedor de produtos e serviços, de ser reconhecida a relação jurídica entabulada entre as partes como de consumo. II. Caracteriza omissão capaz de ofender o dever anexo de informação – decorrente da boa-fé objetiva –, frustrando legítima expectativa de consumidor adquirente de imóvel, de ser rescindido o contrato, com o retorno das partes ao status quo ante. III. Presente o nexo causal entre a omissão das rés – vendedora do imóvel e prestadoras de serviço de assessoria/corretagem –, e a angústia, ansiedade e transtornos experimentados pela parte compradora – decorrentes da ofensa ao dever de informação – é inequívoca a existência de dano extrapatrimonial. IV. O quantum indenizatório deve ter o condão de prevenir, de modo que o ato lesivo não seja praticado novamente, bem como deve possuir um caráter pedagógico. Deve-se atentar, ainda, em juízo de razoabilidade, para a condição social da vítima e do causador do dano, da gravidade, natureza e repercussão da ofensa, assim como exame do grau de reprovabilidade da conduta do ofensor, e de eventual contribuição da vítima

nua a ser tratado como o era no século XVIII, mesmo com todas as alterações havidas no Direito, com franca carência de repersonalização, perseguida nos demais ramos. [NA] Esta realidade adentra a codificação atual.

Mesmo a doutrina mais avançada, com uma visão clara da necessidade de maior funcionalização do instituto do direito de propriedade, para dar efetividade à exigência constitucional concretizada na função social dessa, se vê impotente para defender a exigibilidade de tais normas.

São traçadas soluções incompatíveis até com o próprio sistema, ou que cientificamente não se revelam as melhores, por restarem influenciadas por conceitos advindos da pandectista, que terminam por emperrá-la, resultando seus textos quase que em lamúrias sobre as necessidades de efetivação da função social e da incompatibilidade de certas normas infraconstitucionais com o texto constitucional, porém sem resultar alternativas cientificamente viáveis.[25]

Para que reste evidenciado o apego a arcaicos conceitos, não mais condizentes com a metodologia jurídica moderna, é digno de transcrição trecho escrito por Arnoldo Wald, referente ao ponto nevrálgico do presente trabalho:

> Na realidade não nos cabe apreciar aqui a utilidade da distinção entre direitos reais e pessoais. Trata-se de uma diferenciação com fundamento histórico que as legislações modernas adotaram e que se mostrou fecunda nos seus resultados práticos. Não a devemos discutir de *lege ferenda*, como não discutimos a divisão do direito em público e privado. São dados e quadros que a legislação positiva nos oferece e que constituem as categorias fundamentais do nosso pensamento jurídico. A função do jurista, no campo do direito civil, é meramente dogmática e não crítica e filosófica. Dentro do nosso sistema jurídico, o Código Civil define e enumera os direi-

---

ao evento danoso. Manutenção do valor fixado na sentença. À UNANIMIDADE, NEGARAM PROVIMENTO AOS RECURSOS. (Apelação Cível nº 70052683042, Décima Sétima Câmara Cível, Tribunal de Justiça do RS, Relator: Liege Puricelli Pires, Julgado em 23/05/2013).

[25] [NA] "Kelsen, dentre as inúmeras contribuições à teoria geral do Direito, revelou sua *grundnorm*, reconhecedora da descodificação e publicização do Direito Privado, como princípio de solução formal no sistema, para evitar entropia, garantindo sua coerência. Daí derivou a fórmula, correta e útil, da hierarquia das fontes, encimada pela Cosntituição, seguida de tratados e leis complementares, cimeiros à ligislação ordinária, decretos e medidas provisórias, que são seguidas por regulamentos e regulações menores. Esta estruturanotabilizou-se, estando presente na doutrina internacional, de maneira pacífica, desde a primeira metade do século XX. Ocorre que, na contemporaneidade, esta fórmula já não mais reflete fidedignamente à realidade complexa do fenômeno jurídico. Ainda que não se possa apontar como errada, não se pode acolher como exata. É uma aproximação. Uma simplificação. Concebido o Direito como um sistema não linear, instável, complexo e dinâmico, com as caracterísitcas já sinteticamente apontadas, seu sentido apenas resulta construído em concreto. Neste ponto, importantes conclusões, atinentes à metereologia e ao caos, foram aferidas por Lorens e, antes ainda, por Poincaré. Não se faz *pret-a-porter.I"* (ARONNE, Ricardo. *Direito Civil-Constitucional e Teoria do Caos*. Porto Alegre: Livraria do Advogado, 2006, p. 33).

Propriedade e Domínio – A TEORIA DA AUTONOMIA

tos reais, cabendo ao estudioso o trabalho de caracterizá-los, interpretando as normas legais existentes e resolvendo, de acordo com os princípios básicos e gerais do nosso direito, os casos limítrofes e as dúvidas eventualmente suscitadas.[26]

O conceito de propriedade hoje já não é o que se via no passado,[27] pelo próprio desdobramento da propriedade em dois conceitos autônomos, em que se liberta o domínio de seu interior, apesar de lhe ser complementar, de modo a viabilizar um novo tratamento à disciplina da propriedade, pela via de uma revitalização do instituto, amparada em exegese calcada na metodologia contemporânea, que a funcionaliza e aproxima da realidade social.

Inaceitáveis as assertivas da manualística, como a supratranscrita, de passividade e conservadorismo perante o sistema jurídico, em franco comprometimento com ideais liberais burgueses já não abarcados no ordenamento sem relativização alguma, como outrora.[28]

As questões em enfoque, propriedade e domínio, são de grande importância por tratar-se dos fundamentos aptos para compreensão e operação em relação a todo o direito das coisas.[29]

As perplexidades advindas dos bancos acadêmicos, fruto de um tratamento esclerosado por parte da maioria esmagadora da doutrina contemporânea civilista, voltada para os direitos reais, desbordam para atingir os tribunais e a legislação pátria, que enfrenta claras dificuldades para tratar toda a matéria de direitos reais, já à beira da virada do século XX para o XXI,[30] eis que continua se mantendo arraigada em exegeses nascidas e desenvolvidas no período anterior.[31]

---

[26] **[NA]** WALD, Arnoldo. *Direito das coisas*. 12. ed. São Paulo: Saraiva 2009, p. 20-21. A fonte original utilizada neste trabalho é datada de 1995. Todavia, utilizando-se a edição de 2009 para análise, verifica-se que a codificação de 2002 efetivamente não contribuiu para uma visão atualizada dos institutos de direito das coisas. Da mesma forma, comprova o perfil conservador replicado na manualística.

[27] A referência diz respeito não aos primórdios do Direito, e sim, aos conceitos dos quais os juristas vêm se valendo da Baixa Idade Média até os dias atuais, com mínimas variações.

[28] Cabe aqui citar colocação de Karl Marx (apesar de não vislumbrarmos nenhum comprometimento com sua ideologia), pinçado do texto de Boaventura Santos, mas que talvez traduza o grande problema de uma jurisprudência dos conceitos: "É tanto mais fácil ao bourgeois provar, usando a sua linguagem, a identidade entre relações económicas e individuais ou até humanas em geral, quanto é certo que esta linguagem é, ela própria, um produto da bourgeoisie e que, portanto, na linguagem, como na realidade, as relações mercantis tornaram-se a base de todas as outras relações humanas." (*apud* SANTOS, Boaventura de Sousa dos. *O Discurso e o Poder*: Ensaio sobre a sociologia da retórica jurídica. Porto Alegre: Fabris, 1988, p. 3).

[29] DÍEZ-PICAZO, Luis; GULLÓN, Antonio. *Instituciones de derecho civil*. Madri: Tecnos, 1995, p. 37. v. 2.

[30] **[NA]** Época referente a edição original dessa obra, no século passado, não obstante a atualidade da crítica.

[31] Final do século XIX e início do século XX.

No conceito de propriedade adotado com maior pacificidade pela doutrina, destacam-se dois desdobramentos completamente distintos e com resoluções diversas, um, fruto de seu aspecto interno e outro, de seu aspecto externo.

Ocorre que o tratamento desse aspecto interno da propriedade é completamente diferente do externo e tampouco se adequa ao tratamento dado à disciplina da propriedade. Tal aspecto vem a se adequar ao que decorre ser atribuído como domínio na legislação e, inconscientemente, na própria doutrina, apesar de conceituá-lo de forma completamente diversa, quando do trato específico.

O mesmo se dá com a posse, posto estarem superadas as bases sobre as quais se erigiu a doutrina referente à matéria. Não podemos nos esquecer jamais da contribuição de Savigny e de Jhering para tal instituto, porém, não se pode ver o mesmo com os olhos da época do desenvolvimento de tais conceitos e concepção dos respectivos fâmulos.

Não deve ser aceita com passividade a dogmática e a pandectista, como a metodologia adequada à exegese do instituto e do próprio conceito de posse, em face de um sistema jurídico completamente diferente daquele sobre o qual trabalharam aqueles juristas e, completamente diferente do romano ou do vislumbrado, quando da feitura do *Code*.[32]

O grande problema da dogmática centrada na pandectista[33] é o de atentar contra o próprio Direito, na medida em que ele mesmo há de ser um instrumento para o bem comum, em face de uma sociedade para o qual resta voltado.[34]

É impossível, primeiramente, ao operador do Direito querer fazer com que a vida humana e a realidade social caibam dentro dos Códigos, sob pena de um erro fundamental de premissa, a resultar em

---

[32] A referência se faz importante na medida em que o advento do Código Napoleônico foi um marco referencial na civilística continental, sendo até hoje constantemente referenciado na doutrina.

[33] Para que bem se observe o atraso da manualística pátria em termos de produção digna de ser classificada como científica, vale a leitura de Karl Larenz, in *Metodologia da ciência do direito*. Lisboa: Calouste Gulbenkian, 1989, trad. José Lamego, onde o autor traça toda a história da evolução das escolas do pensamento jurídico ocidental, até sua época.

[34] GOMES, Orlando. *Transformações gerais do direito das obrigações*. 2. ed. São Paulo: RT, 1980, p. 3: "Para os pandectistas, o ordenamento jurídico há de ser um sistema totalmente organizado e independente, isento de lacunas, de sorte que todo o caso jurídico possa ser enquadrado num conceito. Reduz-se, em consequência, a função do juiz a mero autômato, por isso que lhe cumpre apenas encontrar o Direito pelo processo de subsunção, e se limita a instrução jurídica ao aprendizado da doutrina em uma sucessão sistemática totalmente ordenada sob forma estritamente lógica".

que o direito tenha um fim em si mesmo, perdendo completamente sua natureza instrumental.[35]

Daí o problema da crise das codificações tão debatido entre os privatistas,[36] que se funda essencialmente na negação da abertura do sistema jurídico, o que se mostra inadmissível, sendo de muito tal abertura, reconhecida até mesmo pela lei, textualmente.[37]

Em segundo plano, e isso já restou explicitado anteriormente nesse capítulo, não menos inadmissível é uma visão emperradora do sistema jurídico, que há de ser móvel[38] para acompanhar a própria evolução da sociedade à qual se destina regular, quando além de querer que a sociedade caiba no ordenamento (tido por ela como fechado, formal e desprovido de valores), querer que o próprio sistema caiba em conceitos predefinidos, de uma alegada legitimidade histórica e de cientificidade e racionalismo mais do que discutíveis.[39]

---

[35] Sobre a questão versada o professor Orlando de Carvalho faz ao intróito de sua obra (*A Teoria geral da relação jurídica*: seu sentido e limites. 2. ed. Coimbra: Centelha, 1981, p. 7-15) importantes digressões sobre a pandectista e a repersonalização do direito, que se hão de ter presentes, principalmente à nota 1, ao replicar críticas do professor Antunes Varela sobre suas observações quanto à teoria geral pandectista.

[36] O tema haverá de voltar à discussão no curso do texto, se não de forma explícita, de modo implícito, em face da identificação da dita crise dos Códigos com a "repersonalização" do Direito.

[37] **[NA]** Nesse sentido, vide o próprio texto dos art. 4º e 5º da Lei de Introdução às Normas do Direito Brasileiro (antiga LICC). Do mesmo modo, mesmo a doutrina que apoia o Código atual concebe a existência de abertura no sistema. Embora não da forma como proposta neste trabalho, cabe a referência do texto de COSTA, Judith Hofmeister Martins. O direito privado como um "sistema em construção": as cláusulas gerais no Projeto do Código Civil brasileiro. In: *Jus Navigandi*, Teresina, ano 4, n. 41, mai. 2000. Disponível em: Acesso em: 17 jul. 2004.

[38] "O Direito é como a vida. Dificilmente reconhece a linearidade como natural. Ela é mais comum nos ambientes preparados para isolar o meio: laboratórios e codificações". (ARONNE, Ricardo. *Direito Civil-Constitucional e Teoria do Caos*. Porto Alegre: Livraria do Advogado, 2006, p. 33).

[39] Termo empregado no sentido contemporâneo e jamais no sentido dado por KELSEN, Hans (*A teoria pura do direito*. 4. ed. São Paulo: M. Fontes, p. 18-25, trad. João B. Machado). Há uma racionalidade no sistema, sob pena de não vislumbrarmos o Direito como uma ciência, o que se diferencia é o próprio conceito de sistema, enquanto conjunto de regras, princípios e valores, teleologicamente orientados, de modo que, assim definido, definida está sua interpretação, que necessariamente há de ser sistemática, como bem aduz Juarez Freitas (*A Interpretação...* 1995, p. 14). Ou seja, quando há referência no texto ao racionalismo, diz respeito a racionalismo intersubjetivo. Uma racionalidade, mesmo que caótica, ainda é um modo de racionalidade, não obstante incompreensível à razão moderna.

---

32   *Ricardo Aronne*

4. Características básicas dos Direitos Reais

Os direitos reais[40] compreendem a relação entre os indivíduos e os bens da vida que o cercam, sejam corpóreos, incorpóreos, fungíveis, infungíveis, frugíferos, infrugíferos, e os demais, cobrindo a gama de possibilidades de bens, com os quais possa o indivíduo se relacionar em sua esfera dominial.[41]

Denomina-se real, na percepção moderna e tradicional, a categoria de direitos subjetivos que em vez de vincular indivíduos entre si, vincula sujeitos com bens.[42]

Esse é o viés de análise para classificação de dita espécie no ângulo subjetivo. Desimporta para tanto o objeto do direito,[43] devendo ser observado o vínculo. Um contrato de compra e venda de imóvel[44] objetiva um bem e tem por fim sua circulação. Caso o objeto guardasse o relevo de elemento classificatório, o direito subjetivo decorrente do contrato teria natureza real.

Vislumbra-se o vínculo, com o fito de classificação, podendo ser observado no anterior exemplo, que o contrato gerará um vínculo entre indivíduos, portanto de ordem pessoal, em que o comprador fará jus a receber coisa certa, e o vendedor a receber quantia certa. Observa-se a condição de *credere*, nos sujeitos, no qual um é credor e outro

---

[40] Também chamado de Direito das Coisas. Existe controvérsia doutrinária, *permissa venia*, inócua, no sentido de versarem sobre âmbitos diferentes (vide FREIRE, Rodrigo da Cunha Lima. Princípios regentes do direito das coisas. In: *Revista dos Tribunais*, São Paulo, n. 735, p. 57-58 e ainda FERNANDES, Luís A. de Carvalho. *Lições de direitos reais*. 2. ed. Lisboa: Quid Juris, 1997, p. 14). Não nos ateremos à mesma, por não importar em prejudicial à matéria, sendo os termos aqui empregados de forma indistinta. Também o termo "coisa" restará empregado no texto como sinônimo de bem, apesar de compreendermos o segundo com uma amplitude maior, a englobar até mesmo direitos. Mesmo assim, por questões didáticas, nos valeremos de tal terminologia mais simplificada e reconhecidamente menos técnica.

[41] BEVILÁQUA, Clóvis. *Direitos das coisas*. 5. ed. Rio de Janeiro: Forense, 1956, p. 11. v. 1.

[42] ALMEIDA, Francisco de Paula Lacerda de. *Direito das cousas*. Rio de Janeiro: J. R. dos Santos, 1908, p. 37-38. v. 1, e FERNANDES, Luís A. de Carvalho, op. cit., p. 13.

[43] Seja mediato ou imediato.

[44] **[NA]** Art. 481 do CCB, antigo Art. 1.122 do CCB/1916.

devedor de certas prestações. Tal direito estará na esfera obrigacional, em face do vínculo havido.

Já na seara de um uso real,[45] observa-se vínculo entre sujeito (usuário) e bem (objeto). Serão irrelevantes, em tese, os demais sujeitos além do ativo, podendo sequer existirem para aferição de vínculo, pois este não se dará entre sujeitos.

Os direitos de ordem pessoal podem ter por objeto bens, e não raro isso acontece, tendo em vista que tanto os obrigacionais como os reais estão na esfera do direito patrimonial. Ocorre que o objeto imediato dessa espécie terá de ser uma prestação. Havendo também um bem por objeto, nos direitos obrigacionais, este será mediato, em razão da prestação.[46]

A presente espécie de direitos subjetivos possui duas grandes ramificações que são: os direitos reais na coisa própria (*ius in re propria*) e os direitos reais na coisa alheia (*ius in re aliena*), também chamados de direitos reais limitados.[47]

Os institutos do domínio e da propriedade são os temas centrais dos direitos reais na coisa própria,[48] bem como indispensáveis ao domínio dos direitos reais limitados, por ser imprescindível à boa compreensão e operação de tais conceitos, na exegese dos respectivos institutos, tais quais a enfiteuse, servidão, uso, usufruto etc., que se criam a partir de seus desdobramentos.[49] Os direitos reais, portanto, são o conjunto de direitos subjetivos que regem as relações entre os indivíduos e as coisas, tendo por base o direito real fundamental, que é o de propriedade,[50] seguido por seus desdobramentos.

---

[45] **[NA]** Art. 1.412 do CCB, que veio substituir o Art. 742 do CCB/1916. Como exemplo, a Lei 11.952/2009 e a Medida Provisória 2.220/01.

[46] COVIELLO, Nicola. *Manuale di diritto civile italiano*. Milano: Società Editice Libraria, 1924, p. 250: *"L'espressione «oggetto di diritti» viene usata in vario senso. Talora con essa viene a designarsi ciò che cada cade sotto la potestà dell'uomo, e si dice anche oggetto immediato del diritto; talora significa ciò a cui il diritto tende, ciò che a causa del diritto ci si rende possibile, lo scopo finale del diritto, e si dice anche oggetto mediato del diritto. Così nei diritto d'obbligazione per esempio si chiama oggetto tanto il fato del debitore, cioè la prestazione, quanto la cosa di cui si deve godere in forza della prestazione. Perciò, per maggiore esattezza di linguaggio e precisione d'idee, si è convenuto di chiamare oggetto dei diritto ciò che cade sotto la potestà dell'uomo, e invece contenuto dei diritti ciò che a causa dell diritto ci si rende possible ottenere"*.

[47] A teoria da autonomia, aqui vertida, conduz ainda para a sistematização de uma terceira categoria, quanto às servidões, enquanto um vínculo "inter-res".

[48] Ainda que não sejam os únicos, tendo em vista a grande evolução da área no direito privado moderno, com a inclusão dos *Time Sharings, Flat Services, Apart Hotels, Shopping Centers*, bem como diversas novas espécies condominiais, tais quais os loteamentos fechados.

[49] DÍEZ-PICAZO, Luis; GULLÓN, Antonio. *Instituciones de derecho civil*. v. 2, p. 37.

[50] Segundo posição pacífica na doutrina, mas que resta arranhada se vislumbrada a autonomia entre propriedade e domínio, adiante abordada, da qual exsurge como centro dos direitos reais,

Os direitos reais são *numerus clausus*, em razão do princípio da taxatividade, que resta positivado em nosso sistema. Ou seja, ao contrário dos direitos pessoais (obrigacionais), aqueles tendem a ser criados somente pelas normas jurídicas de direito positivo, assim como só podem ser alterados pelas mesmas. Não caberia, pois, aos indivíduos criarem formas ou espécies de direitos reais, como asseverado pela manualística.[51]

Cumpre evidenciar que, não obstante o princípio em tela, tais normas devem ser interpretadas, até mesmo de modo que se faça evoluir tais institutos ou que se observe e aplique características dos mesmos em outros, não propriamente reais, desde que isto seja feito através de exegese adequada da matéria sobre a qual se debruça o intérprete e aplicador. Tal assertiva se justifica pelo fato de ser comum autores mencionarem descaber interpretações de instituições de direitos reais, devido a serem *numerus clausus*.

Toda norma se positiva somente quando de sua interpretação perante um caso concreto ou hipótese concretizante. Em suma, é na incidência, na interpretação que as normas se positivam.[52] Somente na densificação de todo o sistema, topicamente aplicado mediante sistemática interpretação, necessariamente axiológica e hierarquizadora, é que podemos compreender a *ratio iuris* do ordenamento jurídico.[53]

Uma norma isolada sem ser compreendida perante e em face do sistema enquanto rede axiológica de regras, princípios e valores, nada pode revelar além de seu mero literalismo, o qual nada mais é que um dos momentos da interpretação. Ademais, a máxima *in claris non interpretatio*, há muito se mostra superada.[54]

---

o domínio, enquanto conjunto das faculdades *in re*, cabendo à propriedade um papel instrumentalizador deste.

[51] MONTEIRO. Washington de Barros. *Curso de direito civil.* 31. ed. São Paulo: Saraiva, 1994, p. 11-12. v. 3. O autor em tela sustenta que o princípio em questão não vigora nos direitos reais, na medida em que texto legal algum proíbe a criação e modificação dos direitos reais já existentes, pelo legislador, respeitado o princípio da reserva legal. A falta de sintonia do autor com a majoritária posição contrária, pela manualística, é meramente aparente, pois o mesmo concorda que tal espécie somente pode ser criada e alterada por norma de direito positivo, e esse é o conteúdo do princípio da taxatividade. Assim, no trato da matéria, o mesmo opera com os direitos reais como *numerus clausus.*

[52] HESSE. Konrad. *Escritos de derecho constitucional.* Madrid: Centro de Estudios Constitucionales, 1983, p. 44-45.

[53] **[NA]**"Toda interpretação do Direito é, assim, uma interpretação constitucional, em algum sentido. Destaque-se aqui o fato da 'siamesa' forma de controle de constitucionalidade brasileira, que conjuga, com sucesso ímpar, o método difuso com o concentrado." (ARONNE, Ricardo. *Direito Civil-Constitucional e Teoria do Caos.* Porto Alegre: Livraria do Advogado, 2006, p. 45).

[54] FREITAS, Juarez. *A interpretação sistemática do direito.* São Paulo: Malheiros, 1995, p. 16: "Frise-se que qualquer norma singular só se esclarece plenamente na totalidade das normas, dos

---

Propriedade e Domínio – A TEORIA DA AUTONOMIA

A divisão do direito em áreas e categorias tem finalidade meramente didática, primeiro, por ser o sistema jurídico uno, descabendo que o intérprete o reduza a um fragmento para que obre interpretação[55] e, em segundo lugar, por se dissociar da própria realidade social e prática, pois na sua aplicação as normas atuam em constante interpenetração e esclarecimento recíproco, na busca da regulação dos casos concretos, topicamente vislumbradas, tampouco podendo se entrever efetiva dicotomia entre direito público e privado, quiçá subdivisões do Direito Civil.[56]

Uma concepção estanque de Direito Civil, devidamente partido em áreas incomunicáveis, além de ser irreal, presta-se a clausura dos direitos reais, confinando-o em um livro do CCB[57] e a algumas leis esparsas, expressamente dirigidas à matéria.

Ocorre ser próprio da pandectista tal espécie de esforço teórico, no sentido de fragmentar o direito em áreas independentes e incomunicáveis, afastando, inclusive, a incidência da normatividade consti-

---

valores e dos princípios jurídicos. Isolada, por maior clareza que aparente ter o seu enunciado, torna-se obscura e ininteligível".

[55] Sequer deve ser concebido o Direito Civil como um microssistema próprio, autônomo, diferenciado e estanque no ordenamento, possivelmente uma de suas subdivisões. **[NA]** Todavia, posição contrária a esta foi defendida por Miguel Reale, em 2003: "Remontando bem a percepção de sistema fechado, Miguel Reale, cujo pepl na comissão dos notáveis que desenharam a codificação desde sua concepção, em recente obra retoma antigas idéias, às quais acreditava-se superadas. Leciona: 'Desde o Código Napoleão vige o entendimento de Portalis, segundo o qual os artigos de um código devem ser interpretados uns pelos outros'. (REALE, Miguel. *Estudos preliminares do Código Civil*. São Paulo: RT, 2003. p. 49). A lição é tão importante e nodal para o apontado jurista, que é reprisada logo adiante na mesma obra: 'Em um código os artigos se interpretam uns pelos outros', eis a primeira regra de Hermenêutica Jurídica estabelecida pelo jurisconsulto Jean Portalis, um dos principais elaboradores do Código de Napoleão' (idem., p. 61). Não obstante, o jurista em seguida afirma ter a nova codificação superado a leitura civilística da Escola da Exegese e da Pandectística (ibidem, p. 65). O intérprete contemporâneo há de manter a guarda alta, sob pena de assistir o cadáver levantar, saltar a janela e fugir correndo;. A antiguidade não passou e facilmente reveste-se de jovem, de modo que o passado pode se fazer presente com a nova codificação. O discurso do fechamento também, pois, ficando-se com o mesmo autor e obra, o Código 'exclui a possibilidade de os homossexuais nele se abrigarem, devendo aguardar lei especial'. (ibidem, p. 71-72)." (ARONNE, Ricardo. *Código Civil Anotado*. São Paulo: Tomsom/IOB, 2005, p. 22-23).

[56] Vide ainda Igor Danilevicz. Reflexões sobre a interpretação literal de normas no direito tributário. *Direito & Justiça*, v. 17, p. 119-134, 1997. O autor, adepto, também, da interpretação sistemática, brilhantemente expõe, ao longo do citado artigo, que a interpretação literal referida pelo art. 111 do CTN, deve ser sempre informada pela interpretação sistemática. Transcreve-se breve excerto do texto: "Deste modo concebido o Direito em sua dinamicidade, resulta claro, em todos os seus ramos, que, para utilizar expressão consagrada, não devemos interpretar o fenômeno jurídico em tiras. O que poderá ocorrer, quando alguém busca o sentido possível de uma regra, analisando-a isoladamente, sem tentar encontrar seu elemento teleológico e, por conseguinte, ignorando o sistema? Poderá ser dada à literalidade um sentido que o legislador certamente não pretendeu, qual seja, o de leitura isolada do comando legal, quando literalidade parece querer dizer apenas interpretação o mais restritiva possível." (p. 122).

[57] **[NA]** O Livro III do CCB é dedicado ao direito das coisas.

tucional das relações interprivadas, cuja regulação caberia ao Código, numa condição de Constituição do homem sozinho, egoísta e patrimonialista, como o era a do Direito Civil no apogeu das codificações.[58]

A concepção dos direitos reais, não como uma área estanque, e sim como uma categoria de direitos subjetivos, além de trazer maior cientificidade à operação jurídica, é desencasteladora da espécie, afastando as trincheiras com que a doutrina clássica cercou a mesma, no objetivo de sua incomunicabilidade, enquanto um subsistema dentro do sistema do Direito Civil.

A ideia de unidade do ordenamento, em que o todo é maior do que a soma de suas partes, ante o esclarecimento recíproco das normas, já se afasta da visão de Direito Civil como sistema próprio. Mesmo a ideia de subsistema deve ser ressalvada, no sentido de inexistir uma autonomia perante o todo, como trata a civilística clássica, chegando a tratar com autonomia as subclasses havidas, como do direito de família, sucessões, obrigações, consumidor, coisas etc.

É preferível operar sem o recurso a subsistemas ou microssistemas, na medida em que isso possa gerar a operação com sistema interno e externo, inadequada como demonstra Canaris em sua crítica a Heck.[59] Além disso, traz ao intérprete uma falsa sensação de autonomia jurídica, pois toda norma resta inserida na rede axiológica do sistema, e somente ganha sentido nesse todo.

Decorre fácil localizar a chamada crise das codificações, que nada mais é do que a perda de sua autonomia pela transição metodológica, decorrente do avanço jurídico-científico e das necessidades sociais que o impulsionam.

O Direito Civil, portanto, se comunica como um todo e com o todo no qual se insere, sendo inadmissível os direitos reais serem vislumbrados como espécie atomizada e apartada. Trata-se de uma categoria de direitos subjetivos plurais ou individuais, que se inserem e transitam no todo do sistema, se comunicando com todo o tecido normativo, e sendo informado por toda a malha jurídica.

---

[58] TEPEDINO, Maria Celina B. M. A caminho de um direito civil constitucional. *Revista de Direito Civil*, São Paulo, n. 65, 1992, p. 21- 22. **[NA]** Esta leitura codificadora respondia aos anseios da ciência moderna que encontrava esteio no paradigma newtoniano de conhecimento. Por este motivo, pensar em codificação era completamente coerente com a busca de certeza e segurança que aquele momento histórico exigia. Logo, passado tal momento histórico, resta questionar por que motivo ainda se persiste na busca incessante de uma falácia travestida de segurança? (sobre o tema, vide ARONNE, Ricardo. *Direito Civil-Constitucional e Teoria do Caos*. Porto Alegre: Livraria do Advogado, 2006).

[59] CANARIS. Claus-Wilhelm. *Pensamento sistemático e conceito de sistema na ciência do direito*. Lisboa: Calouste Gulbenkian, 1989, p. 25.

O fracionamento da matéria jurídica e do ordenamento em ramos tem um sentido porque divide por competências e por necessidade de exposição uma matéria única em si mesma, mas não deve significar que a realidade do ordenamento é divisível em diversos setores, dos quais um é totalmente autônomo em relação ao outro, de tal modo que possa ser proclamada sua independência.[60]

Sendo a Constituição o fundamento axiológico do sistema que, fruto dela, se "repersonaliza", advém a "publicização" do direito privado e com ele dos direitos reais, por ela teleologicamente orientados rumo a uma "despatrimonialização", em consonância com as demais espécies de direitos subjetivos.

A contribuição da tópica jurídica, já consolidada na Ciência do Direito, intimamente ligada ao acima exposto, se exprime no entendimento de que "o estudo do direito não deve ser feito por setores pré--constituídos, mas por problemas, com especial atenção às exigências emergentes como, por exemplo, a habitação, saúde etc. Os problemas concernentes às relações civilísticas devem ser colocados recuperando os valores publicísticos ao Direito Privado e aos valores privatísticos ao Direito Público".[61]

Nessa medida, há de ser reorientado o enfoque metodológico de abordagem dos direitos reais, com desapego à pandectista dominante.

Tal postura reenfoca a matéria, possibilitando a objetivada "repersonalização",[62] tal como obrado por Berthillier, pela via do direito das sucessões, ainda que com bases bem distintas das que ora se opera, na busca de uma reforma no trânsito da propriedade no Direito.[63]

---

[60] PERLINGIERI, Pietro. *Perfis do direito civil*: Introdução ao direito civil constitucional. Rio de Janeiro: Renovar, 1997, p. 55.

[61] Idem, ibidem. **[NA]** Em texto que apresenta com maestria o processo de constitucionalização do Direito Privado, bem como as convergências entre o Direito Público e o Direito Privado, Eugênio Facchini Neto esclarece as noções fundamentais e aprofunda a crítica sobre o tema. Vide o artigo Reflexões histórico-evolutivas sobre a constitucionalização do direito privado, In: SARLET, Ingo (org.). *Constituição, Direitos Fundamentais e Direito Privado*. Porto Alegre: Livraria do Advogado, 2003, p. 11-60.

[62] **[NA]** Ressalta-se que a necessidade de repersonalização do Direito não é ideia nova, criada por juristas "de pequeno vôo," tal qual Miguel Reale descreve os críticos de sua codificação. Em 1933, em voto do Recurso Extraordinário n. 2.323, o Ministro Eduardo Espinola, apreciando matéria referente ao Direito de Família, assim se posiciona: "O melhor exame da controvérsia faz-nos propender para a segunda these, tomando em consideração as tendencias do direito moderno e o principio da humanisação do direito" (*sic*) (*Revista Justiça*, vol II. Porto Alegre: 1933, p. 547) A referência de Miguel Reale encontra-se no texto *A atualidade do direito de família no projeto de código civil frente à constituição de 1988*. Disponível em <jus.com.br/doutrina/índex.html>. acesso em 2 de julho de 2009.

[63] BERTHILLIER, Jacques. *Pour une reforme humaniste du droit de proprieté*. Paris: [s.e.], 1991, p. 47-64.

Na explicitada trilha "despatrimonializadora" e redirecionadora dos direitos reais, antes que se passe à digressão sobre a "publicização" do Direito Civil acima aventada, é importante tecer considerações, ainda que breves, sobre a contribuição de duas escolas antagônicas, dedicadas a essa disciplina: a escola adepta da teoria realista e a da teoria personalista.

No dizer de Caio Mário,[64] para a doutrina realista, o direito real significa o poder de um indivíduo sobre um bem da vida, em uma relação que se estabelece sem intermediários, de forma direta, enquanto nas relações de ordem pessoal, necessariamente haverá um sujeito passivo, na condição de obrigado, de devedor de prestação, independentemente de sua ordem.[65]

Por outro lado, a teoria personalista, de raízes kantianas, se opõe à anterior, expressando a impossibilidade de se conceber relação entre sujeito e coisa, posto todo o direito ser correlato obrigatório de um dever, de modo ser inviável abstrair-se a ponto de imaginar a relação com apenas um sujeito e, portanto, as relações se dariam apenas entre pessoas.[66]

> No direito real existe um sujeito ativo, titular do direito, e há uma relação jurídica, que não se estabelece com a coisa, pois que esta é objeto do direito, mas tem a faculdade de opô-la *erga omnes*, estabelecendo-se desta sorte uma relação em que é sujeito ativo o titular do direito real, e sujeito passivo a generalidade anônima de indivíduos.[67]

Isoladamente, de ambas as teorias decorrem incongruências. De fato, uma relação exprime um direito, um dever, e um bem não possui deveres perante o titular, assim como não resiste à pretensão do mesmo.

A questão em análise é passível de conformação terminológica, que a resolve e simplifica. Enquanto nas relações pessoais, o vínculo se dá entre sujeitos, configurando, portanto, obrigação à qual corresponde dever e se bilateralizam, no âmbito real, ocorre o vínculo entre sujeito e bem. [NA] Esta é a distinção que tradicionalmente vem trazida pela doutrina dogmática tradicional.[68]

---

[64] PEREIRA, Caio Mário da Silva. *Instituições de direito civil*. 13. ed. Rio de Janeiro: Forense, 1998, p. 2. v. 4. [NA] Em atualização de 2004, o autor reafirma o mencionado em 1998, alterando o final da sentença, a partir da expressão "independentemente", passando a referir: "independentemente de consistir esta na entrega de uma coisa, na realização de um fato, ou numa abstenção".

[65] Também DÍEZ-PICAZO, Luis; GULLÓN, Antonio, op. cit., p. 37-38.

[66] [NA] PEREIRA..., 2004, p 3.

[67] [NA] Idem, ibidem, p. 2-4.

[68] [NA] A exemplo de Maria Helena Diniz, que assim refere a este respeito:"É preciso deixar claro que estas teorias monistas não encontraram acolhida em nosso direito positivo, que consagra

Na medida em que vínculos não são necessariamente de ordem obrigacional, resta conformada a incongruência da teoria realista, arguida pela personalista. Ocorre persistir outra incongruência não ressaltada. Se o vínculo do sujeito é com o bem, não se vinculam os demais para se absterem de ingerência, em consonância com o conteúdo reivindicacional verificável na propriedade.

Ilesa de crítica também não escapa a teoria personalista, pois se o vínculo se dá entre sujeitos, o conteúdo de uso, gozo e fruição dos direitos reais será exercido através de pessoas, não havendo diferença alguma entre direitos obrigacionais e reais.[69] A diferença, por exemplo, entre uma locação residencial e um direito real de habitação deixaria de existir, apesar de se tratarem de direitos subjetivos de diferente ordem.

Se em uma locação o exercício da habitação se dá pela ordem pessoal entre locador e locatário, em que a faculdade de uso do primeiro é sub-rogada ao segundo, que exercerá direito daquele, em nome próprio, sendo vedada interferência do mesmo por vínculo pessoal, o mesmo não se dá na habitação. Nesta última, o titular exerce faculdade de uso que não é do proprietário, e sim, sua, de modo impessoal, no que tange aos demais. Daí exsurge a sequela, não verificável se não vislumbrado vínculo com o bem e operante na totalidade dos direitos reais. O direito é *in re*, e não *in personam*. A resolução em busca de uma teoria adequada se dará na conciliação das escolas realista e personalista, como fica exposta no curso do presente trabalho.

Conforme se observa em Carbonnier, a propriedade contemporânea possui elementos de ordem real e pessoal a conviver em um mesmo instituto.[70]

---

a já tradicional distinção entre direito real e direito pessoal feita pela teoria clássica ou realista; esta caracteriza o direito real como uma relação entre a pessoa (natural ou jurídica) e a coisa, que se estabelece diretamente e sem intermediário." (*Curso de Direito Civil Brasileiro*. São Paulo: Saraiva, 2008, p. 13.)

[69] DÍEZ-PICAZO; GULLÓN, op. cit., p. 39-40.

[70] CARBONNIER, Jean. *Flexible droit*. Paris: LGDJ, 1992, p. 261-262. "*La doctrine libérale du XIXe siècle définissait la propriété comme un droit absolu, exclusif, perpétuel, ces trois caractères étant entendus tantôt dans une acception purement techinique (par ex. la pérpetuité signifiant que l'action en revendication ne peut s'éteindre par prescription), tantôt avec des prolongaments philosophiques (la perpétuité venait à l'appui de l'héritage). Le recul du libéralisme a entrainé, ici encore, une remise en question [...].*

[...] Aussi souligne-t-on dans le droit de propriété un caractère personnel dont faisait fi l'esprit pécuniaire d'autrefois. La notion est vague. Elle évoque, comme essentielle au droit de propriété, une imprégnation de la chose par l'homme: la propriété ne se legitimerait que dans le mesure où l'homme peut y mettre l'empreinte de sa création ou de son utilisation personelle".

Tal reconciliação é o primeiro passo no caminho da "repersonalização" dos direitos reais, como ângulo de abertura ao sentido teleológico do sistema jurídico, porém, para que a mesma se mostre possível, necessária se fará a revisão conceitual de domínio e propriedade.[71]

---

[71] **[NA]** Em que pese se possa identificar alguns pontos de distinção no que tange ao pensamento do autor, importante se faz referir as palavras de Marcelo de Oliveira Milagres, ao afirmar que "O SER e o TER não se opõem. A vida integra-se pelas coisas que se destinam à realização dos legítimos interesses das pessoas. Se as coisas podem se perder no tempo, o ideal de uma ordem justa se mantém, e é esse mesmo tempo que renova o sempre e atual Direito das Coisas." (*Direito das coisas: entre dois tempos*. In: LOTUFO, Renan; NANNI, Giovanni Ettore; MARTINS, Fernando Rodrigues. *Temas relevante do Direito Civil Contemporâneo*. São Paulo: Atlas, 2012, p. 475)

5. A "publicização" do Direito Privado

O sistema social do mundo moderno, principalmente no período do pós-guerra, operou uma completa guinada na concepção de propriedade, visando a se desatrelar do liberalismo individualista que o orientava desde o nascimento do Estado Liberal burguês, decorrente da Revolução Francesa.

Trata-se de uma transição do Estado, desde sua concepção até seus objetivos, nessa migração para o Estado Social, promocional, retirado de um estado de inércia em frente das relações interprivadas, para passar a intervir nas mesmas.

Daí decorrem profundas alterações no Direito, em prol da "repersonalização" objetivada, para a qual a verificada "publicização" do Direito Civil foi instrumental e merecedora de análise, a partir dos reflexos havidos no âmbito proprietário.

É intrínseco ao Estado Liberal a supremacia do individual sobre o social, como berço no qual surgiu o liberalismo em seu legítimo objetivo de derrocada do absolutismo monárquico.[72]

Com o advento do Código Napoleônico decorre o apogeu legislativo da época pós-revolução,[73] tendo tal individualismo exasperado contaminado todas as codificações europeias e latinas.

Todos os ordenamentos jurídicos e sociais de então possuíam tal concepção atomística da sociedade, advinda da filosofia de Rousseau, com a doutrina do pacto social ferrenhamente apregoada em seus valores, fugidios da realidade, resultando artificialistas e abstratos.[74]

---

[72] **[NA]** BONAVIDES, Paulo. *Do estado Liberal ao Estado Social*. Belo Horizonte: Del Rey, 1993.

[73] Revolução Francesa, ora apontada por ser marco de nascimento do Estado Liberal.

[74] CARVALHO, Orlando de. *A Teoria geral da relação jurídica*: Seu sentido e limites. 2. ed. Coimbra: Centelha, 1981, p. 13-14. nota 1: "Por outra via, constitui um progresso em ordem a um jusnaturalismo romanticamente individualista que partia, para falarmos como Rosseau, do *promeneur solitaire*, do homem sozinho, esquecendo aparentemente a alteridade do Direito, a sua profunda e indefectível socialidade".

O indivíduo era concebido como um átomo isolado, sem qualquer traço de interdependência social, sendo, portanto, causa e fim do Direito, cujo objetivo substancial seria o de assegurar a liberdade descomedida e o mais absoluta possível. O sistema jurídico se encontrava centrado em dois pilares, em âmbito patrimonial, o contrato e a propriedade e somando-se a esses, a família.[75]

A mais alta exteriorização da personalidade do indivíduo era o gozo pacífico, seguro e absoluto da propriedade. Esse era o ápice do Estado burguês, em que propriedade era sinônimo de realização e felicidade.[76]

Cheneaux[77] proclamava, então, que o proprietário pode usar do bem até de uma forma abusiva, exercendo seu direito em tamanha amplitude que, ainda que cause lesão a terceiros, era uma prerrogativa amparada por lei.

O mundo vivia o momento do supercapitalismo de raízes notadamente patrimonialistas, através da luta de classes:

> A hipertrofia inusitada da liberdade a que atingiu, no limiar do século XIX, a doutrina autonomista da propriedade, adubou a germinação das grandes empresas, com aglutinação de riquezas imensas de um lado, munindo-as de um poderio invencível, e, de outro, o definhamento das forças do trabalho humano, cavando assim um abismo sem precedentes entre a prepotência dos novos afortunados e a fraqueza dos que se escravizavam.[78]

Advém, nesse contexto, a Revolução Industrial com a política liberalista vindo esmagar massas arrastadas ao proletariado, fermentando a inquietação destas contra o individualismo, de modo a questionar o mundo de então sobre a questão social, promovendo, consequentemente, uma reviravolta no sistema de então.

Começa a nascer uma nova concepção de Estado, ainda embrionário, que resultaria no Estado Social moderno. A Filosofia e a Ciência

---

[75] CARBONNIER, Jean. *Flexible droit*. Paris: LGDJ, 1992, p. 201: *"Famille, propriété, contrat sont, de tradition, les trois piliers de l'ordre juridique. Comme dans une économie libérale et capitaliste, l'ordre juridique est forcément capitaliste et libéral, l'idée a surgi, chez ceux qui voulaient en finir avec cette économie, que son abolition passerait par le renversement préalable des trois piliers. [...] Les trois piliers valent mieux que cela, et ils pourront durer davantage: ils sont capables d'arbitrer à leur ombre les systèmes économiques, les systèmes politiques les plus différents".*

[76] Idem, ibidem, p. 201: *"Le contrat a été un instrument de sombre domina-tion; mais contracter est jeu et joie de toujours. La propriété privée des moyens de production est sans doute, pour ceux qui n'en ont pas, aliénation (comme on dit, mot singulier à des oreilles juridiques; que ne dit-on estrangement?); mais il est bien vrai que, pour éprouver les pleines délices de son mariage avec les choses, l'individu a générelament besoin d'en exclure autrui".*

[77] *Apud* SANTA MARIA, José Serpa de. *Direitos reais limitados*. Brasília: Brasília Jurídica, 1993, p. 10.

[78] Idem, ibidem, p. 10.

Jurídica não passam incólumes a esse espírito reformista e dinamizador, pois os fatos conspiram contra o próprio sistema que, consoante já expendido, não os refletia por ser artificialista e abstrato. Assim já assinalava Gaston Morin (citado por J. S. de Santa Maria), comentando o Código Napoleônico: *"L'insurrection des faits contre le Côde au defaut d'harmonie entre le droit positif et les besoins économiques le sociau a succede le revolte du droit contre le Côde, c'est-à-dire l'antinomie entre le droit actuelle et l'esprit du Côde Civile".*[79]

O comentário acima, feito por jurista na época, demonstra claramente que o sistema jurídico já não comportava os valores patrimonialistas tão elevados como o eram pelas codificações da época.

Os pilares do Direito positivado no seio do Estado Liberal (contrato e propriedade) passam a ser desfocados para a pessoa humana, em todo o seu contexto social, havendo uma "repersonalização" ou "transpersonalização" do Direito. Há de ser salientado que tal posicionamento extrapola o direito, abrangendo todos os ramos das ciências, como se observa no excerto abaixo, assinado por Lívia Ferrari, retirado de veículo da imprensa:[80]

> Cinqüenta anos depois da morte de Lord John Maynard Keynes, suas teorias, sobre a qual se construiu a ordem econômica mundial depois da 2ª Grande Guerra, voltam à cena. Num mundo dominado pelo neoliberalismo, onde a norma é a globalização, seus seguidores discutem o espólio do mestre e a eficácia atual de seus postulados. Na semana passada, o Rio de Janeiro reuniu algumas das principais estrelas desse debate, no Seminário Internacional de Economia Pós-Keynesiana. O que a globalização está provocando é uma "centralização do capital", diz Jan Kregel, da Universidade de Bolonha. "Temos de substituir a mão invisível do mercado pela mão visível do Estado regulador", resume o titular do Instituto de Economia da Universidade Federal do Rio de Janeiro (UERJ) e organizador do encontro, Fernando Cardim de Carvalho.[81]

O fenômeno da "repersonalização" consiste no deslocamento de enfoque dos códigos do patrimônio para a pessoa humana.

> O primado da pessoa humana e de seus direitos fundamentais exclui que a área do direito civil possa ser exaurida em uma concepção patrimonialista fundada ora sobre a centralidade da propriedade, ora sobre a noção de empresa.O direito civil –constitucional – segundo tendência do constitucionalismo contemporâneo – reconhece que a forte ideia do sistema não é somente o mercado, mas também a dignidade da pessoa, de uma perspectiva que tende a despatrimonializar o direito.[82]

---

[79] Santa Maria, José Serpa de. Op. cit., p. 11.

[80] Mostram-se importantes as colocações do artigo em tela, em virtude da tão propalada onda neoliberal da atualidade.

[81] FERRARI. Livia. O resgate de Keynes: Teóricos querem a mão invisível do estado regulador. *Gazeta Mercantil*, São Paulo, 04.07.97.

[82] **[NA]** PERLINGIERI, Pietro. A doutrina do direito civil na lealdade constitucional. In: TEPEDINO, Gustavo. *Direito Civil Contemporâneo*. São Paulo: Atlas, 2008, p. 5.

Ao tempo de sua criação, a pandectista sistematizou as codificações da época a partir da proteção do patrimônio. Com a axiologização do direito, pela superação de diversas visões arcaicas, a pessoa humana volta a ser a maior preocupação da ciência jurídica.

Na ordem de princípios como o da dignidade, igualdade, especificamente na área civil, boa-fé, bons costumes, reciprocidade, confiança, lealdade, não lesividade, vulnerabilidade etc., com a incidência direta das normas constitucionais, nas relações interprivadas,[83] o Direito Civil passa a centrar-se mais na pessoa humana do que na patrimonialidade, assim como mais no coletivo do que no individual.[84]

O direito individual não pode ser exercido ou mesmo concebido em prejuízo da coletividade. O pluralismo suplanta o individualismo, axiologicamente considerado.[85]

Mesmo o Direito das Coisas passa a ser visto como o conjunto de regras a regular a relação entre indivíduos e coisas, em razão de sua satisfação, em uma dada comunidade.

Havia uma migração das bases axiológicas do Direito, em busca de um reequilíbrio das relações sociais, às quais este, como então considerado, não conseguia mais responder. Em face da anomia verificada, sucumbe o sistema jurídico do Estado Liberal, para a consequente construção de um novo, cujos valores correspondessem aos que emergiam da sociedade.

Merece citação o artigo da professora Maria Celina Tepedino[86] que bem aborda tal transição, na perspectiva civilista, da ótica pandectista do ordenamento codificado, para a desse novo sistema, superando a postura do chamado Direito Civil clássico e conservador:

---

[83] **[NA]** FACHIN, Melina Girardi; PAULINI, Umberto. Problematizando a eficácia dos direitos fundamentais nas relações entre particulares: ainda e sempre sobre a constitucionalização do Direito Civil. In: TEPEDINO, Gustavo; FACHIN, Luiz Edson. (orgs.). *Diálogos sobre Direito Civil*. Vol II. Rio de Janeiro: Renovar, 2008, p. 195-229.

[84] **[NA]** FACHIN, Luiz Edson. A construção do Direito Privado contemporâneo com base na experiência crítico-doutrinária brasileira a partir do catálogo mínimo para o Direito Civil-Constitucional no Brasil. In: TEPDINO, Gustavo. *Direito Civil Contemporâneo*. São Paulo: Atlas, 2008, p. 12-28.

[85] Apesar de não nos enquadrarmos nem um pouco no rótulo de jusnaturalistas, nesse sentido se faz digna de citação a assertiva de SERRES, Michel. *O contrato natural*. Rio de Janeiro: Nova Fronteira, 1991, p. 49. "É preciso fazer uma revisão dilacerante do direito natural moderno, que supõe uma proposição não-formulada, em virtude da qual o homem, individualmente ou em grupo, pode sozinho tornar-se sujeito do direito. Aqui reaparece o parasitismo. A Declaração dos Direitos do homem teve o mérito de dizer: 'todo homem' e a fraqueza de pensar: 'apenas os homens' ou os homens sozinhos. Ainda não estabelecemos nenhum equilíbrio em que o mundo seja levado em conta, no balanço final".

[86] TEPEDINO, Maria Celina B. M. A caminho de um direito civil constitucional. *Revista de Direito Civil*. São Paulo, n. 65, 1992, p. 21-32.

Acolher a construção da unidade (hierarquicamente sistematizada) do ordenamento jurídico significa sustentar que seus princípios superiores, isto é, os valores propugnados pela Constituição, estão presentes em todos os recantos do tecido normativo, resultando, em conseqüência, inaceitável a rígida contraposição direito público-privado. Os princípios e valores constitucionais devem se estender a todas normas do ordenamento, sob pena de se admitir a concepção de um *"mondo in frammenti"*, logicamente incompatível com a idéia de sistema unitário.[87]

Corretíssima a autora, o sistema jurídico, sob pena de se mostrar completamente incongruente, jamais poderá ser tomado como fragmentário, devendo estar fortemente assentado na Constituição, que é seu esteio fundamental, daí o teor do princípio da unidade, e o fato de que a totalidade do sistema jurídico é maior do que a soma de suas partes, ante o esclarecimento recíproco entre as normas que o integram e daí em voga, a chamada "constitucionalização"[88] do Direito Civil.

Ante as premissas acima expostas, advém a aplicação direta dos dispositivos constitucionais na esfera do direito, dito privado.[89]

A concepção da Constituição como norma,[90] e ainda como suprema, faz com que seus princípios e valores se espalhem por todo o tecido normativo, nas palavras da professora Maria Celina, alcançando a área classicamente tida como privada. O conteúdo normativo da Constituição vincula os entes privados tanto quanto os públicos, de modo que seus contornos moldam e adequam inafastavelmente a legislação civil.

O constitucionalista espanhol Ignácio de Otto é muito claro ao apregoar a juridicidade constitucional, no sentido de afastamento da

---

[87] Idem, ibidem, p. 24.

[88] Sobre o tema, FACHIN, Luiz Edson aponta para a necessidade de uma "reconstitucionalização" do Direito Civil brasileiro. In: *Questões do Direito Civil Brasileiro Contemporâneo...*, p. 11-20.

[89] PERLINGIERI, Pietro. *Perfis do direito civil*. Rio de Janeiro: Renovar, 1997, p. 10-12.

[90] Neste sentido, vide ENTERRÍA, Eduardo Garcia de. *La constitucion como norma y el tribunal constitucional*. 3. ed. Madrid: Civitas, 1985. Para que bem se vislumbre a proposta do autor em pauta, cumpre transcrever breve trecho do prólogo da obra:

"La promulgación de la Constitución de 1978 nos ha sumergido súbitamente en una temática jurídica completamente nueva y, a la vez, trascedental, puesto que incide de manra decisiva, actual o virtualmente, sobre todas y cada una de las ramas del ordenamiento, aun de aquiéllas más aparentemente alejadas de los temas políticos de base. [...]

[...] No es posible en plano técnico, simplemente, manejar el ordenamiento, aun para resolver un problema menor, sin considerar a dicho ordenamiento como una unidad y, por tanto, sin la referencia constante a la Constitución, cabeza e clave del mismo. [...]

[...] Luego veremos que la Constitución es el contexto necesario de todas las leys y de todas las normas y que, por conseguiente, sin considerarla expressamente no pude siquiera interpretarse el precepto más simple, según el artículo 3º del Código Civil («las normas se interpretarán según el sentido propio de sus palabras, en relación con el contexto»), [...]". (p. 19-20).

ideia de concebê-la como carta política de ideais a serem perseguidos pelo Estado, desprovido de normatividade:

> *Ciertamente el estabelecimento de una norma suprema, por encima de los órganos superiores del Estado, se hace mediante la promulgación de un texto escrito, la llamada Constituición escrita, con el nombre de Constituición o cualquier otro, pero sólo hay Constituición como norma cuando el ordenamiento establece que el cumplimento de esos preceptos es obligado y, en consecuencia, que su infracción es antijurídica.*[91]

Sem prejuízo de conformar os poderes do Estado, a Constituição não se escusa de seu papel normativo no sentido de estabelecer e dimensionar direitos subjetivos, individuais ou supraindividuais, sem que isso implique sua ordinarização:

> *La Constituición, por una parte, configura e ordena los poderes del Estado por ella construidos; por otra, establece los límites del ejercicio del poder y el ámbito de libertades y derechos fundamentales, así como los objetivos positivos y las prestaciones que el poder debe cumplir en beneficio de la comunidad. [...]*
>
> *Pero la Constituición no sólo es una norma, sino precisamente la primera de las normas del ordenamiento entero, la norma fundamental,* lex superior.[92]

A negativa, a resistência por parte da manualística, principalmente na área dos direitos reais, em aceitar uma nova exegese do Código Civil,[93] à luz dos valores, princípios e regras da Constituição, faz com que se entrave por completo a evolução de seus institutos, na medida em que, além de refrear o estudo científico dessa parte do Direito que, cediço que nesse ponto, retroage até a pandectista.

Os reflexos disso se fazem sentir até no Judiciário, em razão de que, inegavelmente, a manualística termina por influenciar a própria concepção jurídica da matéria, por parte dos magistrados em qualquer instância, apesar de sua discrepância com a sociedade e ordenamento modernos.

Quando se trata de crise do contrato[94] ou mesmo crise do Direito Civil, isso se refere a crise dos conceitos arcaicos da doutrina conservadora e comprometida com um sistema que não mais é o vigente, pois se abordada cientificamente a questão, com espeque na metodologia, o que se observa é uma evolução do Direito Civil, inserido em

---

[91] OTTO, Ignácio de. *Derecho constitucional*. Barcelona: Ariel, 1995.

[92] ENTERRÍA, Eduardo Garcia de, *La constitucion ...*, p. 49.

[93] **[NA]** Isso porque, mesmo com o Código de 2003, persiste a racionalidade de autosuficiência da codificação que relega apenas às cláusulas gerais o papel de respiradouro do sistema. Sobre o cláusula geral vide MARTINS-COSTA, Judith. Para um conceito de cláusula geral. In: *A boa-fé no Direito Privado*. São Paulo: RT, 2000, p. 273-377.

[94] **[NA]** NEGREIROS, Tereza. *Teoria do Contrato – novos paradigmas*. Rio de Janeiro: Renovar, 2006, p. 278-285.

um sistema móvel e aberto, que evolui junto com a sociedade para o qual existe, na medida em que é móvel.[95]

Nisso se reafirma a instrumentalidade do próprio Direito, pois seu fim lhe é externo e existindo para a sociedade, não tem um fim em si mesmo, não podendo, portanto, ter a pretensão de querer que a sociedade caiba dentro de um Código,[96] ou mesmo que este caiba dentro de conceitos estanques, predefinidos.[97]

Ainda que desaconselhável um sociologismo como método de interpretação jurídica,[98] é incompreensível um jurista se propor a trabalhar uma ciência social mantendo-se cego aos fenômenos sociais, também axiológicos, imbricados em outro sistema axiologicamente hierarquizado, de racionalismo próprio e que se comunica com o sistema jurídico, que é o sistema social, regulador também de uma mesma sociedade.

A releitura de estatutos fundamentais do Direito Privado, nessa perspectiva, é útil e necessária para compreender a crise e a superação do sistema clássico que se projetou para instituições e funções da vida privada, especialmente para a propriedade.

O reinado secular dos dogmas que engrossaram as páginas de manuais e engessaram parcela significativa do Direito Civil começa a ruir. Nas sociedades de exploração, ao redor dos conceitos encastelados pelas hábeis mãos da lógica formal, se enfileiraram fatos que denunciam o outono do conformismo racional.

É o inegável envelhecimento do que já nasceu passado, pois foi parido de costas para o presente. Outro horizonte, inquietante e interrogativo, bate às portas cerradas do sistema clássico. O medievo que emoldura os institutos do *status quo* se mostra em pânico, pois na medida em que o civilismo pretensamente neutro se assimilou ao servilismo burocrata doutrinário e jurisprudencial, não conseguiu disfar-

---

[95] Nesse sentido cumpre citar o mestre Luiz Edson Fachin, in *Estado, posse e propriedade*: do Espaço privado à função social. Curitiba, 1997, texto não publicado, p. 2: "Essa dimensão sugere uma reflexão sobre o modelo reconhecido pelo sistema jurídico clássico, apta a localizar, no transcurso do arcaico ao contemporâneo, traços da ideologia que procura governar a restruturação desse desenho jurídico, e a indicar nesse âmbito pontos para alguma compreensão crítica desse fenômeno".

[96] Afasta-se pois o dogma da completude e do fechamento do sistema.

[97] PERLINGIERI, Pietro, op. cit., p. 1: "O estudo do direito – e portanto também do direito tradicionalmente definido 'privado' – não pode prescindir da análise da sociedade na sua historicidade local e universal, de maneira a permitir a individualização do papel e do significado da juridicidade na unidade e complexidade do fenômeno social. O Direito é ciência social que precisa de cada vez maiores aberturas; necessariamente sensível a qualquer modificação da realidade, entendida na sua mais ampla acepção".

[98] FREITAS, Juarez. *A interpretação sistemática do direito*. São Paulo: Malheiros, 1995, p. 16.

çar que não responde aos fatos e às situações que brotam da realidade contemporânea.

O conceito de cidadania[99] que desborda desses quadrantes é o continente que abriga uma dimensão fortificada da pessoa no plano de seus valores e direitos fundamentais. Não mais, porém, como um sujeito de direitos virtuais, abstratos, ou atomizados para servir mais a noção de objeto ou mercadoria.[100]

Posto o tema, insista-se, não se vislumbra crise no Direito Civil, em nenhuma de suas searas, e sim, uma crise na dogmática civilística, fundada na pandectista, que, estupefata, assiste a necessidade da evolução deste ramo do Direito, para acompanhar o desenvolvimento da sociedade na qual se insere.[101]

Situado o problema, como de Teoria Geral do Direito, e não do Direito Civil, propriamente dito, importante referenciar as palavras do mestre que melhor o identificou e expôs:

A "revolta dos fatos contra o código" captou, há algum tempo, a distância entre o clássico direito privado e as relações fáticas da vida.

Já se reconheceu a fratura do direito exposta na "esterilização dos conceitos e no desmoronamento de construções que pareciam inabaláveis".

O projeto dos juristas do século passado está teoricamente desfigurado, mas a doutrina e a prática do direito, ao responderem as novas exigências sociais, ainda se valem da inspiração no valor supremo da segurança jurídica e do purismo conceitual.

Se a teoria do modelo clássico se acomoda como passagem da história jurídica, mesmo assim, segue firme e presente certa arquitetura de sistema que tem mantido afastada uma suposta realidade jurídica da realidade social, hábil para "se refugiar num mundo abstrato, alheio à vida, aos seus interesses e necessidades".

Essa constatação já teve ares de atentado, é um reconhecimento do desajuste do ordenamento jurídico em face do "sangue que corre nas suas artérias".

Cogita-se agora, pois, de aprofundar uma revisão crítica principiada e não terminada, dado que não basta mais revelar a franca decadência que sofreram as bases sobre as quais se edificaram os institutos jurídicos. Não se trata de uma crise de formulação, eis

---

[99] Ao utilizar a palavra *cidadania*, busca-se um significado emancipatório e não redutor, como pode ser utilizado corriqueiramente. Neste tema, pertinente a crítica explicitada por PEREIRA, Gustavo Oliveira de Lima. *A pátria dos sem pátria: direitos humanos e alteridade*. Porto Alegre: Editora Uniritter, 2011, p. 91: "O termo raça para uma nova estruturação dos direitos humanos, perde sentido, assim como a concepção de identidade cultural. (...) O mesmo ocorre com a ideia de cidadania Ao preconcebermos a atitude de alguém em virtude de sua condição de 'estadonidense', 'argentino' ou 'brasileiro', estamos prestes a negar SUS."

[100] FACHIN, Luiz Edson, *Estado* ..., p. 2.

[101] Como bem expõe a profª. Maria Celina (Maria Celina B. M. Tepedino. A caminho de um direito civil constitucional. *Revista de Direito Civil*. São Paulo, n. 65, 1992, p. 22) sobre a questão: "[...] irreconhecível para os intérpretes *du code* a nova feição do direito civil, atualmente considerado, simplesmente, como uma série de regras idôneas a satisfazer os interesses dos indivíduos e de grupos organizados, através da utilização de determinados instrumentos jurídicos".

que o desafio de uma nova teoria geral do direito civil está além de apenas reconhecer o envelhecimento da dogmática.

Deve-se tratar, isso sim, das possibilidades da repersonalização de institutos essenciais, como a propriedade e o contrato, bem assim do núcleo do direito das obrigações, para recolher o que de relevante e transformador há nessa ruína.

Esse repensar começa pela compreensão dos traços do sistema das salvaguardas, adequado para dar o berço à dogmática clássica e seu séquito.[102]

Sem dúvida, o esteio da dogmática clássica se encontra nos conceitos com que trabalha, impondo revisá-los sem apego à pandectista, [NA] pois há necessidade de que sejam interpretados.

Isso remete a uma revisão crítica dos conceitos de propriedade e domínio, para desvendá-los à luz do pensamento sistemático, e não mais com base na dogmática em que floresceu nosso Código Civil [NA] de 1916 e encontra ressonância no Código em vigor.

O entrave evolutivo na exegese dos direitos reais positivados na legislação civil brasileira é fruto da imobilidade conceitual havida em seus institutos. A operação com os respectivos conceitos ainda se dá com base nas categorias estanques e abstratas formuladas no século passado.

Tais abstrações lógicas,[103] realizadas pela pandectista em busca de seus conceitos, precediam os fatos, desnaturando-os em prol de um purismo jurídico. Portanto, além do dogma da completude do Direito, o pandectismo peca por se abstrair da realidade social, em razão dos conceitos abstratos que produz, para conformar o sistema jurídico.

Tais conceitos produzidos devem ser revistos pelo enfoque contemporâneo, por ainda serem necessários ao operador do direito, e restam inaplicáveis no estágio atual da metodologia jurídica, sem que contrastem com a realidade social.

Tal revisão já foi observada em outras áreas, em que se vislumbra um novo conceito de contrato,[104] família,[105] filiação[104] etc., porém, o

---

[102] FACHIN. Limites e possibilidades da nova teoria geral do direito civil. *Revista de Estudos Jurídicos*. Curitiba, v. 2, n. 1, p. 99-100, 1995, **[NA]** da mesma forma em FACHIN, Luiz Edson. *Teoria Crítica do Direito Civil à luz do novo Código Civil Brasileiro*. 2ª ed. Rio de Janeiro: Renovar, 2003.

[103] GOMES, Orlando. *Transformações gerais do direito das obrigações*. 2. ed. São Paulo: RT, 1980, p. 3-4.

[104] **[NA]** Em reflexões sobre a contemporaneidade das relações contratuais, vide NALIN, Paulo e SIRENA, Hugo. *Da estrutura à função do contrato: dez anos de um direito construído*. In: LOTUFO, Renan; NANNI, Giovanni Ettore; MARTINS, Fernando Rodrigues. *Temas relevante do Direito Civil Contemporâneo*. São Paulo: Atlas, 2012, também, NEGREIROS Tereza. *Teoria do Contrato*. Rio de Janeiro: Renovar, 2005 e NALIN, Paulo Roberto Ribeiro. *Do contrato: conceito pós-moderno. Em busca de sua formulação na perspectiva civil-constitucional*. Curitiba: Juruá, 2006.

[105] **[NA]** Em Direito de Família a alteração substancial que a atualidade provoca nos institutos se impõe de modo mais flagrante, de modo que velhos institutos passam a receber uma roupagem

mesmo não se dá com os de propriedade e domínio, fruto da pandectista, e consequentemente, patrimonialista e individualista.

Importa considerar que o Direito se repersonaliza à luz de sua norma fundamental, a Constituição Federal, na medida em que ela positiva como valor máximo a dignidade da pessoa humana.[107]

Inadmissível manter a interpretação do Código ou de qualquer norma de Direito Civil, concebendo a patrimonialidade (propriedade e contrato), acima da dignidade da pessoa humana e, mais, o interesse individual acima do interesse coletivo ou difuso, de modo a se ignorar a normatividade constitucional.[108]

Importante ainda referenciar que nada vale a criação de novos códigos se o problema repousa na Teoria Geral do Direito, e não na legislação. Na insistência em vislumbrar o sistema como formal, fragmentário e fechado, orientado por conceitos invariáveis e fechados, absolutamente nada poderá fazer com que o Direito Civil se coadune à sociedade para o qual se destina. **[NA]** E, para isso, seria preciso mais

---

constitucional e outros novos surgem do desenvolvimento das relações humanas e mesmo da tecnologia. Como exemplo, tem-se o reconhecimento de uniões estáveis paralelas ao casamento, na forma da decisão que segue: APELAÇÃO CÍVEL. UNIÃO ESTÁVEL PARALELA A OUTRA UNIÃO ESTÁVEL. 1) COISA JULGADA. Não incide a coisa julgada, se não há identidade de partes entre a presente ação de reconhecimento de união estável movida pela autora e aquela movida pela outra companheira. 2) RECONHECIMENTO. O anterior reconhecimento judicial de união estável entre o falecido e outra companheira, não impede o reconhecimento da união estável entre ele e à autora, paralela àquela, porque o Direito de Família moderno não pode negar a existência de uma relação de afeto que também se revestiu do mesmo caráter de entidade familiar. Preenchidos os requisitos elencados no art. 1.723 do CC, mantém-se a procedência da ação. Preliminar rejeitada. Apelação desprovida. (SEGREDO DE JUSTIÇA) (Apelação Cível nº 70023073943, Oitava Câmara Cível, Tribunal de Justiça do RS, Relator: José Ataídes Siqueira Trindade, Julgado em 20/03/2008) Sobre a evolução do Direito de Família vide CARDOSO, Simone Tassinari. *Do contrato parental à socioafetividade*. In: ARONNE, Ricardo. *Estudos de Direito Civil-Constitucional – vol. II*. Porto Alegre: Livraria do Advogado, 2003.

[106] **[NA]** A exemplo da seguinte decisão: APELAÇÃO CÍVEL. AÇÃO DE FILIAÇÃO SOCIOAFETIVA. IMPROCEDÊNCIA. Se a família afetiva transcende os mares do sangue, se a verdadeira filiação só pode vingar no terreno da afetividade, se a autêntica paternidade/maternidade não se funda na verdade biológica, mas sim, na verdade afetiva, a ponto de o direito atual autorizar que se dê prevalência à filiação socioafetiva, esta só pode ser reconhecida quando baseada no afeto, e não somente no interesse patrimonial. Se o autor, que possui pai e mãe biológicos e registrais, e com a mãe estabeleceu relação parental afetiva (somente não o fazendo com o pai porque já era falecido), não pode pretender o reconhecimento de uma filiação que não é espontânea e não foi voluntariamente assumida pelos alegados "pais de criação", pretensão que vem permeada de interesse exclusivamente econômico. Precedentes. Apelação desprovida. (SEGREDO DE JUSTIÇA) (Apelação Cível nº 70023288251, Oitava Câmara Cível, Tribunal de Justiça do RS, Relator: José Ataídes Siqueira Trindade, Julgado em 08/05/2008)

[107] Art. 1º, III, CF/88.

[108] FACHIN, *Estado* ..., p. 7: "Mais uma vez, o sistema jurídico, ao refletir o modelo que governa as relações econômicas e sociais, serve para marcar uma marginalização. É que a atribuição de uma proposição jurídica depende, pois, do ingresso da pessoa no universo de titularidades que o próprio sistema jurídico define. Desse modo, percebe-se claramente que o sistema jurídico pode ser, antes de tudo, um sistema de exclusão".

do que utilizar a técnica das cláusulas gerais, pois estas não importam, necessariamente, em mudança de racionalidade.[109]

[NA] Isso significa dizer que o Código Civil de 2003 não conseguiu alinhar-se ao projeto constitucional. Por isso, tal qual o Código de 1916, necessita ser compreendido à luz da metodologia contemporânea centrada no pensamento sistemático, topicamente orientada aos casos concretos, a evoluir pela via interpretativa, do que aclamado por ser nova codificação e se fundar no berço da dogmática arruinada e irracional, perigosa e nociva ao direito e à própria sociedade.[110]

Impõem-se algumas considerações a esse respeito, na esteira das lições do professor Fernando Noronha, fundadas na teoria dos sistemas.[111]

O ordenamento jurídico se comunica diretamente com os demais por serem todos abertos e se intercruzarem. Tal intercruzamento decorre da interdisciplinariedade do direito.[112]

Há instrumentalidade no Direito, justamente por ele existir em virtude de um sistema social para o qual se volta como instrumento de regulação, modificação e controle, tendo por finalidade precípua o bem comum.

Em torno do sistema social, orbitam diversos outros que se comunicam com esse e entre si, que são o jurídico, político, econômico, e outros.

---

[109] AGUIAR JÚNIOR, Ruy Rosado de. O Poder Judiciário e a concretização das cláusulas gerais. Revista de Direito Renovar, n. 18, p. 11-19, set./dez. 2000.

[110] Nesse sentido, repisa-se o sempre presente mestre Luiz Edson Fachin, *Estado...*, p. 8: "Neste despretencioso exame restou enfocado que o regime jurídico codificado sobre a propriedade imobiliária rural não destoa da imagem jurídica da sociedade civil de seu tempo, assistindo-se nos dias correntes uma reconstrução, às avessas, da ideia de *constituição do homem privado*, pressuposto ideológico fundante de uma proposta que se impõe sobre a sociedade civil. Restou tangenciado, ainda, o exame das novas tendências do Direito Civil, especialmente as limitações incidentes sobre a propriedade, e seu evidente paradoxo: a propalada *publicização de espaços classicamente privados*, e o processo em marcha de privatização do Estado. Além disso, tentou-se enfrentar o debate sobre os novos rumos do cerne do *direito privado clássico*, sua *crise e transformação*, cujos valores, como visto, se reportam ao núcleo da *questão agrária brasileira contemporânea*. Nesses limites foram vencidas as possibilidades da presente análise que ora se encerra. Sem projeções que seriam indícios de precipitação, o fechamento deste século espelha o desafio para iluminar, no palco contemporâneo, a essência do que tem ficado à sombra. Resta enfrentá-lo sem delongas e trocar práticas de medievo pelos saberes construídos às portas do terceiro milênio. Este é apenas o singelo ponto de partida rumo aos dramas que ainda encerram o século XX e abrem as portas do terceiro milênio".

[111] NORONHA, Fernando. O Direito do contrato e seus princípios fundamentais. São Paulo: Saraiva, 1994, p. 21-27.

[112] **[NA]** Neste tópico é necessário destacar a importância das relações de complexidade. "a complexidade é efetivamente o tecido de acontecimentos, acções, interacções, retroacções, determinações, acasos, que constitui o nosso mundo fenomenal." (MORIN, Edgar. *Introdução ao pensamento complexo*. Lisboa: Instituto Piaget, 2003, p. 20.

Todos esses sistemas recebem *inputs* e fazem *outputs*, em sua via comunicativa, uns nos outros e se constituem, como já analisado em anterior capítulo, em um "conjunto de elementos ligados por um conjunto de relações, de forma que uma modificação em um desses elementos provoca modificações em outro ou em outros;" um sistema sociocultural é, segundo Duverger, "um conjunto estruturado e coordenado de interações sociais que se comportam como uma entidade".[113]

Ainda citando o professor Fernando Noronha, observa-se como a teoria dos sistemas é una, quando o mesmo se refere à mobilidade e abertura dos mesmos:

> A principal característica diferenciadora dos sistemas socioculturais, ou sociais, é o fato de não manterem uma estrutura específica, e, antes, criarem, elaborarem ou mudarem a estrutura, como pré-requisito para permanecerem viáveis como sistemas operantes, como diz Buckley. É a estes sistemas, estes socioculturais que, dentro da moderna teoria dos sistemas sociais, se chama de sistemas abertos, isto é, sistemas que estão envolvidos em permanente processo de interação com o respectivo meio, ou ambiente. Sistemas abertos respondem as alterações ambientais com mudanças em sua estrutura; quanto maior for a sua capacidade de resposta a estímulos ambientais, mais possibilidades eles terão de permanecerem viáveis e de se desenvolverem.[114]

O Direito perfaz um sistema,[115] sendo instrumental em razão de sua interdependência positiva, axiológica e teleológica. Tal interdependência se viabiliza pela abertura do mesmo. Através de seus *outputs*, o Direito não só assegura integração social, como também, no seu aspecto de controle é instrumento modificador da sociedade a qual tem por objeto.[116]

Essa interligação pela via da abertura fornece ao ordenamento jurídico *inputs* do sistema social e político, positivando valores, pela via constitucional, por exemplo, a demonstrar a conformação do mesmo pela via legislativa.

---

[113] MORIN, Edgar. Op. cit., p. 22.

[114] Idem, ibidem, p. 22.

[115] Não é usado o termo *subsistema* intencionalmente, pelas razões já explicitadas anteriormente, porém inexiste divergência de concepção.

[116] NORONHA, op. cit., p. 22-24: "Na sociedade global, o direito é sistema de controle, tendo por objetivo promover a integração social; não é, porém, o único meio de controle social. [...] A integração social é também meta do direito, mas que procura realizar essencialmente assegurando a prevenção e a resolução de conflitos, através da imposição, sempre que necessário, de sanções organizadas, da competência de autoridades constituídas dentro da comunidade societária. O direito tende a ser tanto mais necessário quanto mais deficiente sejam os processos de 'internalização' dos valores normativos nas consciências individuais". Apesar de não identificarmos o direito com sanção, como exprime a ideia do autor, a assertiva demonstra bem, como não há uma hierarquização prévia dos conteúdos intersistêmicos.

Propriedade e Domínio – A TEORIA DA AUTONOMIA

A via interpretativa também decorre de *input* proveniente da sociedade, na medida em que os casos concretos onde se debruça o intérprete são provenientes da sociedade, e nada mais são do que valores.

De tais *inputs* decorrerão, como resposta do Direito, *outputs*, que são *feedbacks* que virão a repercutir na sociedade como retroação do sistema jurídico no social.

Quando um *input* da sociedade não encontra regra reguladora, estaremos perante uma lacuna, que haverá de ser colmatada através dos outros elementos normativos da malha jurídica, em face de valores nela positivados a vincular o intérprete.

Quando sequer os valores sociais encontram guarida no Direito vigente, estaremos perante um caso de anomia, eis inexistir lacuna de valores. Quando os valores do sistema jurídico não condizem com a sociedade para a qual se volta, ocorre o que os constitucionalistas costumeiramente chamam de revolução, caindo tal sistema, para que outro seja construído.[117]

"Dessa relação de permanente interação entre o direito e sociedade resulta que tanto o sistema social, de que depende o sistema jurídico, como este, que também influi na sociedade, estão necessariamente em permanente transformação".[118] Por esse viés, faz-se possível a análise no que tange à legitimidade e eficácia das normas, pela devida mensuração axiológica necessária.

Do exposto exsurge a instrumentalidade do Direito, salientando que os sistemas possuem racionalidades próprias, daí sua assimetria, vislumbradas por ciências próprias, respectivamente, a Ciência do Direito, a Sociologia, a Política, a Economia e outras.

Se os conceitos com que a civilística tradicional trabalha não se mostram mais material e formalmente coerentes com a realidade social e com o próprio ordenamento jurídico, a persistência em sua manutenção fere a instrumentalidade do Direito, ocasionando quebras no sistema, o que há de ser evitado, para que o mesmo não entre em contradição.

---

[117] RUSHEL, Ruy Rubem. *Direito constitucional em tempos de crise*. Porto Alegre: Sagra Luzatto, 1997, p. 60-61.

[118] NORONHA, op. cit., p. 25.

6. O tratamento conceitual de propriedade e domínio

O direito de propriedade, no âmbito de nossa manualística, é considerado como um direito real e absoluto sobre o respectivo bem da vida, de modo a afastar a ingerência de todo e qualquer indivíduo sobre o mesmo, tendo hoje o mesmo tratamento que a civilística clássica lhe dispensava no século passado, como bem demonstra Tepedino.[119]

Nenhum resquício da funcionalização positivada em esfera constitucional alcança tal espécie de postura, como a acima expendida.

Por consequência, como a funcionalização da propriedade é o esforço sistêmico de despatrimonialização do estatuto proprietário, longe do conteúdo teleológico do sistema jurídico vigente repousa a concepção clássica civilista, ainda arraigada nos direitos reais.

Carbonnier, traçando um perfil da evolução da propriedade no Direito, aponta uma profunda transformação no instituto ao afirmar que *"relevait parmi les transformations du droit privé napoléonien le passage de la propriété-droit subjectif à la propriété-fonction sociale"*.[120]

Quando se contrapõe a assertiva acima, de um eminente filósofo do direito, em posição não isolada, com a manualística ou mesmo com a civilística clássica, em voga, se observa que tal diferença substancial de tratamento não alcança os conceitos em uso.

Daí a assertiva do mesmo autor no sentido de que a propriedade permanece como na aurora do individualismo, uma relação essencial do homem com as coisas.[121]

---

[119] TEPEDINO, Gustavo. Contornos constitucionais da propriedade privada. In: *Estudos em homenagem ao professor Caio Tácito*. Rio de Janeiro: Renovar, 1997, p. 310.

[120] CARBONNIER, Jean. *Flexible droit*. Paris: LGDJ, 1992, p. 257.

[121] Idem, ibidem, p. 258: *"Pourtant, si l'étudiant lève les yeux de ses manuels pour regarder la vie, il constate qu'être propriétaire n'est pas un fait tellement dépourvu d'interêt, à preuve que ceux qui ne le sont pas luttent âprement pour le devenir, et que raconte-t-on, à leurs devaniers du Bas-Empire"*.

Arnoldo Wald conceitua propriedade da seguinte forma: "A propriedade é o mais amplo dos direitos reais, abrangendo a coisa em todos os seus aspectos. É o direito perpétuo de usar, gozar e dispor de determinado bem, excluindo todos os terceiros de qualquer ingerência no mesmo. Esta plenitude do direito de propriedade distingue-o dos outros direitos reais, denominados direitos reais limitados".[122]

Esse conceito do direito de propriedade é o que permeia o Direito dos países que adotaram o ramo do Direito Continental, e não o Saxônico, desde a Idade Média e, segundo a mais abalizada doutrina, desde Roma.[123]

Inúmeras dificuldades são encontradas pela doutrina, em suas operações com o conceito de propriedade, como se pode observar nas palavras de Orlando Gomes:

> Sua conceituação pode ser feita à luz de três critérios: o sintético, o analítico e o descritivo. Sinteticamente, é de se defini-lo, com Windsheid, como a submissão de uma coisa, em todas as suas relações, a uma pessoa. Analiticamente, o direito de usar, fruir e dispor de um bem, e de reavê-lo de quem injustamente o possua. Descritivamente, o direito complexo, absoluto e exclusivo, pelo qual uma coisa fica submetida à vontade de uma pessoa, com as limitações da lei.
>
> Se é certo que nenhum desses critérios satisfaz isoladamente, o conhecimento dos três permite ter o direito de propriedade noção suficientemente clara. É a análise de seus caracteres que torna entretanto mais nítidos seus traços.[124]

Sem se desprender de tal concepção abstratista do instituto da propriedade, a doutrina, a partir do século XIX, começou a desenvolver uma rápida alteração em tal conceituação, cingindo o direito de propriedade em dois aspectos, um interno e outro externo.[125] O interno diz respeito à relação entre o indivíduo e o bem da vida; e o externo se refere à relação entre esse e os demais indivíduos da sociedade, como se depreende da lição que segue:

> Devemos distinguir no direito de propriedade a estrutura interna da estrutura externa. A primeira abrange os poderes que o titular do direito pode exercer sobre a coisa, e a segunda as relações entre o proprietário e os terceiros.

---

[122] WALD, Arnoldo. *Direito das coisas*. 10. ed. São Paulo: RT, 1995, p. 98. **[NA]** Esta noção vem repetida na edição de 2009, na p. 119. (WALD, Arnoldo. *Direito das coisas*. 12. ed. São Paulo: Saraiva, 2009).

[123] Existem sérias e procedentes divergências, que serão aprofundadas nos capítulos mais avançados, no sentido de que a visão romana não se adequava à simplificação que se arraigou no direito civil, por decorrência de diversas alterações impostas à disciplina pelos glosadores.

[124] GOMES, Orlando. *Direitos reais*. 10. ed. São Paulo: Forense, 1990, p. 85. Esta definição permanece na 20ª edição. (GOMES, Orlando. *Direitos reais*. 20. ed. São Paulo: Forense, 2010, p. 105).

[125] COSTA, Mario Júlio de Almeida. *Noções de direito civil*. 3. ed. Coimbra:Almedina, 1991, p. 389. Segundo a lição do autor, tal cisão veio em resposta ao anterior antagonismo entre as teorias realista e personalista, sendo corrente eclética largamente seguida.

A estrutura interna apresenta-se como poder complexo e exclusivo do proprietário sobre a coisa, abrangendo o uso, o gozo e a disposição.

A estrutura externa importa o direito de exigir a abstenção dos terceiros em relação ao objeto de propriedade do titular.[126]

Tal concepção, "nova", do direito de propriedade, bipartido, vai se revelar fundamental para o trabalho com as instituições de Direitos Reais, cujo conceito anterior, por sua menor cientificidade, se mostrava insuficiente.

San Tiago Dantas, sobre os aspectos da propriedade, explicita o seguinte, em seu conhecido curso:

Costuma-se dizer que esses aspectos podem ser encarados de dois modos: aspecto interno e aspecto externo. O aspecto interno é a senhoria; é justamente esta dominação da coisa, que o titular tem; o direito de fazer o que lhe aprouver, usar, gozar, enfim praticar em relação a ela todos os atos úteis ou inúteis que sua vontade determinar. O aspecto externo considera, particularmente, a relação entre os proprietários e os não proprietários.[127]

Em Tepedino, observa-se a operação com dois conceitos distintos, que merecem transcrição, não somente pela autoria, como também pelo trato bem mais avançado que o vislumbrado na manualística. O primeiro, evocativo do esposado por San Tiago Dantas, acima transcrito, fazendo referência à tutela da propriedade no Código Civil de 1916 é o que segue:

O Código Civil Brasileiro, como se sabe, não define o direito de propriedade e se limita a indicar, no *caput* art. 524, os poderes do proprietário: "A lei assegura ao proprietário o direito de usar, gozar e dispor de seus bens, e de reavê-los do poder de quem quer que injustamente os possua". Tais poderes, expressão do elemento interno ou econômico do domínio (faculdade de usar, gozar e dispor) e do elemento externo ou jurídico (as ações de tutela do domínio), compõem o aspecto estrutural do direito de propriedade, sem nenhuma referência ao aspecto funcional do instituto.[128]

[NA] Ao se analisar o que se passa com o Código Civil de 2003, verificar-se-á que a disciplina da propriedade seguiu os mesmos rumos do Código anterior. No que tange à regra geral disciplinada no *caput* do art. 1.288,[129] pode-se identificar um técnica legislativa mais elaborada, que substitui a expressão "a lei assegura", contida no art. 524 do Código anterior por "o proprietário tem a faculdade". Desloca-se

---

[126] WALD, op. cit., p. 99.

[127] DANTAS, San Tiago. *Programa de direito civil*. Rio de Janeiro: Rio, 1979, v. 3, p. 93. Apenas para que fique referenciado, o supratranscrito trecho de San Tiago Dantas, contido na explicitada obra, está inserido em capítulo com o evocativo título de "Domínio ou Propriedade".

[128] Idem, ibidem.

[129] Art. 1.228, CC. O proprietário tem a faculdade de usar, gozar e dispor da coisa, e o direito de reavê-la do poder de quem quer que injustamente a possua ou detenha.

Propriedade e Domínio – A TEORIA DA AUTONOMIA

de uma matriz jusnaturalista, em que a norma se limita a reconhecer o poder a ela preexistente para uma norma positivista.[130] Todavia, em seu § 1°[131] deixa espaço ao interesse social.

[NA] Essa disciplina do parágrafo concretiza os valores constitucionais que determinam que a propriedade "atenderá a função social". Todavia, quando o parágrafo opta pela redação "em conformidade com o estabelecido em lei especial", deve-se ter em mente a construção de um sentido constitucional à propriedade. Novo, não mais como construção abstrata, mas apresentando uma configuração pluralista deste instituto.[132] Recorde-se que a Constituição Federal não condicionou o cumprimento da função social à legislação. Disciplinou nos incisos XXII e XXIII a garantia de propriedade e que esta propriedade atenderá a função social, conjugando vários outros dispositivos na tutela da propriedade. É o caso dos arts. 182, 184, 186 da Constituição Federal, dentre outros. Logo, a Carta Magna apresenta um tratamento para uma série de situações proprietárias, que envolvem a destinação do bem, a potencialidade econômica e até mesmo a titularidade do mesmo. Assim, na interpretação do § 1° do art. 1.228 do CC, quando se lê – "estabelecido em lei especial" – deve-se estar atento para concretizar uma hermenêutica contemporânea, lendo o Código e a legislação infraconstitucional à luz da Constituição, e não o oposto.[133]

O outro conceito trabalhado pelo professor Tepedino, ainda sob a égide do Código de 1916, de modo muito interessante, se encontra em um diferente estudo do autor, anterior ao supratranscrito, empregado na segunda parte do mesmo, nominada como Contornos Elementares da Propriedade Privada: Aspectos Estrutural e Funcional.

> A propriedade pode ser estudada em dois aspectos, o estrutural e o funcional. A dogmática tradicional e, na sua esteira, o Código Civil brasileiro, preocupa-se somente com a estrutura do direito subjetivo proprietário. O art. 524 do C. Civ., com efeito, evitando defini-la, dispõe sobre os poderes do titular do domínio, fixando o aspecto interno ou econômico, caracterizador do senhorio, e outro externo, o aspecto propriamente jurídico da estrutura da propriedade. O primeiro aspecto, interno ou econômico, é composto pelas faculdades de usar, fruir e dispor. O segundo, o jurídico, traduz-se na faculdade de exclusão de ingerências alheias. Estes dois aspectos, o interno e o

---

[130] TEPEDINO, Gustavo. Contornos Constitucionais da Propriedade Privada. In: *Temas de Direito Civil*. 3. ed., p. 305.

[131] § 1° do art. 1228, CC. O direito de propriedade deve ser exercido em consonância com as suas finalidades econômicas e sociais e de modo que sejam preservados, de conformidade com o estabelecido em lei especial, a flora, a fauna, as belezas naturais, o equilíbrio ecológico e o patrimônio histórico e artístico, bem como evitada a poluição do ar e das águas.

[132] TEPEDINO, Gustavo. Contornos ..., p. 316.

[133] Idem, p. 313.

externo, compõem a estrutura da propriedade, o seu aspecto estático. Já o segundo aspecto, mais polêmico, é alvo de disputa ideológica, refere-se ao aspecto dinâmico da propriedade, a função que desempenha no mundo jurídico e econômico a chamada função social da propriedade.[134]

[NA] A mesma citação poderia referir-se, sem maiores alterações à disciplina codificada atual. A racionalidade da Codificação de 2003 se sustenta sob as mesmas bases da de 1916. Por isso, o regramento dos Direitos Reais apresenta alterações aparentes, que não importam em alterações efetivas.[135]

Marky, romanista brasileiro, também opera com o conceito bipartido de propriedade, como explicita no que tange à propriedade em Roma:

No sentido positivo, a propriedade confere ao titular o direito de usar, fruir e dispor da coisa e, no sentido negativo, exclui toda e qualquer ingerência alheia, protegendo-o, no exercício de seus direitos, contra a turbação de terceiros.

A característica dominante do ponto de vista jurídico é a exclusividade da propriedade, que impõe a todos a obrigação de respeitá-la. Já o conteúdo positivo desse instituto – a subordinação completa da coisa a seu proprietário – é um aspecto mais econômico do que jurídico.[136]

O conceito de domínio, no âmbito de nossa doutrina, parece ser muito claro, tendo duas linhas básicas. Ou o domínio é integralmente identificado com a propriedade, como sinônimo do termo *propriedade*, ou é tomado no sentido relativo a bens materiais.

Na obra de Darcy Bessone, dedicada aos direitos reais,[137] há um capítulo próprio tratando do assunto, o qual, ante a sua brevidade, nos permite transcrevê-lo na íntegra:

Duas correntes defrontam-se em relação ao problema. Uma pretende que são sinônimos os termos propriedade e domínio. Outra sustenta que eles têm significados diferentes, pois que a propriedade teria objeto mais amplo que o domínio: o objeto daquela seria tanto a coisa corpórea como a incorpórea, enquanto o deste somente se aplicaria à corpórea. A diferença, como se vê, seria objetiva.

Os termos *dominium* e *proprietas* foram usados pelos romanos. Alguns romanistas afirmam que eles eram empregados indiferentemente, ao passo que outros procuram

---

[134] TEPEDINO, Gustavo. Contornos ..., p. 311. E também do mesmo autor: A nova propriedade: O seu conteúdo mínimo, entre o código civil, a legislação ordinária e a Constituição. *Revista Forense*, São Paulo, v. 306, p. 73, 1991.

[135] Em reflexão crítica e aprofundada sobre os dispositivos e racionalidade da "Nova" Codificação, tem-se o capítulo 1 da obra Código Civil Anotado, escrito por Ricardo Aronne em 2005. (ARONNE, Ricardo. *Código Civil Anotado*. São Paulo: IOB: Tomson, 2005).

[136] MARKY,Thomas. *Curso elementar de direito romano*. 8. ed. São Paulo: Saraiva, 1995, p. 65.

[137] BESSONE, Darcy. *Direitos reais*. 2. ed. São Paulo: Saraiva, 1996.

em fragmentos da época a comprovação de que, já em Roma, o objeto da *proprietas* era mais compreensivo do que o do *dominium*.[138]

O professor Bessone é muito claro ao referenciar qual é a visão da doutrina sobre tais conceitos, encontrando-se na esfera daqueles que tratam os termos como sinônimos, como se observa pelo título do item 6 de sua obra citada, logo seguinte ao acima transcrito, o qual denomina como "Distinção entre Propriedade (ou Domínio) e Posse".[139]

Ruggiero,[140] tal qual Bessone, entende propriedade e domínio como expressões sinônimas, dizendo que: "Das relações jurídicas sobre coisas, ou direitos reais, a mais ampla e mais perfeita é a que constitui o direito de propriedade ou domínio".

No mesmo sentido é a posição do já citado romanista Thomas Marky: "A propriedade (*dominium, proprietas*) é um poder jurídico absoluto e exclusivo sobre uma coisa corpórea".[141]

Serpa Lopes, em posição ambígua, analisa etimologicamente as expressões, entendendo que os termos têm significados diversos, porém em âmbito jurídico são sinônimos.

> Há divergências, senão em relação à etimologia de cada uma dessas palavras – domínio e propriedade – pelo menos no tocante à sua significação jurídica. A palavra *propriedade* possui um sentido que nasce do seu próprio termo. A coisa é própria ao proprietário nesse sentido de só a ele, em princípio, caber a utilização de seus serviços. E era precisamente a isto que os Romanos denominavam de *dominium*, por isso que o seu titular era em princípio senhor da coisa, fazendo dela o que bem quisesse.
>
> A palavra *propriedade* vem do latim – *proprietas* – derivada de *proprius* significando o que pertence a uma pessoa.[142]

Serpa Lopes, ainda que controvertendo sobre o sentido das expressões, termina por expor que o emprego das palavras em tela se dá de forma indiferente, referindo que tal postura de diferenciar os termos não encontra apoio na tradição romana, e tampouco subsídio no Código.[143]

Como é objetivo demonstrar nos próximos capítulos deste trabalho, a doutrina no tratamento dos desdobramentos, aplicações e interpretações relativas aos direitos reais, empresta um sentido bem

---

[138] BESSONE, Darcy.Op. cit., p. 12.

[139] Idem, ibidem.

[140] RUGGIERO, Roberto de. *Instituições de direito civil*. 6. ed. São Paulo: Saraiva, 1958, p. 368. v. 2, trad. Ary dos Santos.

[141] MARKY, op. cit., p. 65.

[142] SERPA LOPES, Miguel Maria de. *Curso de direito civil*. 4. ed. Rio de Janeiro: Freitas Bastos, 1996, p. 281. v. 6.

[143] Idem, ibidem, p. 281-282.

diverso ao termo *domínio*, com caráter, conteúdo e profundidade completamente diferentes da conceituação que admite. [NA] A operatividade das noções no âmbito das relações jurídicas e principalmente os limites estabelecidos nas relações sociais conduzem à necessidade de distinção dos termos. E mais, poder-se-ia dizer que mesmo a doutrina que defende serem sinônimas as noções, no momento em que explicitam a pragmaticidade a operação dos institutos jurídicos de direitos das coisas, precisam fazer uso da distinção entre propriedade de domínio, sem, contudo, apresentar de forma flagrante o argumento.

Além disso, a distinção é visível até mesmo nos conceitos transcritos no início desse capítulo, que tratam o domínio como sendo o aspecto interno da propriedade, e propriedade como o todo ou seu aspecto externo. O mesmo acontece no âmbito da legislação e jurisprudência.

A doutrina faz uso dos termos indiferentemente, por vezes tendo a propriedade como mais compreensiva que o domínio, que aludiria somente a bens imóveis, porém, mesmo assim, como sinônimo, de modo a identificar os conceitos.

Ocorre que os conceitos, como adiante abordado, em âmbito de problematização, possuem tratamentos autônomos na própria doutrina, apesar desta não reconhecer tal autonomia e não explorar as consequências da devida dicotomia existente.

Importa considerar que o apego aos conceitos produzidos na Escola da Exegese encastela a disciplina com inadmissível imobilidade sistêmica, pois a doutrina tradicional opera com eles como sendo limites interpretativos, sem conteúdo axiológico algum, imutáveis e invariáveis.

Nas palavras do civilista Orlando Gomes, o positivismo científico que floresceu no século XIX concebia o direito como um sistema de preceitos e decisões derivados de princípios deduzidos racional e historicamente, sem considerar nenhum conteúdo ético, político ou econômico (como é peculiar nos sistemas fechados e ditos puros), operando com realidades lógicas (e não fáticas), cabendo à doutrina a tarefa de burilar conceitos.[144]

Daí o abstratismo conceitual vislumbrado hoje no conceito de propriedade e sua identificação com o de domínio, objetivando um

---

[144] GOMES. Orlando. *Tranformações gerais do direito das obrigações*. 2. ed. São Paulo: RT, 1980, p. 3.

purismo conceitual próprio da pandectista, a espelhar o que Carbonnier identificará como decadência do instituto da propriedade.[145]

Como objetivado na problematização adiante obrada, o conceito clássico de propriedade, mesmo em seu aspecto formal, é inoperante, inefetivo, pois seu abstratismo não responde sequer às regras do Código (de raiz pandectista), sem que dele se desprenda como autônomo o conceito de domínio.

Repise-se que mesmo a operação em âmbito formal, com desprezo ao conteúdo material do conceito, já põe o sistema em contradição, do que resultará sua inadmissibilidade.

Apanhada materialmente a propriedade, então já devidamente desdobrada em dois conceitos autônomos, percebe-se a otimização do princípio da função social, dando azo à repersonalização dos direitos reais, como imposição social e jurídica, fruto da vinculação ao ordenamento, em contraste com o trato da manualística, em uma reconciliação da exegese com a realidade social e os valores do ordenamento, positivados na Constituição e aparentemente contrastantes com os do Código Civil de 1916[146] e da mesma forma contrastantes com o da Codificação atual.[147]

---

[145] CARBONNIER, Jean. *Flexible droit*. Paris: LGDJ, 1992, p. 257-258: *"C'est un lieu commun de la tittérature juridique contemporaine, si facilement évolutioniste, que de décrire par rapport au passé l'état présent de la proprieté. Un mot un peu vague en résumerait les conclusions assez unanimement, même si, tantôt regret, tantôt allégresse, plus souvent mélange des deux, il est prononcé d'un auteur à l'autre sur un ton différent: décadence. Décadance de l'institution, dont l'importance paraît avoir considérablément diminué à l'intérieur du droit civil: ne dit-on pas que le droit civil s'est prolétarisé, ce qu'attesterait la moindre fréquence des procès relatifs à la fortune acquise, des procès de contrats de mariage et de sucessions? La promotion de la personne, capital le plus précieux, force de travail et roseau pensant, dans des secteurs aussi variés que la tutelle ou la détermination du dommage réparable, ne signifie-t-elle pas que le patrimonie compt moins? Mais surtout décadence du droit individuel de propriété ligoté au nom de l'intérêt général, cisaillé au profit des utilisateurs de la chose, attaqué du dehors et du dedans, et ainsi déchéance du propriétaire, qui n'est plus, loin de là, monarque absolut et inviolable, tel qu'il semblait issu de la Declaratión de 1789 et du Code civil. Donc, décadence de la propriété sur toute la ligne – de la propriété comme d'ailleurs de la loi, du contrat, de la responsabilité pour faute, ces autres colonnes de l'ordre libéral et individualiste. Il n'est pas d'étudiant de licence qui ne sache maintenant cela".*

[146] **[NA]** MORAES, Maria Celina. Perspectivas a partir do direito civil-constitucional. In: TEPEDINO, Gustavo. *Direito Civil Contemporâneo*. São Paulo: Atlas, 2008.p. 29-41. Vide Também TEPEDINO, Maria Celina B. M. A caminho de um direito civil constitucional. *Revista de Direito Civil*, São Paulo, n. 65, p. 22-24, 1992. Como demonstra a autora, com a "publicização" do Direito Civil, em face do crescimento do Estado interventista e regulamentador, decorreu uma profunda alteração no Direito Civil não podendo mais ser este objetivado com um enfoque individualista e egoísta, compatíveis com o Estado Liberal e com as respectivas posturas exegéticas e doutrinárias.

[147] **[NA]** RUZYK, Carlos Eduardo Pianovski; FACHIN, Luiz Edson. Um projeto de Código Civil na contramão da Constituição. In: *Revista Trimestral de Direito Civil*, vol 4. out./dez., 2000, p. 243-264.

7. Problematizando o tema

Pelo viés tópico da operação com hipóteses concretizantes, na esteira da metodologia adotada, emerge uma lente apta ao vislumbre da problemática irresolvida da operação com os conceitos, advindos da pandectista os quais ainda influenciam por demasiado toda a doutrina da civilística continental, que dos mesmos se vale.

O mínimo exigível a qualquer conceito é que de sua operação resulte uma conformação ao menos formal, dentro do ordenamento. Conceituado o sistema como já feito, sem dúvida, o que há de ser perseguido é um patamar bem mais alto do que este, uma vez que a contradição material é de ordem bem mais grave.

O instituto da propriedade opera com o conceito de propriedade identificado com o de domínio. Precipuamente nisso reside a contradição formal, que ora será tratada, para que somente então se possa apreciar com a de ordem material, que impõe um reemparelhamento dos princípios, agasalhados em nossa malha jurídica para compreensão axiológica e hierarquizadora da matéria posta em debate como fio condutor: a "repersonalização" do instituto jurídico da propriedade. Esta derivada diretamente da disciplina constitucional, que coloca como fundamento de toda a ordem jurídica brasileira, no art. 1°, inciso III, a dignidade da pessoa humana.[148]

Da operação no patamar formal, poderá parecer que ocorre uma fuga do eixo do trabalho; porém, essa é meramente aparente, uma vez que objetiva demonstrar a contradição da manualística, em razão de conceitos ditos puros, e que sequer no patamar formal subsistem.

[NA] O artigo 1.231 do CCB dispõe: "A propriedade presume-se plena e exclusiva, até prova em contrário".[149] Tal norma do Código positiva um dos mais relevantes princípios jurídicos que orientam toda

---

[148] Sobre Dignidade, veja-se SARLET, Ingo Wolfgang. *Dignidade da Pessoa Humana e Direitos Fundamentais na Constituição Federal de 1988*. Porto Alegre: Livraria do Advogado, 2004.

[149] Este dispositivo vem em substituição do antigo artigo 527 do CCB/1916, que dispunha: "O domínio presume-se exclusivo e ilimitado, até prova em contrário".

a disciplina dos direitos reais, que é o princípio da exclusividade do domínio.[150]

Tal princípio é densificador do princípio da unidade do domínio.[151] Na medida em que o domínio é uno, não admite superposição de seus caracteres.

Posta a premissa supra, de ordem vinculante, o princípio da exclusividade veda o estabelecimento de um direito real onde outro de igual espécie anteriormente exista. Tanto ao proprietário como ao titular de um gravame, é assegurada a exclusividade do exercício.

Pelo exposto, a sub-hipoteca não afasta a anterior, até que o respectivo crédito tenha sido realizado, mesmo que pelo credor sub-hipotecário, que, até então, mantém mera preferência contra o proprietário, para realização do seu crédito no bem, posteriormente ao primeiro credor hipotecário.[152]

A hipoteca de 2º grau não se mostra como uma exceção ao princípio da exclusividade. O destaque do *jus disponendi*, na integralidade, se dá somente na primeira hipoteca, tendo a segunda preferência de ordem na faculdade dominial de destaque. [NA] Segundo Caio Mário da Silva Pereira "pagar-se-á o segundo credor hipotecário com as sobras da escussão da primeira hipoteca, a ele reconhecido o privilégio em relação aos credores quirografários".[153]

Para que o segundo credor hipotecário receba o *jus disponendi* com plena sequela de seu gravame, deve depositar o valor da primeira ou essa deve estar satisfeita.[154] Ou seja, a garantia real anterior só é afastada com a satisfação *in natura*.

---

[150] **[NA]** Sobre o tema, vide notas aos artigos 1.231 e 1.225 do Código Civil escritas por Ricardo Aronne, in: PEREIRA, Rodrigo da Cunha (coord.). *Código Civil Anotado*. Porto Alegre: Síntese, 2004, p. 818-822 e 843-844. e também Rodrigo da Cunha Lima Freire. Princípios regentes do direito das coisas. *Revista dos Tribunais*, São Paulo, n. 735, p. 70, 1997.

[151] **[NA]** O domínio é uno, não suportando o bem da vida mais de um domínio sobre si. Inexiste mais de um *jus fruendi, utendi* ou *disponendi* em concomitância sobre um mesmo objeto. "O domínio é uno. O bem não suporta uma multiplicidade de domínios sobre ele. Mesmo que o co-proprietário tenha apenas 50% da titularidade , o mesmo pode usar, fruir, possuir o bem em 100%, pois o domínio exclusivo." (*sic*) (ARONNE, Ricardo. *Código Civil Anotado*. São Paulo: Tompson/IOB, 2005, p. 146).

[152] **[NA]** É a disciplina explícita do artigo 1.477 do CCB: "Salvo o caso de insolvência do devedor, o credor da segunda hipoteca, embora vencida, não poderá executar o imóvel antes de vencida a primeira" e seu Parágrafo único: "Não se considera insolvente o devedor por faltar ao pagamento das obrigações garantidas por hipotecas posteriores à primeira", que em que pese apresentarem

[153] **[NA]** *Instituições de Direito Civil.* atualizado por Carlos Edison do Rêgo Monteiro Filho. Rio de Janeiro: Forense, 2004, p. 387. v.5.

[154] **[NA]** Disciplina do artigo 1.478 do CCB.

A razão de tal normatividade se mostra simples: o objeto[155] não pode suportar a coexistência de faculdades da mesma espécie sobre si, eis que o domínio, em toda extensão do bem, é uno e indivisível, de modo a que não existam dois *jus fruendi*, dois *jus disponendi*, dois *jus utendi* etc.[156]

Na análise de um condomínio, seja na propriedade ou em um direito real limitado tal qual o usufruto ou enfiteuse, não há uma multiplicidade de relações dominiais superpostas e, sim, uma pluralidade de sujeitos em um dos polos da relação jurídica que é uma só, já que a relação dominial, plena ou destacada, também é uma só.

Isso demonstra que, consoante o princípio da exclusividade, o *jus utendi*, objeto de exercício pelo condomínio, é um só, exercitado conjuntamente por todos os componentes do condomínio em tela.

Mesmo que um dos condôminos exerça em separado o uso do bem (*jus utendi*), o estará exercendo na integralidade, e não na proporção de sua cota condominial, ante a unidade do domínio.[157]

Disto decorre outro princípio normativo da matéria, densificador da exclusividade, que é o princípio da indivisibilidade, adiante abordado com mais vagar.

Rodrigo da Cunha Lima Freire **[NA]** debruça-se sobre a codificação de 1916 em obra específica sobre os princípios que regem os direitos reais, assim leciona sobre o princípio da exclusividade:

> Conforme afirmamos, segundo o art. 527 do C.C.,[158] o domínio presume-se exclusivo. Isso significa que o titular do domínio tem o poder de usar, gozar e dispor da coisa, e sobre esta não poderão recair dois direitos idênticos, prevalecendo o título mais antigo.
>
> É possível, contudo, ocorrer o inverso, ou seja, haver pluralidade de sujeitos ou proprietários, com base no mesmo título, existindo, portanto, uma só relação jurídica, como, por exemplo, nos casos de propriedade comum, compropriedade ou condomínio.
>
> [...]

---

[155] No sentido de bem da vida sobre o qual recai o direito real.

[156] Na concepção clássica, o domínio se desdobra nesses três elementos, porém, na medida em que o domínio é passível de dividir em tantos direitos elementares quanto as formas por que se manifesta a atividade do homem sobre os bens (SANTA MARIA, José Serpa de. *Direitos reais limitados*. Brasília: Brasília Jurídica, 1993, p. 19), é passível de inúmeras outras classificações, inadmitindo um rol fechado de desdobramentos.

[157] No condomínio *pro diviso*, estando indivisa a coisa, o exercício em divisão estará em âmbito puramente obrigacional, como poderá ser melhor compreendido adiante, pois todos os condôminos terão domínio sobre a totalidade do bem, com plena sequela.

[158] **[NA]** Embora utilizando a terminologia equivocada, de acordo com o que se pretende neste texto, uma vez que se refere à propriedade, e não ao domínio como seria mais coerente tecnicamente, a Codificação de 2003 traz no seu artigo 1.231 do CCB exatamente esta disposição normativa. Por isso, ao substituir-se, no texto do autor o art. 527 pelo art. 1.231 do CCB.

Aplica-se, também, a regra do art. 527[159] no que se refere à exclusividade, aos demais direitos reais, visto que estes decorrem da propriedade, não sendo possível, onde um direito real anteriormente existe, estabelecer outro do mesmo tipo, exceto se houver compatibilidade entre esses direitos.[160]

José Serpa de Santa Maria assim leciona sobre o presente princípio em sua normatividade:

A EXCLUSIVIDADE – ela é inclusive um dos mais significativos característicos do próprio direito dominial. Tanto ao proprietário originário, fica assegurada a exclusividade, quanto ao titular do gravame real, de modo a impedir que qualquer outra pessoa possa também exercitá-lo. A coexistência normal desses direitos paralelos conduz a subsistência da convivência pacífica da mesma faculdade de exclusividade. É exclusivo como acentua CAIO MÁRIO DA SILVA PEREIRA no sentido de que não se compadece com a pluralidade de sujeitos com o mesmo direito. Como bem explica o mestre CLÓVIS BEVILÁQUA, não é possível onde um direito real anteriormente existe, estabelecer outro da mesma espécie. No condomínio, há pluralidade de sujeitos, mas a relação jurídica é uma só e o seu objeto não pode suportar nova relação da mesma natureza.[161]

No bem onde recai gravame de usufruto, por exemplo, em favor de outrem, este não pode ser gravado novamente com novo usufruto, enquanto aquele primeiro ainda existir.

O proprietário destacou em favor de outrem o *jus utendi* e o *jus fruendi*, que são relações dominiais suas para com o bem. Como o domínio é uno, somente possui um *jus utendi* e *fruendi*, que já estando destacados, não o poderão sê-lo novamente, até que tenham retornado ao poder do titular do domínio, consolidando-o.

Uma segunda instituição de gravame, superposta, é nula[162] na medida em que o proprietário não possuía tais faculdades dominiais, uma vez já estarem destacadas.

Na esteira do princípio da exclusividade desnuda-se a matéria no que tange ao condomínio, e afloram as incongruências do trato de domínio e propriedade como sinônimos.

Um condomínio de proprietários de coisa indivisa, no qual cada um possui 50% da titularidade do bem, se apresenta como hipótese tópica para que se vislumbre a incidência do sistema e se opere a primeira análise crítica quanto à autonomia conceitual, que emerge do trato da matéria.

---

[159] **[NA]** 1.231 do CCB.

[160] FREIRE, Rodrigo da Cunha Lima. Princípios regentes do direito das coisas. *Revista dos Tribunais*, São Paulo, n. 735, p. 70, 1997.

[161] SANTA MARIA, José Serpa de. *Direitos reais limitados*. Brasília: Brasília Jurídica, 1993, p. 24-25.

[162] Art. 166, II do CCB, antigo art. 145, II, do CC/1916.

Tal desdobramento da propriedade resta previsto expressamente no artigo 1.314 do CCB,[163] que admite que muitos podem ter a propriedade. Porém, o domínio é uno e indivisível, consoante o princípio da exclusividade.

A análise da simples hipótese posta demonstra que a propriedade resta dividida. Tanto é assim que será correto dizer que cada um dos condôminos possui 50% da propriedade, sem prejuízo da unidade do domínio.

No que tange à administração e às divisões, vislumbra-se a proporcionalidade dos quinhões dos respectivos proprietários da coisa, a demonstrar não somente divisão simples, mas sim equitativa, em cotas respectivas ao percentual de propriedade.

Por outro viés, o exercício das faculdades dominiais, por todos e por cada um, de uso, fruição, disposição, se dará em toda a extensão do bem e em sua integralidade, eis que o domínio é uno e indivisível, consoante decorre do mesmo artigo [NA] 1.314 do Código.

Cada condômino pode exercer todos os direitos compatíveis com a indivisão. Assim, quando os sujeitos usam concomitantemente ou isoladamente o bem, o usam em sua integralidade (100%), porque não existem dois *jus utendi*, por exemplo, um de cada um, incidindo sobre o bem. O domínio de todos é na integralidade da coisa, ainda que plural.

O artigo 1.315 do CCB[164] dispõe que cada condômino concorre na proporção de sua parte para as despesas ou divisão do bem. Parte, no dispositivo, é alusiva à propriedade, eis que a coisa é indivisa, não sendo, portanto, parte na coisa e tampouco do domínio, porque esse, indiviso o bem, uno o é.

Dividido o bem, ainda uno restaria o domínio, na medida em que incidirá na integralidade sobre a parte divisa, que passa a ser novo objeto. Sempre que se dividir um bem (divisível) em dois, passa-se a ter dois bens, cada um com titularidade diferente.

Se é assim, propriedade e domínio são coisas diversas, ainda que complementares e indissociáveis.

O domínio é uno e indivisível, somente podendo ser visto em sua unidade, mesmo havendo pluralidade de sujeitos, quando tratar-se de

---

[163] Antigo art. 623 do CC/1916.

[164] Art. 1.315. O condômino é obrigado, na proporção de sua parte, a concorrer para as despesas de conservação ou divisão da coisa, e a suportar os ônus a que estiver sujeita. Trata-se do antigo art. 624 do CC/1916.

Propriedade e Domínio – A TEORIA DA AUTONOMIA

um condomínio, não há que se falar em frações, por inexistirem direitos a se sobreporem uns aos outros.

Ao contrário do domínio, a propriedade se mostra divisível, pois quando vislumbrada a compropriedade, pode ser precisado o quanto de tal direito é de cada um, podendo o direito de um sujeito se sobrepor ao do outro.

Posto e compreendido isso, podem ser pinçadas para análise posições observadas na manualística, como, por exemplo, a seguinte assertiva de Maria Helena Diniz, ao comentar o artigo 527 do CC: de 1916:

> A propriedade apresenta caráter exclusivo e ilimitado, entendido dentro do âmbito em que a norma jurídica permite o seu movimento e desenvolvimento. O domínio é exclusivo, pois seu titular tem o direito de afastar daquilo que é seu a ação de qualquer outra pessoa, ante o princípio de que uma mesma coisa não pode pertencer com exclusividade e simultaneamente a duas ou mais pessoas. É preciso, então, esclarecer que no condomínio não desaparece essa exclusividade, uma vez que cada condômino possui uma quota ideal do bem. O titular do domínio exerce seu direito sem concorrência de outrem, podendo excluir terceiro da utilização do bem, manifestando-se, assim, a oponibilidade *erga omnes*. Além da exclusividade, a propriedade tem o caráter pleno ou ilimitado, desde que todos os seus elementos constitutivos se achem reunidos na pessoa do proprietário.[165]

No trecho suprarreferido, Maria Helena Diniz comenta a incidência da explicitada norma, quando da propriedade plena, que é aquela cujo domínio não está desdobrado e sim consolidado.

A própria autora, apesar de não explicitar isso, trata titularidade e relação com o bem como sendo coisas autônomas a refletir a autonomia entre propriedade e domínio, apesar de apregoar identidade conceitual.

Se assim não o fosse, a mesma não teria como explicar o condomínio, como o faz; eis que nesse ocorre uma partição da propriedade, em quotas ideais, como o diz. Porém, as relações com o bem, por parte de cada indivíduo, ainda são plenas, o que não ocorre em âmbito de titularidade.

[NA] Todavia, na edição de 2008, Maria Helena Diniz esclarece que "apesar da distinção que há entre estes dois termos, emprega-se comumente tanto o vocábulo 'propriedade' como 'domínio' para designar a mesma coisa, uma vez que entre eles não há diferença de conteúdo".[166]

Há uma contradição formal se não tratada a ora asseverada autonomia. Propriedade e domínio perfazem conceitos distintos.

---

[165] DINIZ, Maria Helena. *Código civil anotado.* São Paulo: Saraiva, 1996, p. 403.

[166] **[NA]** DINIZ, Maria Helena. *Curso de Direito Civil Brasileiro.* São Paulo: Saraiva, 2008, p. 113.

Tal tratamento ocorre sempre nas operações da manualística, em seus recursos a tais conceitos. Em abstrato, os conceitos terão um conteúdo; em operação, terão outro. Apanhada uma assertiva de Arnoldo Wald que tangencia a questão, repetir-se-á o havido com Maria Helena Diniz: "A propriedade é exclusiva por não admitir que mais de uma pessoa possa exercer o mesmo direito sobre determinado objeto. No caso do condomínio, o que ocorre não é a propriedade de diversas pessoas sobre o mesmo objeto, mas a de cada condômino sobre uma fração ideal do objeto em condomínio".[167]

No primeiro momento o autor busca tratar do domínio, eis que somente este é uno e exclusivo, e não a propriedade. No segundo, está a tratar de propriedade que é divisível, ou, caso contrário, confrontadas as assertivas do próprio texto, seria impossível o condomínio, se não em coisa divisa, o que não o caracteriza mais como tal.

Se duas pessoas têm a propriedade do bem, cada uma tem a propriedade. Pelo ângulo dominial, quando duas pessoas detêm o domínio de um bem, ambas o têm. [NA] As expressões "ambas o têm" e "cada uma a tem" são comumente aceitas no tratamento doutrinário e jurisprudencial do tema.

Quando parcela da propriedade é alienada (por exemplo, uma quota de vinte por cento) o adquirente não possui o direito de propriedade como um todo, porém, nenhum outro coproprietário pode concorrer em sua parcela. [NA] O mesmo ocorre na transmissão *causa mortis*; aquisição proprietária por sucessão. Tem-se um caso concreto em que 5 irmãos recebam a quota parte na única casa deixada pelo *de cujus*. Não haverá dúvidas de que cada um deles será proprietário de 20% do referido imóvel. E, não há dúvidas, também, de que nenhum dos irmãos pode concorrer aos 20% pertencente ao outro.

Na esfera dominial, a divergência inicia-se pelo fato de a quota de elemento dominial não poder ser alienada na coisa indivisa. O novo condômino exerce o domínio na integralidade,[168] em uma relação plural de sujeitos, na qual todos concorrem no exercício do uso, gozo e disposição do bem. [NA] Novamente, retome-se o exemplo dos cinco irmãos herdeiros. Juridicamente, todos têm as faculdades dominiais de modo concorrente, ao mesmo tempo,[169] pois o domínio é uno. Assim, *ius utendi, ius disponendi* e *ius fruendi* pertencem simulta-

---

[167] **[NA]** WALD, Arnoldo *Direito das coisas*. São Paulo: Saraiva, 2009, p. 121.

[168] Em sendo pleno.

[169] **[NA]** Embora pareça redundante, utilizam-se as expressões "de modo concorrente" e "ao mesmo tempo" para diferenciar das hipóteses de propriedade com tempo compartilhado, também conhecidas no Brasil pelo nome originário de *time sharing*.

neamente a todos. Por este motivo, para estabelecer qualquer relação jurídica que implique desdobramento de qualquer destas faculdades, há de se ter concordância de todos. Assim, se algum dos irmãos, com os seus 20% de quota proprietária, resolver instituir, por exemplo, um usufruto a terceiro, não poderá fazê-lo isoladamente.

Nesse passo, Francisco de Penaforte Mendes de Almeida tece severas críticas ao conceito de condomínio da civilística clássica, adotado por Whitaker.[170] Cumpre referenciar que tal crítica foi assimilada pelo autor, passando a integrar a respectiva obra, a partir da 2ª edição da mesma. Assim diz Penaforte Mendes:

> Mas esse conceito é detestável. Elle consiste n'isto: – o condomino não tem propriedade e posse do todo da cousa, mas apenas, por maneira intellectual do todo da cousa, mas apenas, por maneira intellectual ou abstracta de quota correspondente á sua quota no direito. Vê-se, pois, que, confundindo o direito com o seu objecto, esse conceito põe tambem neste a limitação que só naquele existe e póde existir; porque, si muito bem se comprehende a divisão intellectual ou abstracta de um direito, não se concebe coisa corpórea dividida senão materialmente; [...] não póde existir dominio, nem posse de dois *in solidum*; nem ninguem póde ter dominio em parte do corpo: porém tem, em vez de dominio da sua quota parte, dominio pro indiviso do corpo todo.[171]

Penaforte Mendes, habilmente, já em 1919, põe completamente em xeque o conceito da civilística clássica, demonstrando efetivamente não se identificarem os conceitos de propriedade e domínio, ainda que não explicite isso,[172] porém, é textual o jurista, ao dispor que, com base em tais conceitos, não pode chegar a uma definição.[173] A dogmática, por seus próprios argumentos, cai em contradição formal.

Migrando para hipótese concretizante diversa, como a do usucapião, novamente a unidade conceitual não resiste a uma análise tópica, sem contradição intrínseca.

[NA] A disciplina jurídica da usucapião no Código Civil vigente por vezes refere à aquisição da propriedade, por vezes ao domínio.

---

[170] WHITAKER, F. *Terras*: divisões e demarcações. 6. ed. Rio de Janeiro: Freitas Bastos, 1933, p. 77-86.

[171] Idem, ibidem, p. 16-17.

[172] Idem, ibidem, p. 21. "Por ultimo observo que o Cod. Civ., sciente ou inscientemente ficou fiel ao conceito clássico; tanto assim que auctorisa cada condomino a 'usar livremente da coisa conforme seu destino, e sobre ella exercer todos os direitos compativeis com a indivisão' (art. 623, I), salva apenas (art. 627) a obrigação de responder 'aos outros pelos fructos que percebeu da coisa commum e pelo damno que lhes causou' (1), e bem assim a reivindical-a de terceiro' (art. 623, II): direitos que não se conciliam com o outro conceito". Observe-se o conteúdo da nota indicada no texto transcrito: "(1) Pondere-se: – limitação no direito e não na coisa".

[173] Idem, ibidem, p. 19: "Eu não dou definição. *Omnis definitio periculosa*".

No art. 1.238 do CCB faz referência à aquisição da propriedade;[174] no art. 1.239 do CCB também.[175] Todavia, no artigo seguinte – 1.240 do CCB – faz referência à aquisição do domínio.[176] Na disciplina do Código anterior, a usucapião, dava ao usucapiente o domínio sobre o bem quando implementados os seus requisitos, a citar o prazo para a prescrição aquisitiva, o *animus domini* (termo em alusão ao domínio, e não à propriedade), posse de boa-fé, entre outros, conforme positivado nos artigos 550 e seguintes do CC/1916, em pleno acordo com a legislação esparsa e com as normas constitucionais específicas.

Este tratamento identificado entre propriedade e domínio dispensado pela Codificação atual entra em contradição com os seus próprios termos. Basta verificar a redação do art. 1.241 do CCB, que refere a aquisição da propriedade mediante declaração do juiz.[177]

Melhor tratamento fora concedido pelo Código anterior que disciplinava a aquisição do domínio assim que implementados os requisitos e da propriedade, mediante ação declaratória.

Implementados os requisitos *ad usucapionem*, o indivíduo desde já adquire o domínio do bem, o que é reafirmado pelo fato de que a sentença de usucapião tem o conteúdo declaratório como preponderante.[178]

Em sendo tal conteúdo declaratório, o que faz o julgador é declarar o domínio do proponente sobre o bem. O declarando não o constitui, esse é preexistente, nascendo quando implementados os requisitos para a usucapião. Daí poder, a usucapião, ser arguida como

---

[174] **[NA]** Art. 1.238, CCB. Aquele que, por quinze anos, sem interrupção, nem oposição, possuir como seu um imóvel, adquire-lhe a propriedade, independentemente de título e boa-fé; podendo requerer ao juiz que assim o declare por sentença, a qual servirá de título para o registro no Cartório de Registro de Imóveis.

[175] **[NA]** Art. 1.239, CCB. Aquele que, não sendo proprietário de imóvel rural ou urbano, possua como sua, por cinco anos ininterruptos, sem oposição, área de terra em zona rural não superior a cinquenta hectares, tornando-a produtiva por seu trabalho ou de sua família, tendo nela sua moradia, adquirir-lhe-á a propriedade.

[176] **[NA]** Art. 1.240, CCB. Aquele que possuir, como sua, área urbana de até duzentos e cinquenta metros quadrados, por cinco anos ininterruptamente e sem oposição, utilizando-a para sua moradia ou de sua família, adquirir-lhe-á o domínio, desde que não seja proprietário de outro imóvel urbano ou rural.

[177] **[NA]** Art. 1.241, CCB. Poderá o possuidor requerer ao juiz seja declarada adquirida, mediante usucapião, a propriedade imóvel.Parágrafo único. A declaração obtida na forma deste artigo constituirá título hábil para o registro no Cartório de Registro de Imóveis.

[178] FACHIN. Luiz Edson. *A função social da posse e a propriedade contemporânea.* Porto Alegre: Sergio Fabris, 1988, p. 39. Sobre Teoria Tríptica da Posse, com explicação detalhada acerca do possuidor *ad usucapionem*, vide Ricardo Aronne. *Titularidades e Apropriação no novo Código Civil brasileiro – Breve ensaio sobre a posse e sua natureza.* p. 215-250.

matéria de defesa, como direito do usucapiente, opondo pretensão do *ex adverso*.[179]

Se domínio e propriedade fossem sinônimos, a sentença da usucapião, em sendo declaratória, declararia uma propriedade preexistente. O proprietário de um bem é o legitimado passivo para responder pelo seu bem. Na esteira do exposto, um indivíduo que implementa usucapião sobre certo imóvel alheio, sem que tenha ainda ajuizado ação declaratória de usucapião, já é seu proprietário.

Se a premissa acima, decorrente do tratamento da atual manualística fosse correta, quem responderia por uma obrigação *propter rem* que recaia sobre o bem haveria de ser o "usucapiente",[180] que seria o proprietário do bem. Ocorre que o único indivíduo que é legitimado passivamente para responder a eventual execução em tela é aquele em nome de quem o bem está transcrito, justamente denominado proprietário.

Novamente o trato conceitual, inobservada autonomia entre domínio e propriedade, leva a uma contradição formal. Em âmbito de direito de vizinhança, o mesmo se dá, como decorre da seguinte hipótese: prédio encravado em propriedade outra, na qual indivíduo implementou todos os requisitos para "prescrição aquisitiva",[181] sem ter ajuizado ação de usucapião.

Caso a usucapião implementasse propriedade, independente de sentença judicial, seria o usucapiente quem responderia pela passagem forçada, no polo passivo da relação de vizinhança. Ao contrário, é aquele denominado proprietário, possuidor do registro em seu nome, quem tem legitimidade para tanto, o mesmo ocorre no que tange à legitimidade para receber a indenização pela passagem forçada. Essa é do proprietário.

Sendo a sentença de usucapião declaratória da propriedade, como admitido pela manualística, a resposta a todas as questões postas acima deveria recair na pessoa do usucapiente, o que não se verifica. [NA] Da análise dos artigos 1.238 e seguintes do CCB, fica claro

---

[179] Art. 7º da Lei 6.969/81 e [NA] Enunciado 315 CJF – IV Jornada de Direito Civil – "Art. 1.241. O art. 1.241 do Código Civil permite que o possuidor que figurar como réu em ação reivindicatória ou possessória formule pedido contraposto e postule ao juiz seja declarada adquirida, mediante usucapião, a propriedade imóvel, valendo a sentença como instrumento para registro imobiliário, ressalvados eventuais interesses de confinantes e terceiros".

[180] Usamos aspas uma vez que estamos tratando no âmbito do direito material no qual a usucapião já se consumou.

[181] Utiliza-se esta expressão por ser voz corrente na doutrina pátria. Todavia, compõe este texto a crítica de Luiz Edson Fachin ao tema, em revisão à obra *Direitos Reais*, de Orlando Gomes, quando nas páginas 185-187. (GOMES, Orlando. *Direitos Reais*. Ed. atualizada por Luiz Edson Fachin. Rio de Janeiro: Forense, 2004).

que a sentença de usucapião é declaratória do domínio, e não da propriedade. Se faz diferença referir que a sentença de usucapião declara o domínio, e não a propriedade e que a implementação da usucapião dá ao usucapiente o domínio, e não a propriedade, isso ocorre porque são conceitos autônomos. E tal diferença emerge do trato do efeito de tais assertivas.

Pontes de Miranda já ensinava que uma sentença possui diversas eficácias e efeitos, porém a classificação é obrada por sua eficácia preponderante.[182]

Quando ajuizada uma ação de usucapião, esta tem por objeto o reconhecimento do domínio, a aquisição da propriedade e a transcrição do bem em nome do usucapiente.

Portanto, a sentença em tela é declaratória do domínio, constitutiva da propriedade e mandamental para efeitos registrais. Classifica-se como sendo declaratória a respectiva sentença, eis que tal eficácia é a que prepondera, na medida em que, não sendo declarado o domínio, não haverá de ser constituída a propriedade e, tampouco, transcrita. A doutrina não nega a presença das demais eficácias na ação de usucapião, discutindo, porém, com ardor, qual a eficácia que prepondera.

Cumpre invocar as palavras do professor Jefferson Guedes para demonstrar que a doutrina se mostra quase unânime, sobre a preponderância da declaratividade: "Em que pese a quase unanimidade sobre sua proeminência, a presença da declaração não exclui as demais forças eficaciais".[183]

Não há muito o que referir sobre o efeito declaratório,[184] expresso até mesmo nos dispositivos do Código Civil, que explicita que o mesmo se refere ao domínio. Se o domínio fosse igual à propriedade, a sentença nada deveria constituir, pois a propriedade seria preexistente, apenas reconhecida pelo juízo. Ocorre que o reconhecimento puro do domínio não dá ao usucapiente a condição de proprietário, consoante já demonstrado acima.

---

[182] MIRANDA, Pontes de. *Tratado das ações*. São Paulo: Revista dos Tribunais, 1974, p. 3-4. t.2.

[183] GUEDES, Jefferson Carús. *Exceção de usucapião*. Porto Alegre: Livraria do Advogado, 1997, p. 115.

[184] **[NA]** Sobre este efeito, importante referir a impropriedade da alteração legislativa proposta pela Lei do programa Minha Casa Minha Vida, que incluiu o artigo 1.240-A, no diplona codificado. Ou bem se trata de usucapião, com a necesária eliminação da garantia fiduciária existente sobre o bem, ou o legislador pretendeu construir outro instituto jurídico. (Referência à Lei 12.424/11)

A isso tudo, somam-se ainda, dois fatores dignos de serem ressaltados: se a sentença de usucapião objetivasse tão somente declarar o domínio, que no caso seria sinônimo de propriedade, inexistiria razão para haver ações de usucapião de bens móveis, que independem de registro no que tange à propriedade.

Assim leciona o ilustre jurista gaúcho Ovídio Baptista da Silva: "Se a sentença fosse meramente declaratória, o usucapiente de coisas móveis não teria a menor necessidade de promover a ação correspondente, podendo alienar a coisa usucapida [...] O conteúdo constitutivo da sentença é inalienável".[185] No mesmo sentido, o já citado professor Jefferson Guedes.[186]

Admitindo-se que a Exceção de Usucapião tenha tão somente efeito declaratório,[187] haverá então o proponente de ajuizar ação de usucapião para adquirir a propriedade, porque declarar domínio difere de declarar propriedade. E mais, se admitido que tal sentença possa ser transcrita no registro de imóveis, tão somente admitir-se-ia que, além de declarar o domínio, constitui a propriedade.

Da análise tópica exsurge que domínio e propriedade são conceitos autônomos, repisa-se, ainda, que complementares; eis que se o domínio é declarado pela sentença (e interpretar, em sentido contrário, seria negar norma explícita nesse sentido) e algo é constituído, certo é que esse algo não é o mesmo que foi declarado, somente podendo ser, conforme resulta da interpretação sistemática do instituto, a propriedade, reafirmando a autonomia dos conceitos.

O anterior conceito pandectista de propriedade e domínio conduz a uma contradição no ordenamento, como já demonstrado no início do século por Penaforte Mendes.

Outra análise é passível de ser feita quanto à capacidade para gravar um bem com certo ônus real. O proprietário, e, a princípio,[188] tão somente ele, possui tal faculdade.

Cediço que a implementação dos requisitos da usucapião dão ao usucapiente o domínio do bem, mesmo antes da propositura da respectiva ação declaratória, em sendo domínio e propriedade sinôni-

---

[185] SILVA, Ovídio Baptista da. *Curso de processo civil*. 3. ed. Porto Alegre: Sergio Fabris, 1996, p. 128.

[186] GUEDES, op. cit., p. 116.

[187] Não é negada controvérsia sobre a questão, porém admite-se tal posição apenas para argumentar.

[188] **[NA]** Existem casos em que não proprietário pode gravar o bem, como é o caso da superfície, mas o superficiário, consoante se compreenderá adiante, não grava a propriedade, e sim, sua parcela dominial destacada (o direito real limitado em si).

mos, então independente de sentença judicial, o usucapiente já teria a faculdade de gravar o bem. Novamente vislumbra-se serem conceitos distintos o de domínio e propriedade, guardando autonomia entre si, na medida em que a implementação do gravame pelo usucapiente sem título resta impossível.

No caso supramencionado, o proprietário teria a faculdade de gravar tal bem, porém faltar-lhe-ia a possibilidade de fazê-lo, uma vez que não detém a relação dominial com o bem, que passa a ser do usucapiente e que pode opor seu domínio contra o proprietário, através da respectiva ação ou exceção, em caso de litígio entre eles. Falta ao proprietário requisito essencial para a perfectibilização do gravame, que é a possibilidade material de destacar relação dominial em favor de outrem, na medida em que não mais as possui, pois lhe falta o aspecto substancial.

Já o usucapiente tem a possibilidade de gravar o bem, eis que detém o domínio do mesmo, podendo, assim, desdobrá-lo em favor de terceiros, mas ocorre que ele não possui a faculdade de fazê-lo, pela falta de titularidade que obsta a transcrição do gravame no respectivo Registro de Imóveis, que é requisito essencial para sua perfectibilização, no aspecto formal.

Outro fator a merecer reflexão no que tange à ação declaratória diz com seu conteúdo, declarar a existência ou inexistência de uma relação jurídica. Esse é o conteúdo das ações declaratórias, como decorre do próprio teor do artigo 4º do CPC. Há, portanto, de ser auferida entre quem se dará a relação, se entre autor e réu, lindeiros, ou outros. Verifica-se tratar-se de relação entre o autor e o bem da vida objeto da usucapião.

Sendo o vínculo entre pessoa e coisa, sua natureza é de direito real. E o que é declarado é o domínio. Então, o domínio, além de se expressar como uma relação entre indivíduo e bem, de uso, gozo e disposição, é um direito real (respectivamente a soma do *jus utendi, fruendi* e *disponendi*, na concepção clássica). A existência de tais relações entre o indivíduo e o bem, para que se demonstre a existência do domínio a ser declarado na sentença, é que há de ser objeto de prova na respectiva demanda.

Os requisitos da usucapião objetivam a demonstração de tal relação através de presunções jurídicas que devem trazer aos autos, justamente, a posse e o transcurso do tempo, que presumem o acesso do usucapiente ao uso do bem e seus frutos (*jus utendi* e *fruendi*), aliados à pacificidade de tal relação, a transparecer verdadeira disposição do bem (*jus disponendi*), juntamente com a possibilidade da coisa e a boa-fé no exercício, não meramente possessório, mas com *animus domini*, ou seja, buscando exercer o domínio do bem.[189]

Constituída a propriedade, mais do que a implementação do domínio, o proprietário, então, poderá opor o dever universal de abstenção dos demais indivíduos (individualizados ou pluralizados) e do Estado, na ingerência da coisa, vinculando a todos em tal dever e se vinculando a todos, no sentido de se obrigar a fazer com que o bem atenda sua função social, nascendo uma relação pessoal[190] universalizada a consubstanciar o direito que nasce, que é constituído.

Demonstração do expendido reside no fato de que, até a constituição da propriedade, o sujeito não tem legitimidade para aforar uma reivindicatória e, após, o tem. Antes, o que ele defende é posse, e não propriedade. Ele instrumentaliza o domínio através das possessórias, apesar de este estar desprendido da posse.[191]

O direito real de aquisição, tal quais as hipóteses anteriores, se presta à análise tópica dos conceitos. Quando o promitente vendedor e o promitente comprador firmam promessa irretratável de compra e venda, desde já, em face do contrato, via de regra, a posse do bem é transmitida ao promitente comprador. Quando este leva a registro o contrato, adquire o direito real de aquisição,[192] com o destaque do *jus disponendi*[193] sobre o bem para si, desdobrando o domínio, caso fosse pleno.

Quando o promitente comprador termina de pagar o preço convencionado, quitando-o, adquire o domínio.[194] Novamente, impõe-se de perquirir se ocorre a aquisição da propriedade, na medida em que o termo *domínio* seria sinônimo de *propriedade*. Em nada faria diferença a transcrição do imóvel para o nome do promitente comprador,

---

[189] APELAÇÃO CÍVEL. AÇÃO DE USUCAPIÃO ESPECIAL URBANO. POSSE DECORRENTE DE PROMESSA DE COMPRA E VENDA. INEXISTÊNCIA DE POSSE MANSA, PACÍFICA, SEM INTERRUPÇÃO E COM *ANIMUS DOMINI*. TRANSMUDAÇÃO DA POSSE. INOCORRÊNCIA. APELAÇÃO DESPROVIDA. UNÂNIME. (Apelação Cível nº 70022294086, Décima Oitava Câmara Cível, Tribunal de Justiça do RS, Relator: Nara Leonor Castro Garcia, Julgado em 26/06/2008).

[190] E, portanto, de ordem obrigacional.

[191] Prova do exposto está no fato de que a usucapião pode ser aforada, para o reconhecimento do domínio, não estando mais o usucapiente, na posse do bem.

[192] Art. 1.225, VII, CCB.

[193] Termo empregado no sentido da tripartição clássica do domínio.

[194] Nesse sentido v. SANTA MARIA. *Direitos* ..., p. 194-195: "Se cumpridas todas as obrigações pelo promitente-comprador, assiste a este o direito indeclinável de obter a declaração judicial de seu domínio, através de sentença adjudicatória que servirá de título autorizativo da averbação no Registro de Imóveis, uma vez recusada, injustificadamente, a celebração do contrato definitivo de transmissão dominial".

caso *domínio* fosse sinônimo de *propriedade*, já que esta já haveria sido adquirida quando da quitação do preço (ato que lhe transmite o domínio).[195]

Observe-se, porém, que até a transcrição, o promitente comprador não tem a condição de proprietário, não titularizando a propriedade do bem. Todas as análises obradas antes, quando do trato da usucapião, conduzem às mesmas conclusões, no sentido da proclamada autonomia. Quem tem legitimidade passiva para responder por direitos de vizinhança opostos em relação ao imóvel objeto da promessa é o promitente vendedor, até a transcrição. O mesmo se dá em relação à legitimidade para receber a respectiva indenização, pelo fato de que, perante terceiros, quem titulariza a propriedade é o promitente vendedor. Então, exsurge do sistema jurídico que domínio e propriedade são conceitos distintos, e não termos sinônimos. A sentença de adjudicação compulsória é declaratória do domínio, constitutiva da propriedade e mandamental em âmbito registral.

Há uma identidade de pretensões entre a pretensão adjucatória e a pretensão *ad usucapionem*.

Ainda na seara do direito real de aquisição,[196] é digno de análise se o proprietário, na condição de promitente vendedor, com seu *jus disponendi* destacado em favor do promitente comprador, ainda deteria o *jus utendi* e o *jus fruendi*, que são direitos na coisa, quando da quitação, em virtude de ser o proprietário da mesma, ante sua titularidade registral.

Na medida em que o promitente comprador, então detentor do domínio, exerce seu direito de usar e gozar da coisa, em âmbito real, e não mais em âmbito pessoal (obrigação negativa de suportar por parte do proprietário), a resolução é que o proprietário não possui mais

---

[195] **[NA]** RESP. FALÊNCIA. CONTRATO DE COMPRA E VENDA DE IMÓVEIS NÃO REGISTRADO. ALVARÁ PARA OUTORGA DE ESCRITURA. 1. A propriedade imobiliária transfere-se, entre vivos, mediante registro do título translativo no Registro de Imóveis. O direito real à aquisição do imóvel, no caso de promessa de compra e venda, sem cláusula de arrependimento, somente se adquire com o registro. 2. Nessa perspectiva, malgrado a quitação de contrato de compra e venda de imóvel no ato de sua realização, não assiste direito à promissária compradora à expedição de alvará para outorga de escritura, após declaração de quebra da vendedora (art. 52, inc. VII, do Decreto-Lei 7.661/45). 3. Recurso especial não conhecido.(REsp 431432/SP, Rel. Ministro FERNANDO GONÇALVES, julgado em 14/12/2004, DJ 27.06.2005 p. 396).

[196] Cumpre evidenciar que somente vislumbramos direito real de aquisição, com o destaque do *jus disponendi* em favor do promitente comprador, se a respectiva promessa for irretratável e estiver devidamente inscrita no Registro de Imóveis. A posição do STJ, assegurando a transferência da propriedade mesmo sem o registro não veicula direito real e sim dá efetividade à obrigação de fazer da qual o postulante é credor, na medida em que entende resolver-se a matéria em perdas e danos se terceiro proceder registro de negócio posterior, admitindo, então, não haver sequela nem aderência no direito do postulante, afastando-se, pois, do âmbito dos direitos reais. **[NA]** A eficácia real somente ocorrerá com o efetivo registro. Vide decisão na nota 188.

nenhum direito real no bem, guardando somente titularidade. Daí a adjudicação compulsória ser declaratória do domínio e constitutiva da propriedade.

O promitente comprador, quando adquire o domínio, detém sequela também do seu uso e gozo, e não mais somente da disposição, de modo que pode alcançar, então, até mesmo os frutos perante terceiro que os tenha retirado indevidamente, enquanto antes da aquisição do domínio pela quitação, somente pudesse postular indenização dos frutos perante o promitente vendedor, por não possuir sequela. Tal sequela não se vislumbra mais no proprietário como antes, até que o preço fosse quitado.

O exposto demonstra, cabalmente, que o *jus utendi, fruendi* e *disponendi* integram o domínio e com ele passam a quem o possui, independentemente da propriedade.[197]

A propriedade somente corresponde ao domínio quando se tratar de propriedade plena (e corresponder **a** difere de identificar-se **com**). Justamente se observará a mesma como plena, porque o domínio resta consolidado, detendo o mesmo sujeito, tanto a titularidade, como todas as faculdades que compõem o domínio.

A necessidade de redefinição do domínio impõe-se como uma exigência do sistema jurídico, na medida em que sua identificação com propriedade conduz a uma profunda contradição no ordenamento.

E mais, tal redefinição deve atender a orientação teleológica do sistema no qual se insere, descabendo uma ótica patrimonialista em desapego ao mesmo, sem que o conteúdo axiológico da liberdade individual proprietária seja temperado com a devida igualdade social, de igual patamar vinculativo, cuja hierarquização somente poderá ser concebida no caso concreto, topicamente.

O individualismo verificado pela problematização operada haverá de ser relativizado pelo pluralismo repersonalizante positivado na Constituição, que necessariamente deve reorientar a exegese do Código atual que, tal qual o Código de 1916, apresenta raízes liberais e patrimonialistas.[198]

---

[197] Por isso que, para efeitos de usucapião, é admitida a sucessão do fato da posse, para comprovação de *animus domini*. **[NA]** Exemplo disso é o art. 10 da Lei 10.257/01 (Estatuto das Cidades).

[198] **[NA]** Embora na exposição de motivos da Nova Codificação se afirme ter "superado de vez o individualismo, que condicionara as fontes inspiradoras do Código vigente; reconhecendo-se cada vez mais que o Direito é social em sua origem e em seu destino, impondo a correlação concreta e dinâmica dos valores coletivos" é nas disposições normativas escolhidas para fazer parte da codificação que se apresenta o que Karl Larenz chamou de "silêncio eloquente" (*Metodologia da Ciência do Direito*. Lisboa: Fundação Calouste Gulbenkian. 1997, p. 525), quando o legislador opta por determinadas normas que acabam por enunciar seus valores patrimonialistas e indivi-

Sequer o purismo apregoado pela pandectista, a justificar seu abstratismo, tem respaldo exegético, pois, mesmo que abstraídos os valores do tecido normativo, a manutenção conceitual conduz a contradições ora demonstradas, no âmbito formal.

A autonomia conceitual conserva formalmente o sistema no âmbito da operação dos direitos reais como vínculos entre o sujeito e o bem, e afasta a abstração que refuta os interesses difusos e intersubjetivos no âmbito de sua funcionalização, resolvendo a contradição material que resulta da postura pandectista de abordagem absolutista e individualista.[199]

[NA] Ressalte-se que, paulatinamente, as obras contemporâneas de Direitos Reais já contemplam a distinção entre propriedade e domínio[200] e o fazem porque a estruturação dogmático-pragamática destes institutos já se apresenta diferenciada. Trata-se de uma dogmática atualizada para um conteúdo que já se estrutura deste modo no plano fático. A dogmática tradicional não dá conta das múltiplas matizes dos temas tradicionais de Direitos Reais. Logo, não se pode olhar para o fato social e dizer a ele: – Mude, porque a dogmática tradicional não tem instrumentos para explicá-lo! Por isso, a melhor solução é acolher e utilizar a dogmática que dê conta das explicações necessárias.

---

dualistas. Ou seja, embora o condicionamento explícito dos institutos à função social, a disciplina normativa e mais ainda prática ainda está longe de extrair significativas consequências.

[199] TEPEDINO, Maria Celina B. M. A caminho de um direito civil constitucional. *Revista de Direito Civil*, São Paulo, n. 65, p. 22-25, 1992.

[200] **[NA]** "O domínio, como vínculo real entre o titular e a coisa é absoluto. Mas a propriedade é relativa, posto intersubjetiva e orientada à funcionalização do bem pela imposição de deveres positivos e negativos de seu titular perante a coletividade. (...) A concepção unitária de propriedade com base na mera descrição dos poderes proprietários (art. 1.228 do Código Civil), apenas reforça o discurso conservador de tutela dos interesses individuais do titular sem atentar para os diversos perfis da propriedade e as múltiplas formas de utilização de bens." (FARIAS, Cristiano Chaves de; ROSENVALD, Nelson. *Direitos Reais*. Rio de Janeiro: Lumen Juris, 2006, p. 179 e181).

8. Em busca de uma redefinição do domínio

Como decorre facilmente das linhas que antecederam o presente capítulo, domínio e propriedade são termos que traduzem conceitos autônomos, ainda que complementares e não exclusivos.

Pelos efeitos já observados, exsurge claro não perfazer a interpretação preferível, tratar sem independência os conteúdos da propriedade, por serem direitos subjetivos de ordem distinta.

Portanto, não é a melhor operação exegética, o trato do conteúdo interno da propriedade como inserido dentro de um mesmo conceito do que contém o seu conteúdo externo. Há de ser referenciada a seguinte assertiva de Perlingieri, na medida em que se objetiva uma revisão conceitual nos direitos reais, tendo em vista sua "repersonalização":

> Mais que recusar conceitos, é necessário renová-los em conformidade com a realidade sócio-normativa, em função serviente a ela, com figuras instrumentais flexíveis, idôneas para compreender as diversidades. Construir uma noção de relação jurídica tomando como exemplo a obrigação e excluir, depois, a propriedade da problemática relacional porque não entra naquela noção prefigurada, é operação conceitual que, partindo de uma determinada experiência histórica e, portanto, de uma análise limitada, tem a pretensão de ter valência geral; quando, ao contrário, a operação hermenêutica a ser realizada está na ampliação das experiências, incluindo aquela proprietária, e na configuração de uma noção de relação idônea para resumi-las e exprimi-las.[201]

Na medida em que a propriedade, em seu conteúdo externo, se caracteriza como um dever de abstenção dos demais indivíduos de ingerência sobre a coisa, ela guarda uma natureza obrigacional.[202]

---

[201] PERLINGIERI, Pietro. *Perfis do direito civil*: introdução ao direito civil constitucional. Rio de Janeiro: Renovar, 1997, p. 208-209.

[202] COSTA, Mario Júlio de Almeida. *Noções de direito civil*. 3. ed. Coimbra: Almedina, 1991, p. 26: "E recordemos igualmente que, em sentido restrito, esse conceito abrange apenas as relações da vida social disciplinadas pela ordem jurídica mediante a atribuição a uma pessoa de um direito subjectivo e a correspondente imposição a outra pessoa de um dever ou sujeição. Reportando-nos a este último sentido [...] ela se estabelece entre os seus dois lados, activo e passivo. Deparam-se-nos aqui, como é sabido, várias figuras: o direito subjectivo propriamente dito ou o direito potestativo, e os correspondentes dever jurídico ou sujeição".

Impõe-se breve colocação de Arnoldo Wald nesse sentido: "No caso do direito de propriedade, o sujeito passivo é realmente indeterminado, impondo-se o dever jurídico de abstenção de qualquer ato, em relação ao objeto da propriedade alheia, a todos os membros da coletividade".[203]

A própria definição acima, recorrente em quase toda a doutrina, já demonstra que se trata de uma relação entre pessoas. É *in personam* que se dá. De qualquer direito subjetivo emerge uma pretensão respectiva. A pretensão derivada do direito de propriedade é de que os demais indivíduos se abstenham de ter ingerência sobre a coisa.

Essa pretensão não se dá perante a coisa, o respectivo bem da vida, e sim, perante os demais indivíduos, coletividade e Estado. "No pólo passivo incluem-se os membros da coletividade, pois todos devem abster-se de qualquer atitude que possa perturbar o direito do titular".[204]

Quando tal pretensão se mostra resistida, dela decorre a ação.[205] A respectiva ação, a exemplo da pretensão, tampouco é exercida contra o bem, e sim, contra o indivíduo que resiste à pretensão. Do bem, indiretamente, decorre o interesse[206] do sujeito ativo, porém essa ação é exercida contra outro indivíduo (sujeito passivo), e não no bem em si.[207] Um direito real, em âmbito de vínculo, não possui sujeito passivo, pois o vínculo se dá entre sujeito e bem, sendo as respectivas pretensões ao bem, e não perante sujeitos.

Do direito de usar, fruir e dispor, por exemplo, não decorrem, diretamente, ações contra outros sujeitos, e sim, ações na coisa. Daí a invocação de Penaforte Mendes, com base na doutrina francesa, em crítica ao conceito dogmático de condomínio, ao analisar a reivindicação, conclui essa objetivar o cumprimento de uma obrigação: "Os autores francezes, intranhados da singular propriedade e posse intellectual ou abstrata de quota parte pro indiviso, concedem ao condo-

---

[203] **[NA]** WALD, Arnoldo. *Direito das coisas*. 10. ed. São Paulo: Saraiva, 2009, p. 119.

[204] GONÇALVES, Carlos Roberto. *Direito das coisas*. São Paulo: Saraiva, 1997, p. 1-2.

[205] A referência diz com a ação material.

[206] Que se implementa com a lesão ou ameaça de lesão a direito.

[207] COSTA, op. cit., p. 28. O referido autor, no trecho indicado, define com primazia (tal qual Coviello em anterior nota) a questão do objeto de uma obrigação no que observa-se a correpondência com o objeto do direito subjetivo de propriedade, para o respectivo exercício de por extensão: "Define-se, de um modo geral, o objecto da relação jurídica como sendo aquilo sobre o que incidem os poderes do seu titular activo. Mas cabe distinguir o objectivo imediato ou directo do objecto mediato ou indirecto da obrigação. O primeiro consiste na prestação devida, isto é, na actividade ou conducta a que o devedor se acha adstrito com vista à satisfação do interesse do credor; o segundo reside na coisa ou facto (positivo ou negativo) que deve ser prestado. Numa palavra, trata-se, respectivamente, da prestação em si e do próprio objecto da prestação".

minio a reivindicação para ser ... reconhecido coproprietário. Ora, ahi está uma acção real para ... o cumprimento de uma obrigação"![208]

O sujeito ativo usa, frui e dispõe (ação respectiva ao direito) o bem, e não algum sujeito passivo. Já a pretensão de não ingerência, apesar de instrumentalizar direitos reais, não deriva deles, sendo de ordem pessoal e exercida oposta a sujeitos passivos, e não a coisas.[209] Inexiste propriedade com a abstração de intersubjetividade, ao passo que isso não ocorre com o domínio, ao se traduzir em um poder direto e imediato sobre um bem. No mesmo sentido observa Tepedino, refutando integralmente o conceito advindo da visão clássica, por ele mesmo adotado ao início do respectivo artigo:

> A construção fundamental para a compreensão das inúmeras modalidades contemporâneas de propriedade serve de moldura para uma posterior elaboração doutrinária, que entrevê na propriedade não mais uma situação de poder, por si só e abstratamente considerada, o direito subjetivo por excelência, mas *"una situazione giuridica soggetiva tipica e complessa"*, necessariamente em conflito ou coligada com outras, que encontra legitimidade na concreta relação jurídica na qual se insere. Cuida-se de tese que altera, radicalmente, o entendimento tradicional que identifica na propriedade uma relação entre sujeito e objeto, característica típica da noção de direito real absoluto (ou pleno), expressão da *"massima signoria sulla cosa"* – formulação incompatível com a idéia de relação intersubjetiva.[210]

O domínio tem por objeto uma coisa e suas faculdades, não tendo um sujeito passivo; já a propriedade tem por objeto uma prestação, tendo sujeito passivo e não sendo de natureza real. Aí está o ponto-chave da "repersonalização" buscada, onde se funcionaliza o direito real, pela via de seu instrumentalizador.

Compreendida no sentido exposto, a concepção de direito de propriedade e oponibilidade *erga omnes* se pode contraditar a oposição do professor Álvaro Villaça Azevedo,[211] que anteriormente poderia fazer sentido, ao sustentar a tese de que inexiste indeterminação de sujeito passivo, na medida em que esse se determina tão somente no momento em que o titular do direito de propriedade se vê obstado do exercício de suas faculdades.

---

[208] WHITAKER F. *Terras*: divisões e demarcações. 6. ed. Rio de Janeiro: Freitas Bastos, 1933, p. 19.

[209] COSTA, op. cit., p. 397: "Outra ordem de diferenças, frequentemente apontada, refere-se ao objecto: os direitos reais conferem ao seu titular um poder directo imediato sobre a respectiva coisa, ao passo que o exercício dos direitos de crédito pressupõe a existência e cooperação de dois sujeitos".

[210] TEPEDINO, Gustavo. Contornos constitucionais da propriedade privada. In: *Estudos em homenagem ao professor Caio Tácito*. Rio de Janeiro: Renovar, 1997. p. 321.

[211] *Apud* WALD, op. cit., p. 120, nota 1.

Há um direito material de abstenção universal, e isso é inegável na medida em que, quando terceiro foge de tal abstenção, o titular pode opor seu direito determinadamente contra ele. A pretensão do titular existe sempre, porém, nem sempre é resistida para poder traduzir interesse de agir.

A oposição a ser feita à tese do citado jurista reside no fato de confundir direito subjetivo com ação material. O fato de, em dado momento, inexistir ação não leva à conclusão de que inexiste direito. Um credor de título ainda não vencido tem direito de crédito, porém não tem interesse de agir, de modo que sua inércia decorre da falta de ação, e não de direito.

Do direito subjetivo de propriedade decorre pretensão de abstenção, que se faz resistida consubstanciando a ação,[212] de modo a poder o titular opor "ação"[213] para assegurar seu direito subjetivo.

Quando inexiste pretensão resistida a formar a lide, o que falta ao titular do direito de propriedade não é a oponibilidade *erga omnes*, e sim, a falta de interesse de agir. O exposto demonstra ainda mais a dicotomia entre propriedade e domínio.

Apenas à guisa de parênteses, aproveitando a invocação à figura do citado mestre civilista, acompanha-se em um ponto ao professor Villaça Azevedo, eis que o mesmo consegue em sua proposição desassociar os conceitos em sua autonomia, revelando a obrigacionalidade da propriedade.

Sem dúvida, não poucas divergências emergem da concepção esposada pelo referido autor, porém nesse ponto há de acordar-se. Assim entende o civilista em tela, nas palavras de Arnoldo Wald: "Entende Villaça Azevedo que todos os membros da coletividade não podem impedir, por norma de conduta, não só o direito de propriedade, real, mas também o direito pessoal".[214] E mais: "Assim, não existe relação jurídica, no direito de propriedade antes da lesão contra ele perpetrada, mas apenas sujeição da coisa à vontade do proprietário".[215]

Mesmo que de modo implícito, o professor Villaça Azevedo deixa entender que propriedade não é domínio. Se antes da lesão inexistiria direito de propriedade, havendo apenas sujeição da coisa ao sujeito (que se consubstancia no uso, gozo e fruição; elementos do domínio), estes integram conceitos autônomos.

---

[212] No sentido material.

[213] No sentido processual.

[214] WALD, op. cit., p. 98, nota 1.

[215] Idem, ibidem.

Citando Larenz, a propriedade reserva a coisa ao respectivo proprietário, para o exercício de seu domínio sobre a mesma:

La propiedad significa, que la cosa esta reservada solamente al propietario, de forma que los demás no pueden sustraérla o reternela sin derecho, ni perturbarle o prejudicarle de otro modo en el ejercicio de su domínio real (cfr. arts. 985 y 1004).[216]

Nesse ponto, Larenz está a extrair o conceito de domínio para fora do conceito de propriedade, referindo que a propriedade instrumentaliza o domínio.

Em seguida, assim dispõe o mencionado mestre:

En este aspecto «negativo» o función de exclusión de la propiedad se expresa que ésta constituye una relación jurídica no sólo con la cosa sino, al igual que toda relación jurídica, con otras personas.[217]

No acima transcrito trecho, Karl Larenz demonstra que a propriedade traduz uma relação jurídica entre pessoas (cuja coisa é objeto, e a pretensão, abstenção), e no trecho anterior, aduz que a propriedade existe em função do domínio, eis que visa a reservar a coisa para o domínio efetivo do proprietário, reservando-a de ingerências de outros, através de sua oponibilidade *in personam*.

Observe-se que, tecnicamente decompondo as faculdades referidas nas palavras do mestre alemão, há um *credere*, na medida em que o proprietário é credor de uma obrigação passiva universal, e uma *obligatio* por parte dos demais indivíduos e Estado, de respeito e não ingerência no bem.

Ao mesmo tempo existe uma obrigação do proprietário de fazer a propriedade atender sua função social, do qual são credores o Estado e a coletividade (pluralizada ou singularizada). Portanto, a obrigação da propriedade é bilateral, devendo ser atendida para que seja oponível.

Tal "obrigacionalização", a ser estudada em momento seguinte, dedicado à propriedade, funcionaliza o direito real que instrumentaliza para dar oponibilidade. Ao se obrigacionalizar, opera-se a "repersonalização" despatrimonializante do respectivo direito real, cediço que ao direito obrigacional não advém resquícios de absolutividade, bem como se opera uma contrapartida de deveres em vista do adimplemento, que se orientarão teleologicamente em vista do princípio da função social.

---

[216] LARENZ, Karl. Derecho civil: Parte general. Jaén: *Revista de Derecho Privado*, 1978, p. 53, trad. Miguel Izquierdo.

[217] Idem, ibidem.

Aqui se encontra o que a doutrina concebe como conteúdo externo, ou negativo da propriedade, que nada mais é, portanto, do que a propriedade em si, ou seja, a esfera da titularidade que ampara e instrumentaliza o domínio, conceito outro e autônomo. Daí se poder dizer que a propriedade obriga.[218]

O domínio virá a traduzir o que a doutrina aponta ser o conteúdo interno do direito de propriedade, como o conjunto de relações entre o indivíduo e o bem da vida que sujeita a sua vontade.

É o seu direito de sujeitar a coisa ao seu senhorio, usando-a, gozando-a e dispondo dela. Na concepção clássica, perfaz a soma do *jus utendi*, *jus fruendi* e *jus disponendi*, que um indivíduo tem sobre um bem do qual tenha senhorio, poder.

Nas palavras de Carlos Roberto Gonçalves: "Os direitos reais têm, por outro lado, como elementos essenciais, o sujeito ativo, a coisa e a relação ou poder do sujeito ativo sobre a coisa, chamado domínio".[219]

Como já dito, o domínio se caracteriza por uma soma de direitos subjetivos (usar, dispor e fruir de seu bem). Cediço que de cada direito subjetivo deva decorrer uma pretensão, a pretensão decorrente do direito de fruir de um bem é a de extrair os frutos civis, comerciais ou industriais do bem em tela,[220] sendo sua ação, consequentemente, a retirada de tais frutos do bem da vida objeto de gozo. É de fácil compreensão que o exercício de tais direitos subjetivos se dão na coisa, e não em face de outro indivíduo.

---

[218] **[NA]** PROCESSUAL CIVIL. ADMINISTRATIVO. DANOS AMBIENTAIS. AÇÃO CIVIL PÚBLICA. RESPONSABILIDADE DO ADQUIRENTE. TERRAS RURAIS. RECOMPOSIÇÃO. MATAS. INCIDENTE DE UNIFORMIZAÇÃO DE JURISPRUDÊNCIA. ART. 476 DO CPC. FACULDADE DO ÓRGÃO JULGADOR. 1. A responsabilidade pelo dano ambiental é objetiva, ante a *ratio essendi* da Lei 6.938/81, que em seu art. 14, § 1º, determina que o poluidor seja obrigado a indenizar ou reparar os danos ao meio-ambiente e, quanto ao terceiro, (...) A obrigação de reparação dos danos ambientais é *propter rem*, por isso que a Lei 8.171/91 vigora para todos os proprietários rurais, ainda que não sejam eles os responsáveis por eventuais desmatamentos anteriores, máxime porque a referida norma referendou o próprio Código Florestal (Lei 4.771/65) que estabelecia uma limitação administrativa às *propriedades rurais, obrigando os seus proprietários a instituírem áreas de reservas legais, de no mínimo 20% de cada propriedade, em prol do interesse coletivo.* (...) 4. A Constituição Federal consagra em seu art. 186 que a *função social* da *propriedade* rural é cumprida quando atende, seguindo critérios e graus de exigência estabelecidos em lei, a requisitos certos, entre os quais o de "utilização adequada dos recursos naturais disponíveis e preservação do meio ambiente" (...) 10. Recurso especial desprovido. (Grifos nossos. REsp 745363/PR, relator Ministro LUIZ FUX, julgado em 20/09/2007, DJ 18.10.2007 p. 270).

[219] GONÇALVES, op. cit. p. 2.

[220] Restam excluídos do rol, os frutos naturais, eis que estes, são alcançáveis pelo direito de usar, e não o de fruir, pois o uso moderno não se cinge ao uso puro romano, dando ao usuário acesso aos frutos naturais do bem. E sua ação de usar, consequentemente a retirada de tais frutos do bem da vida objeto de gozo.

Em face disso é que em Roma, para que pudesse ser objeto de domínio, o escravo era considerado *res*, e não pessoa. Não se trata de direitos *in personam*, e sim, *in re*, seja própria ou de terceiro. Um *ius in re* somente se exerce em um bem, nunca em um indivíduo, e na medida em que os direitos reais são direitos nas coisas, somente nelas são exercitáveis, podendo ainda se dizerem absolutos, porque uma coisa não resiste à pretensão do sujeito.

Gatti, em obra dedicada ao estudo da propriedade e do domínio, mesmo sem observá-los como institutos e conceitos autônomos, mas tão somente como termos diferenciados, refere nos dois primeiros parágrafos do livro: *No hay acuerdo acerca del término más adequado para designar al derecho real más importante y de más amplio contenido que nuestro Código Civil legisla en los artículos que van del 2506 al 2672".*[221] E mais: *"Se controvierte si el término más adequado es el de domínio, que nosotros utilizamos como título de este trabajo o si es preferible el término 'propiedad'".*[222]

Pelas razões esposadas até aqui, a serem aprofundadas em seguida, o domínio tem natureza real, e a propriedade, natureza pessoal; assim, o domínio seria o centro dos direitos reais. A reivindicação de um bem é a busca de uma coisa, pura e simplesmente, independente de outros indivíduos, que sequer figurariam em tal relação ou vínculo, que se daria entre coisa e sujeito.

Não se confunda, pois, o acima referido, que diz respeito à *vindicatio* romana, ação material de sujeito na coisa, com a ação reivindicatória da atualidade, que tal quais as *legis actionis* romanas, dizem respeito à ação processual de um sujeito perante outro. Em Roma, antes do advento da propriedade, havia tão somente a figura do *dominium*. Quando o titular do *dominium* era esbulhado, ele simplesmente buscava o seu bem, independentemente do esbulhante.

Essa era a esfera da autotutela[223] que vigorava na Roma antiga. Quando o Estado passa a intervir nas relações entre os indivíduos, afastando a autotutela dos direitos, criando as *legis actio*, tem de criar a figura da *proprietas*, para dar vínculo pessoal e exercício entre indivíduos.

---

[221] GATTI, Edmundo. *Propriedad y dominio*. Buenos Aires: Abeledo-Perrot, 1996, p. 7.

[222] Idem, ibidem.

[223] BETTI, Emilio, Padua: [s.e], 1935, p. 437. Assim leciona Betti sobre a *vindicatio*: *"La vindicatio primitiva era problablemente el tipico acto de autodefensa extrajudicial con el que se afirmaba el señorio sobre una cosa o (con la vindicta) la sujeción o la libertad de una persona, cuanto el mismo acto de apoderamiento con el que se instauraba tal señorio o sujeción".*

Cumpre citar Gatti e Alterini, assentados em Biondi, dissertando sobre a divisão dos direitos em reais e pessoais, para que se possa compreender o alcance das ilações que hão de relativizar o historicismo que embasa a pandectista:

> Como bien expressa Biondi, la distincción deriva de aquella más antigua entre vindicatio e actio, la cual, antes que distinción dentro de un concepto más amplio, se presenta como la expresión de dos nociones jurídicas diversas, las cuales correspondem a dominium e obligatio. Vindicatio, como dice la misma palabra (vim dicere), no es otra cosa que actuación de fuerza, autoritaria y violenta, acerca de la posesión de una cosa. Bien pronto la civitas interviene para regular legalmente la lucha, reduciendo la violencia sólo a palabras, de modo que el antiguo procedimiento violento y arbitrario, se convierte ahora en legis actio, esto es, actividad por ley.[224]

Os autores referenciam que a grande diferença da *vindicatio* para a *actio* se dá em razão da natureza jurídica dos direitos que veiculam. Porém, transparece ainda que a jurisdicionalização do direito, afastando a autotutela, obrigacionaliza o direito, em vista do bem-estar social. Observem-se, sobre a asseverada distinção, as palavras de Jörs:

> Agregue-se a esto el hecho de que la denominación técnica de la propriedad (dominium) parece relativamente moderna y que en los documentos más antiguos que poseemos en lugar de tal denominación aparece la descripción de la propriedad por sus funciones (Uti frui habere possidere). Todo eso nos lleva a considerar como muy probable que con anterioridad al derecho clasico la divisoria entre derechos reales y de obligación está desvanecida, teniendo la propriedad, en cierto grado, un carácter relativo.[225]

A referência de Jörs faz ver que no Direito Romano pré-Justiniano, quando preponderava o direito pretoriano, o trato processual perfectibilizou tal obrigacionalização no direito, de modo a não ser vislumbrável, tecnicamente, uma ação processual real entre sujeito e coisa, passível de ocorrência vincular no âmbito material.

O problema do tema decorre da falta de tratamento autônomo entre domínio e propriedade. Ruggiero leciona que a propriedade e o domínio, para os romanos, perfaziam conceitos autônomos: "Exprime o conceito de poder ou senhorio o termo técnico e mais usual das fontes romanas *dominium*, e acentua-se o fato da pertença no outro menos frequente *proprietas*".[226]

Consegue-se extrair da análise das instituições do Direito Civil Romano, que propriedade e domínio se mostravam como conceitos autônomos, ainda que complementares. Fato que reafirma a conclu-

---

[224] GATTI, Edmundo e ALTERINI, Jorge H. *El derecho real*: Elementos para una teoria general. Buenos Aires: Abeledo Perrot, p. 23-24.

[225] Paul Jörs, *apud* GATTI, Alterini, op. cit., p. 23, nota 41.

[226] RUGGIERO, Roberto de. *Instituições de direito civil*. Trad. Ary dos Santos. 6. ed. São Paulo: Saraiva, 1958, p. 369.

Propriedade e Domínio – A TEORIA DA AUTONOMIA

são supraesposada, reside no dado de inexistir em Roma mais de uma espécie de domínio,[227] enquanto no que tange à propriedade, havia a quiritária, pretória, bonitária e dos peregrinos, somente unificada após, em Justiniano.[228]

Os romanos já definiam autonomamente o domínio: *"Dominium est in re plena potestas"*.[229] O conceito de propriedade é conceito menos frequente nos textos romanos, nos quais diz respeito ao senhorio da coisa, para positivar deveres dos proprietários e não proprietários.[230]

A propriedade, nesse viés, já se mostrava obrigacionalizada para os romanos, eis que referente à obrigação mútua entre indivíduos, de positividade e negatividade, muitas vezes referente a um dever de suportar, do próprio proprietário do bem, e não só como obrigação passiva universal dos demais sujeitos. Portanto, o argumento histórico que subsidia as interpretações da civilística clássica e conservadora para refutar uma funcionalização da propriedade, tendo-a como absoluta, são passíveis de discussão.

Demonstra-se com isso, que a interpretação histórica não é suficientemente precisa para se impor como única interpretação.

Na lição de Picazo e Gullón,[231] a doutrina clássica prega ser o direito real um poder direto e imediato que se exerce sobre a coisa, ge-

---

[227] Afora o individual e coletivo, que remonta o direito bárbaro germânico, mas que diferem entre si, tão somente pelo exercício plural, eis que em ambos o domínio se apresenta único, de modo a podermos asseverar que esse somente varia pelos desdobramentos que a coisa possa facultar, em razão das possibilidades dos indivíduos de explorá-las.

[228] Deve ser explicitado, na medida em que passamos a abordar o Direito Romano, que as digressões ora procedidas em âmbito de repensar o enfoque que é dado pelos romanistas, não é obrado tão somente com o fito de dar subsídio histórico às análises, mas principalmente para demonstrar que os fundamentos históricos que amparam a dogmática são no mínimo discutíveis, eis que plenamente possível o viés interpretativo em sentido contrário, a fazer sucumbir os ares absolutistas dos "argumentos" da manualística. Além do exposto, mesmo que assim não fosse, em sendo o historicismo mero elemento interpretativo, não fundamental, mesmo que um instituto tenha certo contorno em dado momento histórico, alterado o sistema, tal contorno não pode ser imposto ao intérprete, que tem obrigação de negá-lo, caso contrarie o sistema jurídico vigente, que o vincula.

[229] Institutas de Justiniano, 2.4.4.

[230] Nesse sentido, cumpre referenciar as palavras de DANTAS, San Tiago. *Programa de direito civil*. Rio de Janeiro: Rio, 1979, v. 3, p. 103. "Todas essas instituições, que o peculiarismo do direito antigo fazia considerar isoladamente, permitiu a Justiniano uma grande obra de unificação legislativa, mas esta unificação legislativa não correspondente à elaboração de um conceito dogmático de propriedade. Não havia uma definição romana de *proprietas*: o direito romano não transmitiu à Idade Média a definição de propriedade, que viesse a repercutir no direito moderno. Isso foi obra dos autores medievais". Cumpre evidenciar que o autor não vislumbra a autonomia do domínio, mas termina por dar tal tratamento, eis que as referidas institutas possuem um conceito próprio e expresso de domínio (Inst. de Just. 2.4.4).

[231] DÍEZ-PICAZO, Luis; GULLÓN, Antonio. *Instituciones de derecho civil*. Madrid: Ariel, 1995, p. 37. v. 2.

rando um vínculo direto com a mesma. Ou seja, não se exerce em face de outros indivíduos, não tendo característica prestacional, sob pena de advir ao campo pessoal. Sobre este ponto, importante transcrever os acima referidos autores:

> *¿Es posible la existencia de un derecho real que no implique la satisfacción de su titular mediante un señorio directo sobre la cosa, sino mediante la realización de una prestación positiva a cargo de tercero?*
>
> *Con arreglo a la teoría clasica del derecho real no es posible, pues la conducta de terceros (especialmente de un proprietario gravado con un derecho real) es básicamente negativa: abstenerse, tolerar, sufrir el señorio del titular. Si para la satisfacción de su interés este titular requiere la cooperación de un tercero de tal modo que sin ella quedaría frustrado, saldríamos de la órbita del derecho real para entrar en el derecho de obligaciones.*[232]

A extensão de tais assertivas subsidiam todo o anteriormente exposto. Na medida em que o dever de abstenção é prestacional, caracterizando-se como obrigação de não fazer, a natureza do propalado conteúdo externo ou negativo da propriedade é obrigacional, como se observa na própria doutrina. Sem dúvida, não se pretende um renascimento da teoria unitária realista, buscando unificar os direitos reais e os obrigacionais a partir do critério patrimônio, por se orientarem os mesmos por princípios distintos, ainda que comunicáveis.

Os direitos reais perfazem uma categoria de direitos subjetivos, orientados pelo domínio, porém se obrigacionalizam em sua eficácia real, para terem oponibilidade frente aos demais indivíduos, nascendo direitos e deveres positivados em lei. Assim, todo e qualquer direito real, para se instrumentalizar, ascende obrigacionalizado pelo regime de titularidades, ao campo pessoal. O domínio, consolidado com sua gama de faculdades *in re*, se instrumentaliza na propriedade, que positiva uma *obligatio à* coletividade e um *credere*, na pessoa do sujeito ativo.

Propriedade e domínio, portanto, não se confundem, tendo tratos e natureza distintas, sem que daí se perca sua complementariedade, uma vez que é descabido pensar em um, sem remeter ao outro, sem prejuízo das respectivas independências, cuja ciência é um facilitador ao intérprete e uma exigência do sistema em prol da funcionalização positivada para a propriedade.

Evidencia-se do exposto o colapso do conceito de propriedade resgatado pela pandectista e "positivado" pela civilística tradicional, nos exatos termos em que o professor Tepedino pontua a matéria: "Entra em crise, com efeito, um conceito cristalizado pelas conhecidas

---

[232] DÍEZ-PICAZO; GULLÓN. Op. cit., p. 42.

fórmulas dos Códigos do Século XIX (dos quais o Código Civil brasileiro de 1916 não é mais que um reflexo) identificava-se com o aproveitamento e a disposição da coisa 'da maneira absoluta', 'desde que não se fizesse um uso vedado' pela lei".[233]

De salientar que os direitos pessoais têm relatividade, justamente por se consistirem em direitos e deveres, e, nessa medida, observa-se a abertura dos direitos reais, ao se instrumentalizarem no regime de titularidades, para que se compreenda a imposição de deveres, também ao titular.

Quando Orlando Gomes, um de nossos mais aclamados civilistas, aduz que o direito real de propriedade é o mais amplo dos direitos reais, ele o faz invocando o conceito romano de domínio.[234] Nessa medida, ou o mestre baiano está a definir domínio sob equivocada efígie, ou está a descaracterizar o próprio conceito, na origem que invoca para proceder a definição.

Óbvio que o problema se localiza na definição, na medida em que toda a doutrina[235] procede a conceituação sem antever as ora apregoadas autonomias, de modo a somente conseguir caracterizá-la através de análise, eis que os atuais critérios de classificação se mostram insuficientes, como aduz o próprio Orlando Gomes.[236]

Constata-se às próprias Institutas e nos textos originais do Direito Romano que: *Dominium est in plena re potestas.* Não estão os romanos se referindo à *proprietas*, e sim ao *dominium*. A propriedade assegura o domínio do bem. Se isso é certo, decorre que sempre tratamos de conceitos distintos.

Quando os romanistas ou mesmo os civilistas observam a conceituação da propriedade em seus dois aspectos, eles estão a analisar não os textos romanos, e sim as glosas da Idade Média. Tanto é assim, que inexiste pacificidade na conceituação, pois enquanto vemos Marky apresentar um conceito textual de propriedade,[237] romanistas,

---

[233] TEPEDINO, Gustavo. Contornos constitucionais da propriedade privada. In: *Estudos em homenagem ao professor Caio Tácito*. Rio de Janeiro: Renovar, 1997. p. 325. **[NA]** Da mesma forma em TEPEDINO, Gustavo e SCHREIBER, Anderson. A garantia da propriedade no direito brasileiro. *Revista da Faculdade de Direito de Campos*, Ano VI, nº 6 – Junho de 2005.

[234] GOMES, Orlando. *Direitos reais*. 19. ed. Rio de Janeiro: Forense, 2010, p. 103. "O direito real de propriedade é o mais amplo dos direitos reais, – *plena in re potestas*".

[235] Dogmática fundada na pandectista.

[236] GOMES, *Direitos* .... "Se é certo que nenhum desses critérios satisfaz isoladamente, o conhecimento dos três permite ter o direito de propriedade noção suficientemente clara. É a análise de seus caracteres que torna entretanto mais nítidos seus traços". Aqui se vislumbra a confissão da própria manualística sobre a insuficiência de seus conceitos, p. 104.

[237] MARKY, Thomas. *Curso elementar de direito romano*. 8. ed. São Paulo: Saraiva, 1995, p. 65.

da estatura de Eugene Petit, dizem não encontrar um conceito claro de propriedade no Direito Romano.[238]

Essas obrigações de suportar, por parte do proprietário em Roma, já referidas, jamais se inserem no domínio, pelo que se qualificariam como *ius in re aliena*, porém se observa tratar-se de *obligatios*.

O proprietário de um terreno ribeirinho devia tolerar o uso público de sua margem.[239] Isso é uma obrigação de suportar. Não se insere em âmbito real, não é uma servidão. O proprietário possui completo domínio em toda sua amplitude, podendo usar, fruir e dispor da integralidade do bem, só não podendo opor seu direito, *in personam*, para obstar o uso público da referida margem. Como se vê, a propriedade em tela, não o domínio, está funcionalizada. Não há um beneficiário, como na servidão, apenas a obrigação de suportar do proprietário, um congelamento da oposição do domínio, através da propriedade.

A manutenção de estradas marginais ao imóvel cabia ao proprietário.[240] Isso é uma obrigação em face da propriedade. Em nada diz respeito ao seu poder sobre o bem, *dominium*, mas decorre de sua senhoria sobre o mesmo, *proprietas*.

No período imperial, existem proibições de demolição de prédios sem autorização administrativa.[241] Isso não engessa a disposição do sujeito sobre o bem, apenas o obriga. Em caso de descumprimento, a administração não teria sequela, forçando a reconstrução, apenas imporia sanção patrimonial, a demonstrar tratar-se de obrigação.

Jazida descoberta por terceiro em terreno alheio poderia ser explorada por este, mediante indenização a ser paga ao proprietário.[242] Novamente, trata-se de uma obrigação de suportar, mediante ressarcimento, caracterizando não se tratar de direito real o que resta envolvido. Todo o expendido demonstra que os romanos já davam um tratamento autônomo em relação à propriedade e ao domínio, inclusive com definições diferentes para cada um.

É na Idade Média que os conceitos são confundidos e misturados pelos glosadores, que, ao tratar da *vindicatio utils* e *vindicatio directa*, racham em dois o domínio que é uno e exclusivo, para criar o domínio

---

[238] PETIT, Eugene *Tratado elemental de derecho romano*. Buenos Aires: Albatroz, 1892, p. 240. "*Los jurisconsultos romanos no definem el derecho de propiedad, que, en efecto, escapa a toda definición por su sencillez y extensión, pues es el derecho más completo que se pueda tener sobre una cosa corporal*". No mesmo sentido San Tiago Dantas, conforme já exposto em nota anterior.

[239] Nesse sentido, vide Marky, op. cit., p. 66.

[240] Idem, ibidem.

[241] Idem, ibidem.

[242] Idem, ibidem.

útil e o domínio direto, sendo que este último é o que corresponderia às características da *proprietas* romana, conforme San Tiago Dantas.[243]

O direito privado romano, na lição de Bobbio, que sempre foi um direito positivo,[244] é absorvido pelo glosadores como um direito natural,[245] para ser completamente trabalhado e alterado para sua positivação e, já alterado, retorna à condição de direito positivo, principalmente a partir do século XIX.[246]

Os glosadores se debruçavam sobre os textos romanos, buscando extrair consequências que resolvessem as questões da época em que se encontravam. Não atuavam como historiadores, mas sim, como uma escola de jurisconsultos medievais, que precisavam de normas e conceitos para a época em que viviam, que era o feudalismo.

Imaginem-se os conceitos distintos, a propriedade é uma relação bilateral de direitos e obrigações a instrumentalizar o domínio, que é direito na coisa. O servo da gleba teria obrigações exigíveis do proprietário.[247] Esvairia-se, talvez, o poder político decorrente da terra. Quando aduzido que propriedade e domínio são a mesma coisa, e ambos, direitos reais, a propriedade passa a ser absoluta no exato sentido do termo, eis que o outro extremo da relação é uma *res* que, como tal, se sujeita ao poder do titular sem oposição.[248]

---

[243] DANTAS, op. cit., p. 104-105.

[244] Eis se tratar de um sistema jurídico.

[245] Cumpre salientar aqui, termos por superado no pensamento jurídico sistemático, essa questão de contraposição do direito natural e direito positivo, pela metodologia em tela, que compreende o sistema como aberto e, assim, tudo que está fora, está dentro, de modo a superar as antigas controvérsias.

[246] BOBBIO, Norberto. *Estado governo sociedade* – Para uma teoria geral da política. São Paulo: Paz e Terra, 1995, p. 21: "Em outras palavras, o direito romano, embora tendo sido na origem um direito positivo e histórico (codificado pelo *Corpus iuris* de Justiniano), transforma-se através da obra secular dos juristas, glosadores, comentadores, sistematizadores, num direito natural, até transformar-se de novo em direito positivo com as grandes codificações do início do século XIX, especialmente a napoleônica (1804) – um direito positivo ao qual seus primeiros comentadores atribuem uma validade absoluta, considerando-o como o direito da razão".

[247] Observe-se que nos primórdios do Direito Romano, logo da fundação de Roma, houve uma espécie de feudalismo, onde a figura do senhor feudal e a do servo da gleba, se mostravam como a do patrício e a do cliente. Porém, a figura do patrício devia uma série de obrigações ao cliente e se alguma dessas obrigações recíprocas se viam descumpridas, aquele que as violava, fosse um ou outro, era declarado *sacer*, podendo ser morto. Sobre isso, importante as lições de Petit (ob. cit., p. 36 e 37). Sem dúvida essa figura não interessava no feudalismo.

[248] Nesse sentido, assevera-se a lição de HEGEL. *Princípios da filosofia do direito*. São Paulo: M. Fontes, 1997, p. 46. Na referida obra, deixa o autor entrever claramente que a coisa, enquanto externa ao homem, a ele não reage, quando do exercício de suas pretensões *in re*, a citar: "44 – Tem o homem o direito de situar a sua vontade em qualquer coisa; esta torna-se, então, e adquire-a como fim substancial (que em si mesma não possui), como destino e como alma, a minha vontade. É o direito de apropriação que o homem tem sobre todas as coisas". Situada a posição conceitual já externada, temos por claro que o sentido empregado por Hegel ao termo apropriação,

Da mesma forma se observam as alterações na usucapião, em que prazos que em Roma eram, por exemplo, de um ano, passam a ser de cem anos, quando a propriedade fosse do clero. Sendo tais alterações de ordem política, e não jurídica.[249]

Merece destaque a seguinte lição de Bobbio, na qual se observa terem os glosadores, no âmbito do Direito Público do medievo, aproveitado a noção de domínio tal qual o era em Roma, e da de *proprietas*, de âmbito estritamente pessoal, terem retirado a de *imperium*:

> Porém, com a dissolução do Estado antigo e com a formação das monarquias germânicas, as relações políticas sofreram uma transformação tão profunda e surgiram na sociedade medieval problemas tão diversos – como aqueles das relações entre Estado e Igreja, entre o império e os reinos, entre os reinos e as cidades – que o direito romano passou a oferecer apenas bem poucos instrumentos de interpretação e análise. Resta ainda observar que, não obstante tudo, duas categorias fundamentais do direito público europeu, das quais se serviram durante séculos os juristas para a construção de uma teoria jurídica do Estado, derivaram do direito privado: o *dominium*, entendido como poder patrimonial do monarca sobre o território do Estado, que, como tal, se distingue do *imperium*, que representa o poder de comando sobre os súditos; e o *pactum*, com todas as suas espécies, *societatis*, *subiectionis*, *unionis*, que passa por princípio de legitimação do poder em toda a tradição contratualista que vai de Hobbes a Kant.[250]

Emerge do supra-analisado que o referencial da dogmática é no mínimo discutível, carecendo da cientificidade necessária à correta compreensão dos institutos de direitos reais, que necessitam de completa reformulação teórica em suas bases, para que seu pilar se des-

---

se equivale ao de exercício de domínio e assim, de que o homem pode exercer seu domínio sobre todas as coisas, no limite de sua obrigação de abstenção em face das coisas de outrem, o que já se situa fora da esfera dominial e dentro da esfera proprietária, por estar em âmbito obrigacional.

[249] Ainda no sentido do ora referido, vide ALMEIDA, Francisco de Paula Lacerda de. *Direito das cousas*. Rio de Janeiro: J. R. dos Santos, 1908, p. 15-16. v. 1, nota 1: "Sem falar de estado de comunhão primitiva, basta para avaliar a dependência em que o Direito das Cousas se acha da organisação da propriedade considerar a situação jurídica desta em certo periodo ou mesmo em certo paiz. Veja-se por exemplo que feição deveria ter esta parte do Direito Civil na edade media e começos da edade moderna com terras enfeudadas e sujeitas a contribuições extravagantes; a larga applicação que teve então a enphyteuse, a qual se desdobrava em varias subemphyteuses de modo a construir o dominio do molde da jerarchia feudal do senhor directo ao emphyteuta e subemphyteuta, o qual por sua vez podia subaforar a terra aforada. Considere-se a propriedade dividida em duas grandes classes de bens, regidos uns pelo Direito Civil, pelo Direito Canonico outros; os vinculos de toda especie, que entorpeciam e immobilizavam a propriedade fundiaria para manterem o esplendor das casas nobres (prova de que as idéas politicas influem tambem como as religiosas na Constituição e organisação da propriedade). Por outro lado e sob o ponto de vista economico e da segurança e [...] o Direito das Cousas está por filiação historica e logica ligado á organisação da propriedade, da qual é expressão juridica em determinada época e determinado logar". Observe-se a confluência de nosso pensamento com o do civilista em pauta, que escreveu tais linhas em 1908.

[250] BOBBIO, op. cit., p. 22-23.

loque do patrimônio para a dignidade da pessoa humana, à luz da ordem constitucional vigente.[251]

Os conceitos, além de uma abordagem técnica adequadada, devem conservar sua permeabilidade e abertura, com o fito de poderem se adequar aos casos concretos, em âmbito interpretativo, tal qual deve-se dar com as regras e princípios. Nesse sentido, o repensar ora empregado, superando o historicismo vigente, posto não haver interpretação de um só método:

> *La dependencia en que se ecuentra la interpretación de la norma de cuya concretización se trata respecto de la precompensión del intérprete y respecto del problema concreto que en cada caso se trata de resolver supone, formulado negativamente, que no puede haber un método de interpretación autônomo, desvinculado de estos factores y, formulado positivamente, que el proceso de concretización debe venir determinado por el objeto de la interpretación.*[252]

Um conceito não pode tratar um direito com duas naturezas distintas e não inclusivas, por restar conflitante. Um direito pessoal não é real, e um real não é pessoal, em face dos vínculos que veicularão, entre sujeitos e coisas ou entre sujeitos. Mesmo uma obrigação *propter rem*, que possui sequela, que é um caráter próprio dos direitos reais, não deixa de ter natureza obrigacional. Ela não possui duas naturezas, por qualquer ângulo que se observe, trata-se de direito obrigacional.

É justamente nesse sentido que se pode compreender a insatisfação velada de Carvalho dos Santos, em 1956, **[NA]** sobre a própria natureza do direito de propriedade, ainda que conformista:

> Não nos cabe aqui pesquisar sobre a origem e o fundamento do direito de propriedade. O assunto não pode nem deve ser versado em um trabalho prático sobre o Código Civil, tal como êste nosso. Mesmo porque o Código aceita como um dogma a necessidade social e a legitimidade do direito de propriedade, aliás já reconhecida desde a Constituição de 1890. Só nos restando, portanto, considerá-la na sua natureza, isto é, estudar o direito que, sôbre as coisas que formam seu objeto, é conferido às pessoas dela investidas.[253]

Se ao tratar um objeto de um modo, o conceito revela natureza real e, de outro, revela natureza obrigacional, parece-nos claro que está tratando de dois objetos distintos, de naturezas distintas. De uma

---

[251] TEPEDINO, Maria Celina B. M. A caminho de um direito civil constitucional. *Revista de Direito Civil*, São Paulo, n. 65, p. 24-25, 1992. **[NA]** Da mesma forma MORAES, Maria Celina. Perspectivas a partir do direito civil-constitucional. In: TEPEDINO, Gustavo. *Direito Civil Contemporâneo*. São Paulo: Atlas, 2008.p. 29-41.

[252] HESSE, Konrad. *Escritos de derecho constitucional*. Madrid: Centro de Estudios Constitucionales, 1983, p. 45.

[253] CARVALHO DOS SANTOS J. M. *Código civil brasileiro interpretado*. 6. ed. Rio de Janeiro: Freitas Bastos, 1956, p. 267.

abordagem sistemática da disciplina, decorre a autonomia do domínio, consoante é implicitamente tratada pela própria doutrina e jurisprudência, pois tal autonomia exsurge de sua conformação no sistema jurídico.

O domínio, assim como exterioriza a propriedade, é instrumentalizado por ela, havendo, por isso, dois conceitos complementares. Lacerda de Almeida, desde antes da existência de nosso Código Civil de 1916, [NA] já lecionava sobre a cisão dos direitos em reais e pessoais, conforme o que segue:

> No Direito das Cousas constituem objeto do direito a propriedade e os direitos della separáveis; no Direito das Obrigações as prestações, o acto do devedor obrigado.
>
> Coherentemente são reaes os direitos classificados na primeira cathegoria; exercem-se directamente sobre o seu objecto, a cousa; na segunda pessoaes só indirectamente podem ser exercidas sobre seu objecto, a prestação, pois esta é acto ou omissão do devedor e delle depende.[254]

Somente tem caráter real o domínio[255] que se exerce sobre a coisa, eis que os deveres positivos e negativos[256] entre o titular e o Estado e os demais indivíduos dizem respeito, nas palavras de Lacerda de Almeida, somente de modo indireto à coisa, sendo que seu principal objeto é o ato ou omissão do devedor.[257]

O domínio, além de um conjunto de direitos no bem, é uma relação (vínculo) entre o sujeito e a coisa, justamente em função de tais direitos, instrumentalizados pela propriedade, que poderá dispor sobre a forma do exercício do domínio sobre o bem, obrigando o indivíduo perante a função social da propriedade, tratando-se esta de uma obrigação recíproca entre indivíduo e Estado, e indivíduo e coletividade, pluralizada ou não.

Demonstração do acima exposto, para que bem se constate que a dicotomia que se defende, reside justamente em um fato histórico que perpassa toda nossa história do direito, ou mesmo, das civilizações: o domínio nunca mudou. Ele pode variar conforme a substância dos

---

[254] ALMEIDA, op. cit., p. 37-38.

[255] Expressão do conjunto de direitos do indivíduo em seu bem (*ius in re propria*), classicamente tidos como o *jus utendi, jus fruendi e jus disponendi*.

[256] Que são recíprocos, sob pena de esvaziar a própria norma constitucional. Assim como o proprietário tem direitos perante a coletividade, em razão da titularidade, tem obrigações.

[257] Vide ALMEIDA, op. cit., p. 38, nota 3. Na nota, o autor, na busca de demonstrar o caráter real da propriedade, termina por reafirmar a cisão dos conceitos, como aqui o fazemos, ao expor: "Neste sentido é que dizemos com RUD, SOHM, Inst. des. Roem. Rechts, que o titular do direito obtem indiretamente o objeto do direito. De outro ponto de vista tanto o direito real como o pessoal são relações jurídicas directas: o direito real com a cousa, objecto do domínio, v.g.; o direito pessoal com a prestação, acto ou omissão do devedor".

bens sobre o qual recai, que admitem mais ou menos desdobramentos, ou mesmo mais plural (povos germânicos) ou individual (Roma), porém sempre foi igual.

Por outro lado, as obrigações do indivíduo perante o Estado e a coletividade na qual se insere, em relação à gerência e utilização de seu patrimônio, sempre variaram no curso da história. O domínio, enquanto consolidado, é a forma como se externa a propriedade, que em si é tão somente um direito. O domínio, repisa-se, além de um conjunto de direitos no bem, é a materialização das relações entre o indivíduo e as coisas que são objeto de sua propriedade.

Em quantos poderes sobre a coisa pudermos desdobrar esse conjunto de relações, igualmente estaremos no âmbito do domínio. A divisão clássica em *jus utendi*, *fruendi* e *disponendi* não exaure o número de desdobramentos possíveis, já classificados em mais de 24, pela doutrina.

Estas manifestações diversas, ou desdobramentos, podem ser constitutivas de diversos outros direitos reais desde que decorrentes da esfera dominial do indivíduo para com a coisa. São os chamados Direitos Reais Limitados, *ius in re aliena*, ou ainda, direitos reais sobre coisas alheias. "O domínio, como bem observa Lafayete Pereira é suscetível de se dividir em tantos direitos elementares, quanto as formas por que se manifesta a atividade do homem sobre as coisas corpóreas. E cada um dos direitos elementares do domínio constitui em si um direito real, tais como: o de usufruto, de uso e o de servidão".[258]

No que tange à clara lição de Lafayete, a única dificuldade encontrada se dá no que diz respeito à sua limitação às coisas corpóreas,[259] por ser *de lege ferenda*.

O domínio, consoante se depreende do ordenamento, tal qual a propriedade a que manifesta, não se limita às coisas corpóreas, abrangendo também as incorpóreas, eis que sobre essas também se exerce domínio.

Exemplo do ora exposto observa-se no que tange os direitos autorais. O detentor da respectiva propriedade intelectual pode utilizá-la, externando, assim, o *ius utendi*, por exemplo, ao publicá-la. Pode dispor da mesma, exteriorizando o *ius disponendi*, quando a negocia, vende, ou grava com usufruto, por exemplo. E pode, ainda, fruir da

---

[258] SANTA MARIA, José Serpa de. *Direitos reais limitados*. Brasília: Brasília Jurídica, 1993, p. 19.

[259] Tal qual se via no Direito Romano.

mesma, quando aufere seus direitos autorais referentes à obra, de modo a externar o *jus fruendi*.[260]

Outro fator relevante ao domínio é que o mesmo é uno e indivisível. Não pode haver dois domínios concomitantes na coisa, superpostos, devido ao caráter da exclusividade dos direitos reais, longamente explicado no capítulo anterior. A coisa comporta somente um *ius fruendi*, não podendo haver dois superpostos. O mesmo ocorrerá com todos os desdobramentos do domínio. Supondo que seja destacado o *ius utendi* em favor de terceiro, gravando a coisa com direito real de uso, esse *ius utendi* não poderá ser destacado para outrem, superpondo-se ao outro.

Inexiste pluralidade de direitos com relações diversas com a coisa, de mesma natureza. Poderá, ser exercido por diversos indivíduos, quando em condomínio, porque apesar da pluralidade de sujeitos a relação é uma só (una), comportando tal pluralidade, em um polo da referida relação. Não há diversas relações da mesma natureza, cada uma encabeçada por sujeito diverso.

A coisa não comporta mais de um domínio concomitante, justamente pela unidade e indivisibilidade dominial. O exposto decorre da compreensão sistemática do artigo [NA] 1.231 do nosso Código Civil, que positiva o princípio da exclusividade e da indivisibilidade. Outro princípio relevante é o da elasticidade. O domínio, apesar de uno e indivisível, pode desdobrar-se em parcelas deste, para diferentes indivíduos. [NA] Isso significa dizer que não se presumem gravames quaisquer no bem. Ressalta-se, todavia, que a Codificação se refere ao termo *propriedade*, mas em uma interpretação mais coerente com a realidade, que acaba embasando a tese esposada neste trabalho, o "domínio é uno. O bem não suporta uma multiplicidade de domínios sobre ele. No condomínio uma coletividade titulariza o domínio, ainda uno e, portanto exclusivo. Mesmo que o coproprietário tenha apenas 50% da titularidade, o mesmo pode usar, fruir, possuir o bem em 100%, pois o domínio exclusivo".[261]

---

[260] Devemos salientar que os Direitos Reais Limitados se constituem a partir de desdobramentos do domínio em favor de outros indivíduos, que não o normal titular. Assim, cria-se um usufruto com o destaque do *jus utendi* e *fruendi* em favor do usufrutuário. O direito real de usar e fruir do bem (direitos na coisa), passa a integrar temporariamente a esfera jurídica de outrem. Se uma obra intelectual pode ser objeto de usufruto, como previsto em nosso sistema, essa é passível de domínio, cediço não estarmos a falar de usufruto impróprio. [NA] Sobre o tema dos Direitos Reais Limitados, vide ARONNE, Ricardo. *Por uma nova Hermenêutica dos Direitos Reais Limitados.* Rio de Janeiro: Renovar, 2001.

[261] [NA] ARONNE, Ricardo. *Código...*, p. 146. Trata-se da disciplina jurídica do antigo art. 527 do CC de 1916, que tecnicamente mais adequado dispunha: "O domínio presume-se exclusivo e ilimitado até prova em contrário".

A propriedade plena, assim, espelha o domínio consolidado. O domínio se mostra consolidado quando não apresenta nenhum desdobramento, titularizando um indivíduo ou grupo (condomínio), todas as relações com o bem que lhe é objeto.

O domínio quando desdobrado corresponde à propriedade limitada,[262] de modo a que outros possuam direitos reais distintos no bem. A isso chamamos de gravames, posto implicarem retirada de poderes dominiais de sujeito para outros que serão titulares de direitos reais limitados, derivados do direito real nuclear, que é o domínio consolidado.

A legitimidade para o destaque de tais faculdades provém da propriedade,[263] e o poder para tanto provém do domínio. Um tem âmbito formal, e o outro, material.

Nesse sentido, reafirma-se que os conceitos, apesar de autônomos, são complementares. Se por ventura um indivíduo detiver o domínio, e outro, a propriedade de certo bem, como se dá no caso de usucapião já efetivado mas não reconhecido judicialmente, mostra-se claro que nenhum dos indivíduos pode, efetivamente, gravar o mesmo, eis que falta o requisito formal ao último e ao outro a possibilidade material de fazê-lo, pois de oposição do usucapiente mediante exceção, decorreria declaração de nulidade do gravame. Ao mesmo tempo, o usucapiente sem propriedade constituída não possui legitimidade para gravar o bem, também sendo nulo o respectivo gravame.

Observe-se que tal gravame, se feito pelo proprietário, será inoponível contra o usucapiente e, se feito pelo usucapiente, sequer será passível de registro, sendo inoponível a terceiros.

Outro exemplo é o caso de o proprietário buscar constituir gravame de igual teor e extensão a outro preexistente, sobre o mesmo bem. Existe legitimidade, mas falta a possibilidade do proprietário fazê-lo, por não deter **a** ou **as** respectivas parcelas de domínio referentes ao gravame, cujo titular é o beneficiário do anterior *ius in re aliena*.

Assim como a propriedade sempre tende a ser plena, o domínio sempre tende a se consolidar, daí nascendo o princípio da elas-

---

[262] Por isso que apesar de autônomos, os conceitos não se mostram excludentes.

[263] **[NA]** Necessário referir aqui a exceção que decorre na enfiteuse, cujo beneficiário pode gravar o bem. Todavia, tendo optado por extinguir o instituto em questão, o Código Civil acaba por deixar esta preocuapação ao Direito Administrativo e às enfiteuses ainda existentes. Vide artigo 2.038 da atual codificação.

98   *Ricardo Aronne*

ticidade, bem como a regra da temporariedade[264] dos direitos reais limitados.

Ainda é de destacar que, quando um bem é gravado com um direito real limitado, o proprietário não detém menos propriedade do que detinha antes, porém, possui menos domínio sobre o bem, demonstrando as asseveradas autonomias.

Também pode-se observar que, quando mais de um indivíduo possui um bem em usufruto, há condomínio no respectivo exercício, porém não há compropriedade, eis que nenhum usufrutuário é proprietário. Nessa medida é possível proceder uma definição de domínio, tal qual a expressa por Lacerda de Almeida,[265] sabendo-se não estarmos a definir propriedade.

Domínio, pois, é o complexo de todos os direitos possíveis no bem, próprio ou de outrem, materializados nas respectivas relações entre o titular e o bem da vida objeto deste. Tal conceito, além de atender formal e materialmente a teoria do direito e o conteúdo que o sistema jurídico positiva, como limite não só formal como também material, guarda abertura e mobilidade suficiente para sua manutenção e adequação aos casos concretos, traduzindo moldura adequada para contornar o instituto que se destina a traduzir, sem jamais confiná-lo, como intenta a civilística clássica.

O domínio pode extrapolar o conteúdo de uso, gozo e disposição, desde que o bem ofereça possibilidades a tanto, assim como poderá não conter alguma dessas relações, em face de suas características próprias. O conceito esposado guarda abertura para abarcar todos esses possíveis desdobramentos, por se densificar somente na esfera tópica, ao incidir sobre o caso concreto, delimitando a relação dominial entre o sujeito e o respectivo bem da vida.

Se formalmente tal autonomia conceitual reflete um melhor trato aos direitos reais, evitando incongruências já ressaltadas, é no âmbito material que exsurge sua necessidade. É essa a via de funcionalização dos direitos reais, possibilitando a exegese da lei civil otimizada pela Constituição e teleologicamente orientada por seus princípios.

Não se pode confundir direito com função, como premissa lógica. Um direito não é uma função, pois em sendo a propriedade um di-

---

[264] A temporariedade dos *ius in re aliena* possui como exceção a servidão, bem como a enfiteuse de bem público. Excluímos a enfiteuse sobre imóvel de particular, eis que o resgate imprime alto grau de temporariedade ao instituto, com a consolidação do domínio em poder do enfiteuta.

[265] ALMEIDA, op. cit., p. 45. "O domínio, isto é, o complexo de todos os direitos possíveis sobre a cousa, por um lado, e por outro lado cada um desses direitos destacados do domínio, e podendo portanto exercer-se em cousa pertencente a outrem, [...]".

reito (como asseverado no próprio texto constitucional), inadequadas interpretações no sentido de tratá-la como função.

A propriedade há de se funcionalizar por exigência constitucional vinculante ao intérprete. A única forma possível para tanto é o trato obrigacional da propriedade, porque os direitos dessa espécie, ao contrário dos reais, por importarem em vínculo intersubjetivo de ordem relativa, se bilateralizam.

Pari passu, observa-se que a propriedade é a instrumentalização do domínio, como via de oponibilidade pessoal para resguardo de vínculo de ordem real.

Funcionalizando-se o instrumentalizador material do vínculo real, pode-se operar a repersonalização dos *ius in re*, sem necessidade de incidir em *lege ferenda*, com amplo fundamento no sistema jurídico, enquanto moldura interpretativa, e orientando teleologicamente a disciplina pelos valores positivados na ordem Constitucional.

Daí a grande vantagem do trato autônomo perseguido, a desaguar na "repersonalização" do direito das coisas.

9. Caracteres do domínio

O domínio se constitui de um conjunto de faculdades no bem,[266] perfazendo portanto um conceito dinâmico e variável em razão do bem. Essas faculdades do titular, enquanto componentes do domínio que a coisa possibilita, são os caracteres que o conformam *in concretu*. São os poderes imediatos do sujeito sobre o bem da vida objeto. Observe-se que os termos possuirão usos e significados distintos, na medida em que as faculdades são passíveis de destaque pelo desdobramento dominial que, quando ocorrem, passam a ser inacessíveis ao dono, deixando de ser uma faculdade sua,[267] mas ainda será um dos caracteres que o compõem.

O domínio se apresenta variável, consoante as possibilidades de relação que o indivíduo poderá ter com o bem da vida. Nessa medida, impossível se mostra obrar um rol exaustivo dos elementos que o compõem, até por serem historicamente variáveis, em razão do avanço das sociedades. Por exemplo, em uma sociedade primitiva ao extremo, poder-se-ia com facilidade deduzir que os indivíduos não mantêm relação de fruição com seus bens.

Assim observado o bem, em razão do indivíduo histórica e socialmente inserido, o bem não comportaria o caráter da fruição embutido em seu domínio. O avanço tecnológico também é fator determinante nesse sentido, eis que poderá influir na possibilidade de faculdades do mesmo para com as coisas que o cercam.

Postas as premissas, mostra-se didático partir da visão clássica de domínio que o desdobra em três caracteres, que não o exaurem, sendo estes direitos subjetivos próprios, *in re*, concebendo-se o domínio como a soma do *jus utendi, fruendi* e *disponendi*.

O *jus utendi* é a faculdade de uso do bem. Como todos os elementos do domínio, repisa-se ser um direito na coisa, por si só, na

---

[266] Cada faculdade perfaz um direito autônomo componente do complexo dominial, podendo ser autônomas e destacáveis.

[267] Será faculdade de outrem o beneficiário.

Propriedade e Domínio – A TEORIA DA AUTONOMIA

medida em que o caráter do domínio é passível de desdobramento das demais faculdades, pelo princípio da elasticidade. Tal faculdade dá ao seu beneficiário o acesso aos frutos naturais que o bem comporte. Não se trata de uso puro como concebido em certo momento do Direito Romano, em que usar não incluía o acesso a nenhuma espécie de fruto do bem. Naquele momento do direito, se concebêssemos uma faculdade real de uso em uma árvore frutífera, por exemplo, ao beneficiário não assistiria o direito de colher frutas da mesma para si, cumprindo-lhe se valer de sua sombra, subir nela, mas jamais o acesso a fruto de natureza alguma, mesmo os naturais.

O *jus utendi* contemporâneo, portanto, há de ser bem mais compreensivo, na medida da definição dada, orientada por nosso sistema jurídico. Por frutos naturais, há de ser concebido tudo o que a coisa possibilite ao consumo direto do beneficiário, portanto, personalíssimo, excluindo qualquer faculdade outra de fruição, podendo ser qualificado como uma faculdade de fruição restrita.

Tanto a amplitude como a limitação de tal faculdade, que conformam o direito real de uso, que no regime das titularidades corresponde ao destaque do *jus utendi*, restrito ou integral, restam positivadas no artigo 1.412 do Código.[268] Como se vê, pelo dispositivo em pauta, a compreensividade do uso se alargou, para abarcar o acesso aos frutos naturais, eis que abrange todos os benefícios e utilidades que o bem pode conceder. O âmbito de pessoalidade compreendida pelo uso afasta o acesso a frutos outros, na medida em que, para serem auferidos, outrem auferirá os frutos naturais.

Para se auferir rendimento, que não é fruto natural do bem, através de uma locação, o acesso aos frutos naturais serão concedidos a outrem. O mesmo no que tange à venda, empréstimo ou demais modalidades. A pessoalidade relativiza quase na totalidade o poder de disposição do beneficiário sobre os frutos naturais do bem, que somente deles dispõe para próprio consumo.

É a aplicação da coisa aos fins que lhe são próprios.[269] O *Jus Utendi* dá acesso ao usuário, guardada a pessoalidade conformada em nosso

---

[268] **[NA]** "O usuário usará da coisa e perceberá os seus frutos, quanto o exigirem as necessidades suas e de sua família." Este dispositivo veio substituir o art. 742 da antiga codificação, que dispunha: "O usuário fruirá a utilidade da coisa dada em uso, quanto o exigirem as necessidades pessoais suas e de sua família." Assim, quando o artigo em comento faz referência à fruição da coisa, está limitando-se aos frutos naturais. Isso significa dizer que descabe quaisquer resquícios de fruição civil ou comercial. (ARONNE, Ricardo, *Código...*, p. 381).

[269] FRANÇA, Limongi. *Instituições de direito civil*. São Paulo: Saraiva, 1988, p. 529.

ordenamento,[270] acesso a produtos do bem, ainda que de modo limitado, por não alcançar todos os produtos, o que caracterizaria a concomitância da fruição, que extrapola tal faculdade. O destaque de uma faculdade de uso do bem dará ao beneficiário, no regime de titularidades, um direito real de uso[271] ou de habitação,[272] se for observada uma limitação de faculdade por limitação teleológica do gravame.

Por ambos os institutos acima citados, compreenderem o destaque do *jus utendi*, que também integra o usufruto, *mutatis mutandis*, suas naturezas se assemelham, diferindo no que tange às faculdades no bem e suas extensões. Daí a razão de participarem da natureza do usufruto, dando azo à aplicação subsidiária de suas regras,[273] [274] bem como de sua menor extensão, a consubstanciar a assertiva das *institutas* de que há menos direito no uso do que no usufruto.[275]

Tal faculdade, como as demais adiante analisadas, terão limitações, que se darão no âmbito das titularidades, quando de sua instrumentalização, na esfera pessoal do titular, funcionalizando o domínio, não só enquanto todo, como também, em cada faculdade. Assim, se do destaque do *jus utendi* advier direito de uso real a um sujeito, esse passa a titularizar tal *jus in re aliena*, advindo ao regime de titularidades, no qual contrai direitos e obrigações. A coletividade deverá abster-se de qualquer ato turbativo ou impeditivo do direito do titular, para possibilitar seu exercício, e esse deverá funcionalizar o seu uso que não é, portanto, ilimitado. Com esse viés, pode-se compreender as assertivas de Serpa Lopes no sentido de que "no tocante ao exercício do uso e gozo da coisa sob nosso domínio, não é, de nenhum modo, deslimitado. Em numerosos casos, a intervenção estatal, pelo menos, se dá para coibir um determinado uso da coisa ou mesmo o poder de destruí-la".[276]

---

[270] O art. 1.412 do CCB, amplia a pessoalidade da faculdade de uso à família do beneficiário: "Art. 1.412. O usuário usará da coisa e perceberá os seus frutos, quanto o exigirem as necessidades suas e de sua família".

[271] **[NA]** Arts 1.412 a 1.413 do CCB (arts. 742 a 745 do CCB/1916). Ou na modalidade de direito de concessão real de uso para fins de moradia ou concessão real de uso (art. 1.225, XI e XII.)

[272] **[NA]** Arts. 1.414 a 1.416 do CCB (arts. 746 a 748 do CCB/1916).

[273] **[NA]** "Art. 1.413. São aplicáveis ao uso, no que não for contrário à sua natureza, as disposições relativas ao usufruto".

[274] **[NA]** "Art. 1.416. São aplicáveis à habitação, no em que lhe não contrariarem a natureza, as disposições concernentes ao usufruto".

[275] *Institutas* de Justiniano II.V: "*Minus autem silicet juris in usu est quam on usufructu*".

[276] SERPA LOPES, Miguel Maria de. *Curso de direito civil*. 4. ed Rio de Janeiro: F. Bastos, 1996, p. 325-326. v. 6.

Jus fruendi traduz outro caráter do domínio, compreensível como faculdade de acesso do titular aos demais frutos, aqui excetua-se o natural, que o bem aceder. Nessa medida, a noção de fruição, tal qual a de uso, não atinge todos os produtos que a coisa possibilita. Entre os mesmos, podem-se incluir frutos civis, comerciais, industriais e convencionais. Portanto, a fruição, quando plena, dá completa disposição dos frutos (afora os naturais) que o bem gera, de modo que esses integram o patrimônio do beneficiário.

Ocorre que nem sempre a fruição é plena ou mesmo dois bens podem fornecer a mesma gama de frutos. Deve ser, nessa medida, o conteúdo de fruição analisado sempre topicamente, em razão do bem e a faculdade de fruição que comporta, ou que foi destacada. A importância de tal assertiva se dá em face do caráter da exclusividade, para que o intérprete possa vislumbrar se há ou não superposição de faculdades, a macular alguma destas.

Limongi França alerta para tal dificuldade verificável na doutrina, ao tratar da habitação:

> Alguns autores sustentam que é incompatível com outro *ius in re* aliena e que, por exemplo, não se pode constituir em favor de determinada pessoa e, ao mesmo tempo, a outra atribuir usufruto do prédio.

> Ora se suceder que o outro direito não colida com o de habitação, não há por que impedi-lo, pois o próprio usufruto pode ser limitado no título, ou dizer respeito a outra parte do imóvel, por exemplo, as pastagens de uma fazenda. Assim também as servidões prediais.[277]

Jus disponendi, na concepção clássica, tem uma compreensão muito ampla, admitindo-se por dispor faculdades diversas, como a de onerar o bem com gravames, ou mesmo de aliená-lo. Quando o sujeito grava o bem, pelo destaque de caracteres, ele está dispondo do seu bem, tal qual quando transmite seu domínio a outrem.

Como se observou pelos caracteres antes analisados, o *jus disponendi* reúne diversas faculdades diferidas em si, podendo se limitar ou se desdobrar. Por exemplo, o titular de hipoteca advém a tal condição pelo destaque do *jus disponendi*, porém, isso não lhe dá a possibilidade de gravar o bem ou mesmo de aliená-lo, incondicionalmente ao direito de crédito ao qual é acessório. Por tal destaque, o proprietário não pode retirar o bem de seu patrimônio, transmitindo-o a outrem, sem a intervenção do credor hipotecário, na medida em que esse perfectibilizará a transmissão. Ocorreu o destaque da faculdade de disposição, portanto, como facilmente verificável, porém, tal destaque não se dá na integralidade. O proprietário ainda poderá onerar o bem

---

[277] FRANÇA, op. cit., p. 541.

com gravames que não se superponham, e isso se inclui no poder de disposição.

Na propriedade resolúvel, observa-se sua limitação em razão de condição resolutiva sobre o *jus disponendi* do adquirente, que *in* ocorrendo, resolve seu poder de disposição, que é destacado para o antigo titular que, se valendo dele, pode retomar o bem.[278] Como já depreendido, a concepção clássica de domínio não responde às diversas relações que os indivíduos possuem nos bens da vida com os quais se relacionam,[279] como se observa na enfiteuse. Se o domínio se resumisse aos três supraexpendidos caracteres, todo ele resultaria com o enfiteuta e a propriedade, que não tem conteúdo real, remanesceria com o senhorio.[280]

Observa-se uma faculdade real que se conserva com o proprietário de um bem gravado com enfiteuse, mormente denominada propriedade substancial, que implica a faculdade de perseguir o bem. Na medida em que se trata de um *ius in re*, qual seja de perseguir o bem, para consolidação dominial, na esteira do princípio da elasticidade, a propriedade substancial é um caráter do domínio.[281]

Outra faculdade real que se observa passível de desdobramento e não compreendida na concepção clássica, é o *ius possidendi*, constituindo-se caráter do domínio. A matéria possessória, por si só, ante sua complexidade e a diversidade de posições doutrinárias, facilmente verificável, é compreensível de obra própria a lhe ser destinada. Portanto, sem que se desfoque do objeto do trabalho, algumas linhas hão de lhe serem destinadas.

Posta essa premissa, há de se buscar por ora, tão somente esclarecer com brevidade, que jamais se pode confundir posse com propriedade, porém, pela análise da mesma, postas algumas definições anteriores, poderá a posse estar contida no bojo do domínio. Tal asser-

---

[278] LOPES, op. cit., p. 318-321.

[279] O mesmo ocorre sempre que se objetiva um rol exaustivo.

[280] **[NA]** Considerando a proibição da constituição de novas enfiteuses realizada no art. 2.038 CCB, verfica-se que as atuais permanecem existentes, por este motivo, manteve-se o exemplo.

[281] **[NA]** O texto original do autor é "*In casu*, a regra positivada no artigo 683 do Código Civil de 1.916 foi uma densificadora do princípio da elasticidade, que regula a prelação do senhorio nos casos de transferência onerosa do gravame a outrem, pelo enfiteuta.Exsurge do exposto que em razão da prelação, o enfiteuta ao proceder certos atos de disposição sobre a parcela de domínio que lhe assiste, respectiva ao seu direito real limitado, dá vazão ao exercício da prelação do senhorio. Tal prelação é faculdade real, na medida em que possui seqüela e aderência, não traduzindo conteúdo mormente obrigacional, aparelhado de seqüela a configurar uma obrigação *propter rem*, tal qual as versadas no parágrafo único do artigo 677 do Código, eis ser regra densificadora do princípio da elasticidade, na medida em que seu conteúdo teleológico é o de objetivar a consolidação do domínio ora desdobrado, e tal princípio não tem a mínima guarida no direito das obrigações, por versar sobre faculdades reais".

Propriedade e Domínio – A TEORIA DA AUTONOMIA

tiva não faz com que a posse perca sua autonomia, desde que seja realinhada sua exegese. No sistema jurídico pátrio, pode ser observada a posse por três conteúdos diferidos, que lhe legitimam, não obstante outros dois que versam sobre a forma como se externa. Esses últimos, sobre os quais não se deterá, são a posse direta[282] e a indireta.[283]

A posse[284] no sistema pátrio, primeiramente, é legitimável com base na boa-fé, em que se protege o fato da posse, eis que inexiste direito a ampará-la. Exemplo do expendido se traduz na posse *ad usucapionem*, na qual o indivíduo, legitimado pela sua boa-fé com o objetivo de adquirir o domínio e a propriedade do bem, ainda não possui direito algum, seja real ou obrigacional a legitimá-la, porém, a reconhece pelo fato da posse, amparado na verossimilhança que externa.

Também se legitima a posse, perante nosso sistema jurídico, em razão de obrigação. É a posse obrigacional, a qual denominamos *ius possessionis*, não tendo essa qualquer conteúdo real, como se verifica na posse havida pelo locatário e pelo comodatário. Afora as duas anteriores, também se observa a existência de espécie de posse em nosso sistema, legitimada por faculdade real, própria, de indivíduo sobre o bem, enquanto elemento do domínio, perfazendo um de seus caracteres.

Tratar-se-á, então, de posse real, à qual denominamos *ius possidendi*. Verifica-se tal espécie, por exemplo, por parte do usufrutuário, usuário, enfiteuta, entre outros. Pode aventar-se que tal posse, na perspectiva fática ou jurídica, decorreria de faculdades outras, que não uma própria, com o fito de viabilização do respectivo direito, como o de uso real. Nesse caso, tal posse se conteria como fruto natural do bem, sem o qual teria seu acesso negado, inviabilizando o exercício do direito.

O argumento sucumbe quando se observa o penhor. Nessa espécie, a faculdade do credor não alcança o *ius utendi*, resumindo-se, na visão clássica, à parcela do *ius disponendi*, de modo a garantir a permanência do bem no patrimônio do devedor, porém, sem dar ao credor a mínima faculdade de acesso a fruto algum do bem. O credor não pode usar o bem em garantia, com fundamento no respectivo gravame. Ocorre que o credor detém posse do bem, retirando a respectiva

---

[282] Verificável materialmente pela apreensão material do bem.

[283] De natureza ficcional, objetivadora da proteção material e jurídica do bem.

[284] Sobre o tema da posse, em análise completa acerca de sua natureza jurídica, desenvolvendo a teoria tríptica da mesma, vide Ricardo Aronne, Titularidades e Apropriação no Novo Código Civil – Breve ensaio sobre a posse e sua natureza, *in* SARLET, Ingo, *O Novo Código Civil e a Constituição*. Porto Alegre: Livraria do Advogado: 2003, p. 215-250.

faculdade do proprietário, a inviabilizar o próprio *ius utendi* que esse ainda detém.

Importante para análise é o que legitima a posse do beneficiário do penhor. Sua posse não é mero fato, estando subsidiada por direito, e não tão somente boa-fé, como ocorre na posse *ad usucapionem*. Seu direito a deter o bem em sua posse não é de ordem obrigacional, atinente ao crédito, senão seria também verificável na hipoteca e alienação fiduciária, ou mesmo em qualquer crédito sem garantia real.

Há uma faculdade real de tal ordem e é dessa faculdade real de deter o bem em seu poder que advém a posse ao titular do penhor. Assim, sem prejuízo da concepção de posse de ordem obrigacional ou mesmo fática, verifica-se também haver uma faculdade real de posse, que não se confunde nem elimina as demais. O mesmo se verificará no que tange ao usufrutuário que loca ou empresta o bem, não perdendo sua faculdade real de posse, que então se caracterizaria como indireta, na medida em que a direta resultará com a outra parte, detentora de posse obrigacional. E mais, findo o usufruto, nenhuma espécie de posse se vislumbra legitimada no respectivo beneficiário.

Em âmbito dominial, os caracteres são passíveis de desdobramento não só para outros indivíduos, como também para bens, de modo a serem acessórios a outras coisas, ao embutirem-se no âmbito dominial das mesmas, como ocorre com as servidões. Nesses casos, a titularidade para um exercício de servidão decorre da titularidade dominial, a configurar, não um *ius in re aliena*, de certo indivíduo em certo bem, mas sim de um vínculo dominial *inter res*, exercitável e suportável em razão da titularidade dos respectivos domínios.

Diversos são os caracteres que integram o domínio, sendo ainda de se salientar que cada um deles pode se subdividir, isto é, dar vazão à extensa gama de faculdades *in re* que podem ser limitadas quando das respectivas constituições, sendo, no nosso entender, impossível e até mesmo qualificável como fútil a tentativa de obrar em um rol exauriente. Os bens da vida podem possuir domínios constituídos de caracteres diferentes em razão de sua substância e do avanço e necessidades tecnológicas e sociais de onde se insere. Um bem infrugífero não comporta relação de fruição, de modo a não possuir o caráter do *ius fruendi*, consequentemente não sendo passível de um usufruto ou de rendas constituídas.

Um bem imaterial, não obstante ser passível de domínio e propriedade, por ser inapreensível materialmente, não comporta posse, sendo-lhe inobservável o caráter de *ius possidendi*. Tais relações entre sujeito e bem não têm como serem tratadas sem independência conceitual das relações entre sujeitos, sem prejuízo do relativismo do direito pessoal, sob pena de prejuízo inafastável na exegese das relações interpessoais. Tampouco pode ser feito um corte absoluto de incomunicabilidade entre as espécies, na medida em que ambas se positivam dentro de um sistema uno e indissociável.

Por isso, a compreensão de autonomia do domínio conduz à complementariedade da propriedade, que o relativiza, afastando os resquícios de absolutividade, advindos da pandectista. Seria de abstratismo censurável, desapegado da realidade social e jurídica, referir que direitos de ordem patrimonial, entre os quais os direitos reais, não levem em conta a patrimonialidade. O que não pode ser perdido de vista é o fato de que não podem se orientar por ela em detrimento da pessoa.

[NA] A admissão doutrinária da realidade concreta que já se constitui deste modo na própria legislação e nos Tribunais, em que pelo trato jurídico concedido à disciplina proprietária efetivamente distingue propriedade e domínio, sem, contudo fazer referência a isso, conduz a uma repersonalização da categoria, reorientando as arcaicas exegeses, emperradoras da evolução do Direito. Uma hermenêutica contemporânea tem muita dificuldade em trabalhar noções de Direitos Reais sem reconhecer a autonomia entre propriedade e domínio. Por este motivo, impõe-se a compreensão da referida autonomia. Cabe ressaltar que a compreensão das noções como autônomas não se constitui em mera teoria, nascida a partir dos livros. Ao contrário, nasceu da reflexão pragmática sobre o trato jurídico que atualmente já é dispensado à propriedade. Assim, a ideia de distinguir domínio de propriedade, acima de tudo, busca compatibilizar a teoria dos Direitos Reais à prática efetiva destes direitos.

[NA] Esta autonomia já vem sendo reconhecida pela doutrina contemporânea dos Direitos Reais, como se verifica no desenvolvimento do tema trazido por Cristiano Chaves de Farias e Nelson Rosenvald, para quem "fundamental para evoluir no tema proposto é distanciar os termos propriedade e domínio".[285] Da mesma forma ensina Marcelo de Oliveira Milagres, entre outros.[286]

Não obstante o exposto, esse poder discricionário que se observa no detentor de faculdades reais se limita pelos princípios que o vinculam, informando sua conduta positiva e negativamente, em face

---

[285] *Direitos Reais*. Rio de Janeiro: Lumen Juris, 2006, p. 179.

[286] MILAGRES, Marcelo de Oliveira. *Direito das coisas: entre dois tempos*. In: LOTUFO, Renan; NANNI, Giovanni Ettore; MARTINS, Fernando Rodrigues. *Temas relevante do Direito Civil Contemporâneo*. São Paulo: Atlas, 2012. p.729-745.

da função social da propriedade. Como adiante tratado, o domínio, ao se instrumentalizar para alcançar eficácia em nosso ordenamento que afasta a autotutela, tem de se obrigacionalizar pela via pessoal da propriedade, de onde advém deveres ao titular, que terminam por informar o próprio exercício dominial.

Nesse sentido, há de se compreender o domínio e, consequentemente, qualquer direito real (pois ele é o nuclear), como o conjunto de faculdades do indivíduo no bem, em razão de sua satisfação, em plena vinculação com os anseios e necessidades coletivas. Somente assim, o direito das coisas pode ser concebido como o ramo do direito regulador dos conflitos de interesses interpessoais, em face das titularidades e exercícios dominiais.[287]

---

[287] DIEZ-PICAZO, Luis; Antonio Gullón. *Instituciones de derecho civil*. Madrid: Ariel, 1995, p. 37. v. 2: *"Como todos los sectores del ordenamiento jurídico, el Derecho de Cosas o Derechos Reales trata de resolver un conflicto de intereses entre personas, que en esta materia se caracterizan por recaer sobre la titularidad, utilización o disfrute de los bienes patrimoniales"*.

Propriedade e Domínio – A TEORIA DA AUTONOMIA

10. O domínio enquanto Instituto de Direito Civil

Pelo exposto no Capítulo 8, o domínio perfaz um instituto próprio do Direito Civil e isso é observável a partir de sua autonomia conceitual e demonstrado pela sua operação independente. A relevância disso se consubstancia no fato de poder-se operar com a matéria proprietária em âmbito pessoal, com maior elasticidade do que o faz a manualística influenciada pela civilística clássica.

Sendo o mais amplo dos direitos reais, congregando todas as faculdades *in re* de um sujeito para com o bem da vida que titulariza ou busca titularizar, é também (como anteriormente se dizia da propriedade[288]) o centro dos direitos reais.

O domínio é um direito real complexo, por congregar diversos direitos subjetivos *in re*, que perfazem direitos próprios passíveis de destaque ante o princípio da elasticidade que permite o desdobramento do domínio. Desses desdobramentos surgem novos regimes de titularidades (portanto intersubjetivos) integrativos do direito das coisas. É tido como direito real nuclear em face de que os outros direitos reais nascem de seus desdobramentos.

Sem prejuízo das suas autonomias,[289] os conceitos de propriedade e domínio são complementares e não excludentes. No que se refere à complementaridade, somente se pode compreender efetivamente qualquer um dos dois, conhecendo ambos, eis que um existe em virtude do outro, na análise do sistema jurídico contemporâneo.

O regime das titularidades somente se concebe em face da instrumentalização das relações entre os indivíduos, em razão das coisas que possuem. Um indivíduo sozinho no mundo não necessitaria

---

[288] DIEZ-PICAZO, Luis. Antonio Gullón. *Instituciones de derecho civil*. Madrid: Ariel, 1995, p. 40. v. 2.

[289] Deve-se entender por conceitos autônomos aqueles que não se confundem, designando institutos e direitos próprios ou coisas diferentes.

sequer da noção de propriedade, eis que ela exsurge da necessidade de oponibilidade de direitos *in re*, perante outros indivíduos. No que tange aos direitos reais, isso não ocorre, na medida em que para sua realização não há necessidade de interposta pessoa, segundo a anteriormente citada lição da própria civilística clássica.

Interessante se mostra a análise do fato de ser a propriedade, pelo viés clássico, essencialmente um regime de exclusão que confirma sua intersubjetividade. Somente se refere ser um indivíduo proprietário de algo, na medida em que outro não o é. Apesar disso parecer tão óbvio, revela que o vínculo do direito de propriedade se dá *in personam*.

Fora de uma sociedade, o regime de titularidades perde seu sentido, na medida em que inexiste razão de designar quem é proprietário, pois não há ninguém para não ser. É pois um regime de exclusão de sujeitos, pelo viés da civilística tradicional, que não se justifica em um sistema "repersonalizado" que visa à proteção precípua dos sujeitos, e não dos respectivos patrimônios. E mais, principalmente dos sujeitos em razão do meio em que se inserem, devendo o estatuto proprietário regular, mais que um regime de exclusão, um regime de direitos e obrigações[290] daquele titular em prol do seu meio.

Domínio e propriedade, portanto, se interligam de modo que o segundo instrumentalize o primeiro, em razão dos sistemas em que se inserem.[291] Justamente por serem complementares, de modo a influenciarem um ao outro, pode-se dizer que a propriedade funcionaliza o domínio em nosso regime, relativizando seu absolutismo pela inserção de obrigações na esfera proprietária,[292] de ordem pessoal.

A não excludencialidade decorre facilmente do expendido. Se um instituto complementa o outro, por óbvio não se excluem, apesar de não se confundirem. Ao contrário, ambos se atraem, com base no princípio da elasticidade. Advém daí a anteriormente asseverada convergência das escolas Realista e Personalista, aparentemente antagônicas, mas cuja conciliação conduz à perseguida "repersonalização" dos direitos reais.

Cumpre indagar se poderiam ser concebidos ambos os conceitos, já autônomos, englobados em outro maior, em face de não serem

---

[290] TEPEDINO, Gustavo. Contornos constitucionais da propriedade privada. In: *Estudos em homenagem ao professor Caio Tácito*. Rio de Janeiro: Renovar, 1997, p. 321. **[NA]** Da mesma forma em TEPEDINO, Gustavo; SCHREIBER, Anderson. A garantia da propriedade no direito brasileiro. *Revista da Faculdade de Direito de Campos*, Ano VI, nº 6 – Junho de 2005.

[291] Que aqui se compreendam sistemas na sua concepção macro da teoria que lhes é própria. Sistema jurídico, social, político, econômico etc., todos axiológicos e interligados em sua abertura, mobilidade e comunicação.

[292] A questão merecerá estudo específico no Capítulo 12, dedicado ao conceito de propriedade.

excludentes e serem complementares. Tal indagação tem por ordem responder se pode ser objetivado um conceito lato de propriedade, que englobasse seu conceito estrito e o de domínio.

Apesar de tecnicamente viável, cabível de concessão, é de ser negada a hipótese por implicar retrocesso. Tal entendimento daria margem ao retorno para o estado anterior da doutrina, em que propriedade e domínio se encontravam convivendo sob um mesmo teto conceitual, dando margem, ante uma abordagem macro, para impor-se um conteúdo absolutista e patrimonialista, ao estatuto proprietário.

E mais, como já demonstrado, não se concebe que direitos de natureza distinta (um real e outro pessoal) caibam em um mesmo conceito, como arguido pela própria civilística clássica.[293] O que se mostra viável é o uso do termo *propriedade* em relação ao bem. O bem, se constitui uma propriedade, é uma propriedade.

Nesse sentido, o termo *propriedade* não se usa em razão do direito, e sim, do objeto. Quando usado o termo *propriedade* dessa forma, nele caberá o domínio e a propriedade enquanto direitos em convívio, o que é muito distinto de ser dado um sentido lato e jurídico à propriedade.

Reestruturada a disciplina proprietária, o centro dos direitos reais é o domínio, eis que de seu agregamento e desdobramento é que se compõe tal área do direito patrimonial civil. Os direitos reais existem na esfera dominial do bem da vida. No âmbito de domínio que o bem comporta. Quando se desagrega o domínio, dispersando-se suas faculdades, entre diversos indivíduos ocorre a criação de direitos reais limitados. Quando consolidado, tratar-se-á do direito real nuclear.

O fato da propriedade plena ou limitada é resultado do que ocorre no âmbito do domínio do bem. Cada caráter do domínio, em conjunto ou em separado, quando destacado em favor de alguém, corresponderá a um direito real próprio, respectivo às faculdades do beneficiário em razão disso.

Se o domínio, enquanto conjunto de faculdades no bem, é o direito real nuclear, seus caracteres são direitos reais de conteúdo reduzido, e seu conjunto forma a disciplina dos direitos reais. Ou seja, cada desdobramento dominial traduz um direito subjetivo próprio, capaz de destaque para terceiros. Tais direitos são de categoria real, que também dependem de instrumentalização na via pessoal, no regime de titularidades positivado no ordenamento.

---

[293] DIEZ-PICAZO; Antonio Gullón, op. cit., p. 42.

O domínio consolidado traduz o direito real mais amplo, que vai se reduzindo, assim, em virtude de destaques que implicarão direitos reais de outros no bem. Ao domínio consolidado corresponderá a propriedade plena, e ao domínio desdobrado, a propriedade limitada no regime das titularidades. Se observado o domínio desdobrado pelo ângulo dos beneficiários das faculdades desdobradas no regime das titularidades, estar-se-ão vislumbrando os direitos reais limitados correlatos.

Tal qual antes observado em matéria de posse, impõe-se aqui nova ressalva, no sentido de não se avançar tanto na matéria de direitos reais limitados, por extrapolar o objeto do tema proposto. A tal espécie haverá de ser concedido tratamento correlato à disciplina objetivada para propriedade e domínio, eis que todos possuem oponibilidade *erga omnes*, pelos quais se obrigacionalizam e funcionalizam.

Cumpre ainda referência, para que bem se observem os efeitos que decorrem do manuseio autônomo do domínio, de como se trabalham as diversas espécies proprietárias e dominiais, tal qual a multipropriedade imobiliária, sem que se incorra em *lege ferenda*, salientando que tal análise será sumária, não com o fito de esgotar as questões que suscitam,[294] e sim, para que se evidencie o domínio e a propriedade enquanto institutos diferidos.

Primeiramente, pode-se analisar a propriedade individual. Nesta, existe uma relação proprietária a vincular o sujeito ativo e os demais indivíduos (sujeitos passivos), bilateralmente, e o domínio, consolidado, em poder do sujeito ativo em relação ao bem, vinculando-os pelas respectivas faculdades.

Na propriedade coletiva de coisa indivisa, observa-se ocorrência de copropriedade na esfera pessoal e condomínio na esfera real. Na espécie, é vislumbrável uma pluralidade de sujeitos que exercem um domínio sobre o bem. Esse domínio é uno, eis que o bem não suporta mais de um domínio sobre si,[295] conforme o princípio da exclusividade. Todos esses indivíduos exercem seu domínio sobre 100% do bem, em toda sua extensão e intensidade. É o condomínio regulado pelo Código.

No que tange à copropriedade, encontramo-nos em esfera proprietária, onde não vigora o princípio da exclusividade. Assim, cada indivíduo exerce propriedade sobre o bem, individualmente e con-

---

[294] Apesar de que todas as respostas para eventuais controvérsias acerca de tais institutos, tem o início de sua resolução pelo adiante exposto.

[295] Nesse sentido, observe-se que na usucapião, quando o usucapiente implementa um novo domínio, falece o anterior que incidia no bem. Daí se configurar modo da aquisição originário.

soante seu percentual de pertença sobre o bem. Nenhum dos sujeitos pode opor propriedade sobre a totalidade da coisa, assim como não pode exercer domínio parcelado sobre o mesmo.

Por exemplo, quando em âmbito de administração, que se infere na esfera proprietária, o bem resta locado, cada um dos sujeitos haverá de receber locativo no percentual de sua propriedade. De outra banda, quando qualquer um usar o bem, o usa na integralidade, em sendo a coisa indivisa.[296]

Se advém fruição exagerada de um dos sujeitos que colhe frutos em prejuízo dos demais, em âmbito dominial, o exercício do *jus fruendi* não lhe pode ser bloqueado, eis que pode ser exercido sobre 100% do bem, porém os demais proprietários, no âmbito obrigacional, podem exigir-lhe reparação, mas, observe-se, não a devolução dos frutos.

A relação em âmbito de copropriedade se dá na esfera obrigacional e não real, ao contrário da condominial, sendo o domínio exercido *in re*, e a propriedade, *in personam*, inclusive perante os outros proprietários.

No condomínio *pro diviso* ocorre o parcelamento do bem no espaço. A coisa é dividida em parcelas, normalmente, relativas ao percentual de propriedade, e cada sujeito exerce domínio integral sobre a parcela que lhe assiste, não exercendo sobre parcela alheia.

Não há divisão do domínio, há divisão do bem, de modo a que esse se multiplique incidindo um domínio diferido sobre cada *quantum*, sendo cada um desses domínios integral sobre toda a extensão da fração que passa a ser uma coisa inteira, na medida em que o bem, originalmente, era divisível.

Nesse aspecto, a propriedade segue fracionada sobre toda a integridade do bem, como lhe é facultado, o domínio resta multiplicado sem ferimento ao princípio da exclusividade, eis inexistir superposição de domínios sobre a coisa, na medida em que cada domínio incide sobre parcela diferente do bem.

Nenhum sujeito pode reivindicar fração da coisa a que não lhe corresponda domínio, de modo a não poder opor sua propriedade contra o respectivo coproprietário, eis que se a propriedade instrumentaliza o domínio, e inexiste domínio sobre tal parcela do bem, do qual não lhe assistirá tutela.

---

[296] Se o bem restar dividido, onde a cada parte couber a sujeito distinto, a hipótese será outra, pois o bem será diviso.

No que tange à multipropriedade imobiliária,[297] ocorre o mesmo, mas o fracionamento do bem não se dará no espaço, e sim, no tempo, eis que nosso sistema jurídico comporta a divisão dos bens no tempo e no espaço.

Consegue-se dessa forma objetivar a multipropriedade, efetivamente, sem incorrer em *lege ferenda*. O que ocorre aqui em diferença à anterior espécie é que um proprietário não poderá opor sua propriedade a outro, quando essa não lhe corresponder ao domínio no tempo.

Fora de seu período, o coproprietário não faz jus a exercício dominial, eis que o respectivo domínio não estará a incidir no bem. Ainda assim, resultará proprietário, independente do período em que se encontre.

O condomínio horizontal traz uma resolução diversa das anteriores, na medida em que a sua formação é pluralizada pelo prisma do bem e dos sujeitos. Ocorre neste a soma de uma unidade autônoma a perfazer uma relação de propriedade individual com uma propriedade coletiva que se denomina área de uso comum, que perfaz propriedade coletiva.

Somente um sujeito[298] tem propriedade e domínio no que se refere à unidade autônoma, decorrendo ao respectivo proprietário titularidade, em razão disso, na área de uso comum, onde exercerá domínio conjunto com os proprietários das demais unidades autônomas, sendo tal domínio pluralizado de modo a perfazer um condomínio que se instrumentaliza como copropriedade, a qual se regerá nesse âmbito que é obrigacional, segundo regras preestabelecidas pelos coproprietários em estatuto próprio.

Com o expendido, fica clara a ideia de domínio enquanto instituto próprio do Direito Civil, nuclearizando os direitos reais, que regulam seu estado e composição, no âmbito jurídico. Tais poderes contidos no domínio são exercidos em âmbito discricionário pelo respectivo titular. Ocorre que toda a esfera discricionária traz um conteúdo de vinculação, como se observa na lição de Chironi: *"Discrezionalità è diritto, e nei limiti del diritto esiste: cosichè, col dire non incontrare responsabilità chi opera valendosi di un poter discrezionale suo, si deve intendere pur questa cautela-limite"*.[299]

---

[297] Sobre o tema, vide Tepedino, Gustavo, *Multipropriedade Imobiliária*. São Paulo: Saraiva, 1993.

[298] Ou um grupo, se existir copropriedade e condomínio na respectiva unidade.

[299] CHIRONI, G. P. *Nuovi studi e questioni di diritto civile*. Torino: Fratelli Bocca, 1922, p. 105.

Nenhum ato discricionário é totalmente desvinculado, como nenhum ato vinculado não possui um mínimo de discricionaridade. Assim opera o direito, entre esses dois extremos, sem tocar a qualquer deles. Ato vinculado é todo aquele que é condicionado por regras próprias que o regulam, como é o caso do ato de alienação da propriedade imóvel ou de constituição de uma servidão.

Tem-se por discricionário o ato que não tem regras a condicioná-lo, cumprindo ao agente (sujeito), no seu exercício, conformá-lo, sem que regras disponham como deve agir. Quando aduzido que o exercício dominial é um ato discricionário, isso tem por base o fato de que o nosso ordenamento descreve o domínio,[300] sem regular seu exercício normal.

Somente em casos especialíssimos, existem normas positivando formas para exercícios dominiais[301] da propriedade privada. Daí o conhecido *jus abutendi*, asseverado pelos clássicos, no sentido de que o proprietário pode abusar de seu bem, na medida em que a propriedade é ilimitada. Nesse passo, o ato discricionário traz ao seu agente, no âmbito do domínio, uma plenitude de juízo no que tange à forma, conveniência, intensidade e oportunidade para a prática do ato dominial (uso, gozo e disposição).

Ocorre que a permeabilidade verificada por parte dos direitos reais, para com os obrigacionais, traz certos deveres do respectivo titular para com a coletividade em que se insere, verificáveis topicamente, em prol de um princípio que o vincula no âmbito proprietário: o princípio da função social. Nossa jurisprudência tem apontado bons exemplos do exposto, entre os quais se pode pinçar o seguinte, ainda na década de 90:

AÇÃO PÚBLICA. POLUIÇÃO AMBIENTAL. OBRAS NÃO REALIZADAS. OBRIGAÇÃO DE FAZER. MULTA. A empresa que na sua atividade industrial provoca a emissão de fumaça que polui atmosfera e lança em rio – Paraíba do Sul –, diretamente, vários efluentes líquidos e que, intimada para realizar obras de proteção ao meio ambiente, não as realiza integralmente em prazo superior a uma década, contado da primeira intimação, deverá ser compelida a fazê-las em certo prazo, sujeitando-se ao pagamento de multa por eventual atraso.[302]

Observe-se que a ementa do acórdão supratranscrito deixa claro não se tratar de responsabilidade civil, e sim, de obrigação de fazer em face da titularidade, verificada certa intensidade de exercício no que tange ao *jus fruendi*. Isto não afasta do agente sua discricionaridade

---

[300] Art. 1.228 do CCB.

[301] Fruição de minas, florestas e outras raras exceções.

[302] Ap. Cível 3.739/90, 8ª C. Cível do TJRJ, v.u., Rel. Des. Geraldo Batista, 18.06.91.

em âmbito dominial, mas fará com que certos princípios informem o exercício das faculdades que detém.

Na esteira da lição do jusfilósofo gaúcho Juarez Freitas, discricionaridade não se confunde com arbitrariedade.[303] Em que pese a desvinculação do titular ante o princípio da legalidade, este restará sempre informado materialmente em sua conduta, pelos demais princípios jurídicos, sendo-lhe vedado agir em afronta aos mesmos.

Princípios como o da supremacia do interesse coletivo, cidadania, bem comum, igualdade e proporcionalidade, podem vir a relativizar o princípio da liberdade, restringindo desde a intensidade como até mesmo certas práticas de atos. Como exemplo: "Acarretando dano a um número indeterminado de vítimas, o mínimo que poderá ocorrer nas ações ambientais será a cessação incontinenti da causa danosa, quer através da transferência da atividade para outro local, em que não se manifeste a gravosidade contra o ambiente, ou na impossibilidade, a cessação definitiva da atividade".[304]

Não se trata de incidência em âmbito de abuso de direito, pois senão admitir-se-ia a propriedade como um direito ilimitado. São limitações internas no âmbito do domínio, em face da propriedade, verificáveis topicamente, que delinearão a jurisdicidade de um ato, *in concretu*. Tal verificação há de ser feita somente topicamente, na medida em que decorre de eventual conflito entre princípios incidentes, que somente se concretizam, perdendo abstração, em face dos casos concretos.

Nesses momentos, cumpre ao intérprete obrar a necessária hierarquização axiológica, resolvendo o conflito, não raro com a relativização da liberdade proprietária. Nesse sentido, observa-se a intervenção do Estado, pela via administrativa ou jurisdicional, regulando as atividades proprietárias, como nas jurisprudências abaixo colacionadas:

Direito Constitucional. Administrativo. Ambiental. Bem tombado. Construção irregular no entorno. CF. Art. 5º, XXII e XXIII. Decreto-lei 25/37, art. 18, e Lei 3924/61, art. 1º e 2º. A construção irregular, em área próxima de bem tombado em razão de suas características históricas e arquitetônicas, justifica a decisão judicial de destruição, pois o interesse individual do proprietário deve ceder diante do interesse social do Poder Público na preservação do bem cultural.[305]

Alienação Judicial. Coisa Comum. Requerimento por ex-cônjuge. Inadmissibilidade. Acolhimento que expressaria vulneração ao que restou homologado quando da sepa-

---

[303] FREITAS, Juarez. *Estudos de direito administrativo*. São Paulo: Malheiros, 1995, p. 134.

[304] A.I. 101.004-1, 5ª C. Cível do TJSP, p/maioria, 04.08.88.

[305] TRF 4ª Região, AC 91.04.01871/RS, Rel. Juiz Vladimir Passos de Freitas, 1ª Turma, 12.11.92, in RTRF, v. 12, p. 222.

ração. Imóvel destinado a morada da ex-mulher e de sua filha. Direito de propriedade que deverá coexistir com o atendimento da função social. Art. 5º, XXII, da Constituição da República. Existência, ademais, de outros imóveis que integram o patrimônio. Recurso não provido.[306]

Como se vê, tal ingerência do coletivo no individual se opera no campo principiológico, por ser a esfera dominial de ordem discricionária do titular. Na esteira de tal pensamento, decorre que a relativização de princípios se dá pela via hierarquizadora e, apesar de diminuir a intensidade dos relativizados, não pode levar à eliminação dos mesmos. Ou seja, aquele princípio que restar relativizado ainda vincula o intérprete, não deixando de incidir em detrimento de outro. A norma tão somente terá seu conteúdo reduzido.

Nesses momentos, o princípio da hierarquização axiológica resta informado pelo princípio tópico da concordância prática, como objetivador da interpretação. Tal princípio impõe que no curso da interpretação, coordenem-se e combinem-se os valores em conflito, de modo a evitar o sacrifício total de uns direitos em relação a outros.

A aplicação do Direito deve considerar todos os valores do sistema, passando por todos os princípios, de modo a dar-lhes um sentido de confluência sistemática. Se o intérprete não conseguir isso, sem o custo de sacrificar quaisquer valores conflitantes com os que entende preponderar, estará obrando de modo eminentemente formal e não material. Hesse trata o princípio da concordância prática revelando-o nas seguintes palavras:

> En íntima relación con el anterior se encuentra el princípio de la concordância pratica: los bienes jurídicos constitucionalmente protegidos deben ser coordinados de tal modo en la solución del problema que todos ellos conserven su entidad. Alli donde se produzcan colisiones no se debe, a través de una precipitada «ponderación de bienes» o incluso abstracta «ponderación de valores», realizar el uno a costa del otro.[307]

Exatamente com base no acima exposto é que não é possível objetivar como solução interpretativa, o sacrifício total de certos princípios jurídicos, principalmente os constitucionais, pelo seu relevo, em detrimento de outros, de modo que se impõe o estabelecimento de limites recíprocos entre os mesmos, harmonizando-os, através de uma concordância prática entre estes. O interesse individual há de se compatibilizar com o coletivo, sem que haja sacrifício total de qualquer um deles, como dispõe o Ministro Garcia Vieira no *decisum* cuja ementa vai adiante transcrita:

---

[306] TJSP, AC 220611-2/S. Paulo, Rel. Des. Telles Corrêa, 19ª C. Cível, 09.05.94, in JTJ/SP-Lex, 160, p. 12.

[307] HESSE, Konrad. *Escritos de derecho constitucional*. Madrid: Centro de Estudios Constitucionales, 1983, p. 48.

MEIO AMBIENTE. DANOS. DIREITO DE PROPRIEDADE.

O direito de instituir parques nacionais, estaduais ou municipais há de respeitar o direito de propriedade previsto na Constituição Federal.

Da queda do muro de Berlim e do desmantelamento do Império Comunista Russo, sopram ventos liberais em todo o mundo. O Estado poderoso e proprietário de todos os bens e que preserva apenas o interesse coletivo, em detrimento dos direitos e interesses individuais, perde a sobrevivência.[308]

Na medida em que nosso ordenamento assegura a propriedade, como princípio positivado,[309] condicionado ao interesse coletivo,[310] a propriedade individual não deve ser ignorada, e sim, compatibilizada sob pena de restar ferido nosso próprio regime de Estado Constitucional.[311] Para tanto, é inconcebível uma exegese formal do exercício dominial, pois o valor liberdade tem de ser compatibilizado com o da igualdade, teleologicamente orientado em face dos casos concretos.

Do exposto, não raro incorrerão, repisa-se, ingerências e limitações ao exercício do domínio, pelos princípios jurídicos que o informam em graus mais abstratos, pela já asseverada porosidade deste para com os de ordem pessoal, no âmbito da esfera proprietária, que o instrumentaliza. Se impõe, portanto, compreendido o domínio, enfocar a propriedade, em específico.

---

[308] STJ, REsp. 32222/PR. Rel. Min. Garcia Vieira, 1ª Turma, 17.05.93, in RSTJ, v. 48, p. 412.

[309] Art. 5º, XXII, CF/88.

[310] Art. 5º, XXIII, CF/88.

[311] **[NA]** Sobre o tema, cabe referir obra de: SARLET, Ingo W.; FENSTERSEIFER,Tiago. *Direito Constitucional Ambiental*. São Paulo: Revista dos Tribunais, 2012.

11. A doutrina e o Instituto da Propriedade

Nossos manuais, na esteira do conservadorismo da civilística clássica, em detrimento da "repersonalização" do Direito cujo enfoque protetivo se deslocou do anterior patrimonialismo para a dignidade da pessoa humana, insistem em tratar a propriedade como um direito real absoluto, arrimados na concepção liberal do Código Napoleônico[312] e a identificar o conceito desta com o de domínio.

Nesse sentido, não carecem de reparos as severas críticas que o mestre Tepedino faz à manualística pátria, que se manteve surda às profundas alterações do ordenamento econômico e social, promovidas pelo texto constitucional de 1988, às quais a propriedade não passou incólume.[313] [NA] O mesmo se pode dizer da "nova" codificação, que apenas repete a moldura da codificação anterior, sem atentar para alterações significativas no âmbito dos institutos face à constitucionalização.[314]

[NA] Alguns desavisados poderiam recorrer ao artigo 1.228 do CCB para tentar superar esta crítica, afinal, o dispositivo faz referência à função social da propriedade. Todavia, o fato de em seu § 1º ter condicionado sua conformidade à lei da fauna, flora etc., é um exemplo de permanência com os olhos no passado.

[NA] Certo é que a legislação ambiental e de patrimônio cultural têm relevância no sistema de funcionalização, todavia, a noção de função social da propriedade não pode ficar resumida ao cumprimento destas leis. A função social da propriedade é princípio da ordem jurí-

---

[312] CARBONNIER, Jean. *Flexible droit*. Paris: LGDJ, 1992, p. 257-258.

[313] TEPEDINO, Gustavo. Contornos constitucionais da propriedade privada. In: *Estudos em homenagem ao professor Caio Tácito*. Rio de Janeiro: Renovar, 1997, p. 310. [NA] Da mesma forma em TEPEDINO, Gustavo; SCHREIBER, Anderson. A garantia da propriedade no direito brasileiro. *Revista da Faculdade de Direito de Campos*, Ano VI, nº 6 – Junho de 2005.

[314] [NA] RUZYK, Carlos Eduardo Pianovski; FACHIN, Luiz Edson. Um projeto de Código Civil na contramão da Constituição. *Revista Trimestral de Direito Civil*, Rio de Janeiro, v. 4, p. 243-264, 2004.

dica brasileira e como tal, deve informar o todo o sistema proprietário, e não o oposto.

Ao agasalho da superada pandectista, os civilistas conservadores se mantêm agarrados a retrógrados conceitos em âmbito de propriedade, conceitos estes já incompatíveis com o sistema jurídico brasileiro contemporâneo, para apregoar a intangibilidade da propriedade enquanto direito real.

Após colocada a posição da doutrina, tão bem apanhada por Tepedino (no âmbito micro dos direitos reais) e Fachin (no âmbito macro do Direito Civil), eis que diversas áreas do Direito vêm se ocupando do tema, principalmente após o advento do novo texto constitucional.

Apesar de não raro observar-se trato de modo diferenciado às propriedades civil, agrária, constitucional, coletiva, familiar, e demais, em âmbito conceitual, cumpre salientar que perfazem um mesmo instituto,[315] que possui diferenciações em algumas ramificações, que decorrem de balanceamento axiológico do conceito que, por isso mesmo, deverá ser um conceito aberto, justamente para sua preservação e mobilidade no sistema.

O conceito de propriedade a emergir do sistema, assim como se verifica no domínio, há de conter a necessária abertura para tratar as tantas espécies que o instituto compreende e que não podem ficar a descoberto do Direito.

Essa mobilidade e abertura conceitual é importante para que não se perpetue o regime de exclusão que se verifica na abordagem de sistemas fechados, e é alcançável pelo preenchimento tópico e axiológico do conceito.

Colocado o acima expendido, tem-se por certo que se deve buscar avançar o conceito de Tepedino[316] que, apesar de superar largamente

---

[315] Importante aqui a aplicação do princípio da unidade para obrar exegeses corretamente lastreadas.

[316] O autor, por diversas vezes nexte texto citado, artigo seu (TEPEDINO, Gustavo. Contornos constitucionais da propriedade privada. In: *Estudos em homenagem ao professor Caio Tácito*. Rio de Janeiro: Renovar. p. 309-333), parte de um conceito de propriedade derivado de San Tiago Dantas para concluir pela crise dos conceitos da civilística clássica, moldando uma visão extremamente funcionalista de propriedade. Tepedino trata a propriedade como um *tertium genus* de direito pessoal e função. Efetivamente a visão de propriedade intersubjetiva, apesar de colocada pelo autor como uma construção fundamental, é afastada para aprofundamento em momento outro, sendo efetivamente dissecado o caráter funcional do instituto. Sem perder de vista que Tepedino afirma ser a propriedade uma relação intersubjetiva, apesar de não discorrer sobre a ideia, bem como expõe que seu conceito já não é o exprimido pela civilística clássica, afastando-se pois do que exprimiu ao início do texto. Tais linhas sobre propriedade talvez sejam as mais lúcidas já escritas por civilista brasileiro em trabalho voltado ao instituto.

Propriedade e Domínio – A TEORIA DA AUTONOMIA

a doutrina anterior em relação ao instituto da propriedade, não chega a explicar como tal instituto exprimiria uma relação interpessoal e não real, na medida em que faculdades reais cabem ao proprietário[317] e não se exercitam *in personam*, não podendo restar compreendidas dentro do conceito ou mesmo do instituto.

Tal resposta implica um reexame das noções de propriedade e domínio, conforme se busca sistematizar no presente texto, no qual se conclui pela autonomia conceitual já referenciada, que retira do instituto da propriedade qualquer direito subjetivo *in re*, com o fito de reorientar o sentido do direito de propriedade pelos valores advindos da Constituição.

Nesse passo, mantido o conceito clássico de propriedade a subsidiar qualquer análise da propriedade contemporânea, muito além dos limites da manualística.[318]

Não se pode pensar em rever o instituto da propriedade sem que se repense integralmente o seu conceito, sob pena de não restar jamais rompido o cordão umbilical da civilística para com o dogmatismo e a pandectista.

Posto isso, importante invocar a lição de Fachin, a impulsionar um completo repensar conceitual da propriedade contemporânea, guiada por uma adequada metodologia:

> De qualquer modo, a propriedade não é mais uma única definição. Mostra-se, então, ser discutível quando, no estudo da evolução da estrutura clássica, de costume se opõe o tradicional ao moderno como tese e antítese. Nos cenários o arcaico convive com o contemporâneo.
>
> Essa passagem está intimamente ligada às modificações políticas, sociais e econômicas. Da superação do antigo modelo, nasce algo que se propõe a moderno.[319]

Especificamente, no que tange a um efetivo conceito do instituto da propriedade, pode-se observar, ante a diversidade de posições vislumbráveis na doutrina, inexistir um conceito de propriedade aceito por todos os civilistas. No dizer de Serpa Lopes: "Todavia, se todos

---

[317] **[NA]** Art. 1.228, CCB.

[318] TEPEDINO, Gustavo. Contornos constitucionais da propriedade privada. In: *Estudos em homenagem ao professor Caio Tácito*. Rio de Janeiro: Renovar, 1997, p. 325-326. Confluente com o ora exposto, o autor localiza o problema dos contornos contemporâneos da propriedade privada como uma crise no conceito de propriedade, mais que no instituto propriamente dito. Roberta Mauro. A propriedade na constituição brasileira de1988 e o problema do acesso aos bens. In: TEPEDINO, Gustavo; FACHIN Luiz Edson. *Diálogos sobre Direito Civil*, vol. II. Rio de Janeiro: Renovar, 2008. **[NA]** Da mesma forma em TEPEDINO, Gustavo; SCHREIBER, Anderson. A garantia da propriedade no direito brasileiro. *Revista da Faculdade de Direito de Campos*, Ano VI, nº 6 – Junho de 2005.

[319] FACHIN, Luiz Edson. *Estado, posse e propriedade:* do espaço privado à função social. Curitiba, 1997, p. 6. (texto não publicado)

são acordes em lhe reconhecer esse aspecto fundamental, a mesma harmonia já não se observa em relação ao seu conceito, cuja tonalidade varia em conformidade com o ponto de vista de quem se propõe a defini-la".[320]

Apenas de modo exemplificativo, cumpre abordar algumas, entre as diversas posições importantes, no intuito da busca de um conceito do instituto. Segundo Scialoja, invocado pelo supratranscrito autor,[321] são vislumbráveis três categorias de definição de propriedade.

O primeiro grupo é integrado por aqueles que identificam a propriedade com o que já se definiu como sendo o domínio, ou seja, como o conjunto dos elementos positivos chamados essenciais, do indivíduo no bem da vida. Propriedade seria o conjunto das faculdades em que se desdobra o domínio. Dessa forma, compreendida a propriedade como soma dos direitos de usar, gozar, dispor, além de todas as dificuldades observadas anteriormente nos capítulos destinados ao domínio, exsurge outra a demonstrar a insuficiência de tal postura.

Admitida a posição, decorre da mesma que, em relação a um bem gravado com usufruto pleno, por exemplo, o respectivo proprietário teria menos propriedade do que o de um bem sem o gravame.

Se o uso e gozo integram a propriedade e são completamente destacados em prol do usufrutuário, o instituidor passaria a ser menos proprietário do que era, e o beneficiário receberia parcela da propriedade alheia. Pelo exposto, confirma-se que as chamadas faculdades positivas do proprietário integram o domínio, que perfaz conceito autônomo ao de propriedade.

[NA] Ademais, importassem domínio em propriedade em sinônimos, não haveria como diferenciar os institutos jurídicos da propriedade e da enfiteuse.

O segundo grupo referido por Scialoja destaca o elemento genérico da vontade do proprietário relativamente à coisa. À primeira vista, pode ser inferido que esse grupo se identifica com o anterior, eis que o conceito ficaria por demais fluído de modo a poder ser direcionado para muitos polos de raciocínio.

Scialoja objetiva mais o conceito de modo a diferi-lo dos demais,[322] reportando que tal elemento volitivo é que seria o elemento ativo.[323] O

---

[320] SERPA LOPES, Miguel Maria de. *Curso de direito civil*. 4. ed. Rio de Janeiro: Freitas Bastos, 1996, p. 276. v. 6.

[321] Idem, ibidem, p. 276-277.

[322] Ao menos do que se abstrai do referenciado texto de Serpa Lopes.

[323] Também chamado positivo.

conteúdo do poder do proprietário consistiria, pois, na faculdade de manifestar livremente a sua vontade acerca da coisa.

Com isso, a definição de propriedade ganharia um contorno dinâmico justamente por se definir no momento dinâmico da exteriorização da vontade do proprietário. Quer parecer, ante os esclarecimentos acerca do posicionamento em tela, oferecidos por Serpa Lopes,[324] que tal posição reduziria a anterior para compreender a propriedade em identificação não com o conjunto das faculdades dominiais, mas somente com a de disposição.

Nesse passo, as críticas recém-dirigidas à anterior postura se renovam aqui, podendo se vislumbrar, como exemplo, a propriedade em razão de um bem gravado com hipoteca, penhor ou alienação fiduciária. Talvez a evolução de tal postura em relação à anterior, que se verifique na dinamicidade intentada na definição, porém a problemática não resta superada pelo artificialismo da postura em tela.

O terceiro grupo destacaria para conceituação o que Serpa Lopes chama de elemento estático da relação jurídica da propriedade.[325] Seria a pertinência da coisa ao proprietário, por si só, independentemente de possíveis manifestações de vontade do indivíduo em relação ao bem. Trata-se da afetação de um bem a um indivíduo, portanto, eis que maiores esclarecimentos não exsurgem da definição.

O problema é que qualquer *ius in re* possui tal afetação, que nada mais é do que a sequela, verificável também nos direitos reais na coisa alheia, e que não integram o direito de propriedade. Não é sequer compreensível no conceito a razão de tal redução do direito de propriedade a um dos atributos de direitos de ordem real.

Pelas posições acima expostas, pode-se observar o fato de não haver pacificidade doutrinária no que tange à conceituação da propriedade. Serpa Lopes, coerentemente assim leciona, em relação ao conceito de propriedade, oriundo de nosso Código: "Sensíveis são, ante o exposto, as dificuldades que envolvem uma definição do direito de propriedade".[326]

Nesse passo, definido e situado o domínio, há de ser buscado o conceito de propriedade indicado por Tepedino,[327] revelando-se à luz

---

[324] Lopes, op. cit.., p. 276-277.

[325] Idem, ibidem, p. 277.

[326] Idem, ibidem, p. 280.

[327] TEPEDINO, Gustavo. Contornos constitucionais da propriedade privada. In: *Estudos em homenagem ao professor Caio Tácito*. Rio de Janeiro: Renovar, 1997. p. 321. **[NA]** Da mesma forma em TEPEDINO, Gustavo; SCHREIBER, Anderson. A garantia da propriedade no direito brasileiro. *Revista da Faculdade de Direito de Campos*, Ano VI, n° 6 – Junho de 2005.

do sistema jurídico, pois dele derivará toda a funcionalização imposta pela Constituição ao estatuto proprietário, em prol da despatrimonialização do Direito.

12. Considerações em torno do conceito de propriedade

Para a compreensão do instituto da propriedade na sua acepção contemporânea, faz-se necessária uma abordagem da mesma através de uma postura metodológica sistemática, no sentido já apontado por diversas vezes no curso dessas linhas.[328]

Nessa esteira, referencia-se que as normas do Código se adequam perfeitamente a uma exegese em conformidade com a Constituição vigente, desde que isso seja objetivado pela ciência da unidade do ordenamento.

Desse modo, inexiste fundamento para seu afastamento do sistema jurídico atual, cabendo, sim, uma revisão conceitual do instituto em estudo, como já operado em diversos outros.

Tal revisão há de ter como meta um conceito aberto, atemporal, necessariamente axiológico, que se densificará, ganhando concretização, perante a constante interpretação e aplicação, em seu diálogo, através do intérprete para com o sistema, o qual o vincula, de modo a positivar o conteúdo da propriedade na via adequada que é a interpretativa.

Para tanto, visando a não incorrer em *lege ferenda* conceber-se como adiantado a propriedade enquanto obrigação, cumpre esclarecer que o [NA] artigo 1.228 do Código não conceitua propriedade, limitando-se a descrever faculdades do proprietário, que se inserem no âmbito do domínio.

Isso é admitido até mesmo pela visão conservadora da manualística [NA] "O artigo 1.228 do Código Civil não oferece uma definição de propriedade, apenas enunciando os poderes do proprietário".[329]

---

[328] Gize-se que o presente capítulo, por assim dizer, inicia-se no que tange ao domínio (Capítulo 8) e no seu problematizador (Capítulo 7), eis que muitas das digressões acerca da autonomia ora apregoada, por razões didáticas, lá restaram expostas, de modo que no mesmo se iniciam considerações gerais de uma visão conceitual de propriedade.

[329] GONÇALVES, Carlos Roberto *Direito das coisas*. São Paulo: Saraiva, 2010, p. 228.

O Código Civil brasileiro, em sua concepção, muito se assemelha ao alemão. Tendo em vista o exposto, entendemos importantes as colocações do eminente jurista Karl Larenz, sobre o enfoque de tal instituto, que deságua, em sua conceituação pelo artigo 903 do Código Civil alemão, como introdução a esta matéria.

Assim leciona Larenz:

El Código Civil tuvo su origem en una época y sobre el fondo de una evolución ideológica – piénsese en la importancia de la personalidad según la valoración de la época de GOETHE y del romanticismo, o en la idea política de libertad del liberalismo y corrientes afines – en las cuales la emancipación del indivíduo, que había comenzado con la Edad Moderna, habia progresado en gran medida. No es sorprendente, por ello, que en Código civil, como ya en los códigos de la época de la Ilustracción y en el Derecho romano recibido en Alemania, tenga la propiedad una sobressaliente importancia. Se halla en el centro del tercer libro, en el Derecho de cosas. El código entiende por propriedad, no un estado, um domínio efectivo sobre la cosa – a éste se designa como «posesion»-, sino un derecho. La propiedad es el derecho «de disponer de la cosa a la voluntad y de excluir a otros de toda injerencia, en tanto en cuanto no se opongan a la ley o los derechos de terceros» (art. 903).[330]

Clara se apresenta a concepção básica da propriedade enquanto direito substancial, por excelência. Na atualidade, tal direito tem sua amplitude muito reduzida, se confrontada com a de outrora.

A propriedade civil, à época do feudalismo, trazia ainda em seu bojo um poder político (efetivo), que dava aos senhores feudais a capacidade de julgar, tributar e legislar, inerentes a sua condição de detentor do domínio eminente, harmonizados com o domínio civil do respectivo soberano.

No dizer de Pugliese, a propriedade, então, era absoluta e total.[331] Na época medieval, prevalecia a máxima *nulla terre sans seigneur*, fragilizando o proprietário livre, ante o poder do senhor feudal, que se situava no topo da pirâmide social, por seu poderio econômico e político.

No que tange ao Brasil, semelhante regime de propriedade teve vigência na época da implantação das capitanias hereditárias, advindo do direito luso. A seguir, parcelas de terra próprias para a colonização foram destacadas das capitanias, que com tal instituição perduram até depois do Brasil Colônia. Tais terras eram as sesmarias.

A propriedade foi efetivamente regulada somente pela Lei de Terras, promulgada em 18.09.1850, que buscava regrar, principalmen-

---

[330] LARENZ, Karl. Derecho civil: Parte general. Jaén: *Revista de Derecho Privado*, 1978, p. 52-53.

[331] PUGLIESE, Roberto J. Expressões modernas do direito de propriedade. *Revista dos Tribunais*, São Paulo, n. 733, p. 734, 1997.

te, a propriedade rural. Somente nessa época é que o Estado começa a traçar limites aos poderes que se rogavam os proprietários: "Durante, pois, tantos séculos de colonização vigorou no Brasil o regime jurídico luso advindo da Idade Média, que perdurou no período do Reino Unido Brasil-Portugal e veio adentrar na época do Império, após vários anos de independência brasileira".[332]

Aos poucos, a propriedade veio ganhando contornos cada vez mais sociais,[333] fruto, como já analisado, do movimento constitucionalista que cada vez mais se solidifica no mundo do direito, de modo que a propriedade, um direito privado, vem ganhando cada vez mais a regulação e contornos de direito público, cingindo essa divisão ainda existente mas que, cada vez mais, tomba ante a inafastável sistematicidade do todo que é o ordenamento jurídico.[334]

A propriedade está entre os direitos e garantias do cidadão, enquanto princípio jurídico de acesso à propriedade, assim como se relativiza diretamente por outro princípio jurídico, que é o de sua função social, e ambos se hierarquizam axiologicamente, perante os casos concretos, informando sempre, materialmente, o direito de propriedade.

Decorrência de tal direito são as faculdades positivas, entre outras tantas, do proprietário de usar, transformar, transmitir ou abandonar a coisa, respeitados os limites impostos pelo sistema jurídico. Essas faculdades integram o domínio e se instrumentalizam pelo regime de titularidades da propriedade.

No outro extremo de tais faculdades, de âmbito positivo, encontra-se uma obrigação passiva universal, que se deve à oponibilidade *erga omnes* da propriedade, agora não mais no campo real, e sim, obrigacional, na medida em que se trata de uma *obrigação passiva universal*.

Tratava-se de um direito oponível contra tudo e contra todos, excluindo a ingerência de quaisquer outros indivíduos no bem da vida em tela, para que se possibilitasse ao sujeito ativo o respectivo exercício de domínio, *in re*. "*La propiedad significa, que la cosa esta reservada solamente al propietario, de forma que los demás no pueden sustraérla o reternela sin derecho, ni perturbarle o prejudicarle de otro modo en el ejercicio de su dominio real (cfr. arts. 985 y 1004)*".[335]

---

[332] Idem, ibidem, p. 734.

[333] SANTA MARIA, José Serpa de. O evolver conceitual de propriedade e sua natureza jurídica. *Revista de Direito Civil*, São Paulo, n. 58, p. 62- 82, 1991.

[334] Importantes considerações sobre o tema se observam em estudo do professor Giorgio OPPO. Diritto privato e interessi publici. *Rivista di Diritto Civile*, Padova, CEDAM, 1994, XL-1, 1994, p. 24-41.

[335] SANTA MARIA, ibidem, p. 53.

Uma relação jurídica obrigacional é uma relação de ordem pessoal. Nisso importa dizer que a relação é entre os indivíduos em tela, *in personan*.[336]

Em outro viés, uma relação de caráter real, devido ao caráter da aderência comum aos direitos reais, o direito é na coisa, própria ou de outrem (*ius in re propria* ou *ius in re aliena*). Como leciona José Serpa de Santa Maria, [NA] referindo-se ainda ao Código Civil de 1916: "Constituído um direito real pelo proprietário de um certo bem, este vincula-se de imediato, como é de sua natureza, ao bem que lhe serve de objeto, como se depreende dos próprios termos do artigo 677 do Código Civil".[337]

No sistema jurídico contemporâneo, a propriedade resta positivada entre os direitos e garantias do cidadão, enquanto princípio jurídico de garantia da propriedade privada,[338] e se relativiza diretamente por outro princípio jurídico, igualmente positivado, que é o de sua função social,[339] e ambos se hierarquizam axiologicamente perante os casos concretos, informando sempre materialmente o direito de acesso à propriedade de modo a instrumentalizar o domínio.

Daí a lição de Ruy Rubem Ruschel:

> Na nova Constituição, a propriedade privada está intimamente presa a sua função social. São dois conceitos complementares. Quando no artigo 5º é garantido o direito de propriedade (inciso XXII), logo se acrescenta que "atenderá a sua função social" (inc. XXIII). E no artigo 170, ao estabelecer o princípio da propriedade privada como um dos fundamentos da ordem econômica brasileira (inc. II), volta a juntar a este o de sua função social (inc. III).[340]

Perlingieri edifica importantíssima construção teórica a incorporar elementos obrigacionais no direito de propriedade, com base na

---

[336] COSTA, Mario Júlio de Almeida. *Noções de direito civil*. 3. ed. Coimbra: Almedina, 1991, p. 24-25: "Não se registra unanimidade relativamente a questão posta, embora os autores modernos propendam para afastar do conceito de obrigação em sentido técnico a nota da autonomia. Também assim se procedeu no actual Código Civil (art. 397º). Sendo certo que tudo resulta do ponto de vista em que nos coloquemos: o da estrutura ou o da função. Por um lado essas situações do segundo tipo (obrigações não autónomas ou dependentes) apresentam os mesmos elementos estruturais das obrigações em sentido técnico. Mas, por outro lado encontram-se funcionalmente ligadas aos direitos de que são uma consequência e em torno dos quais gravitam. Logo, não parece forçoso excluir as obrigações não autónomas ou institucionalizadas do conceito técnico de obrigação. Todavia o seu regime – posto que basicamente coincida com o das obrigações autónomas – pode comportar particularidades derivadas da relação preexistente, que justifiquem, portanto, o seu enquadramento e estudo na órbita desta".

[337] SANTA MARIA, José Serpa de. *Direitos reais limitados*. Brasília: Brasília Jurídica, 1993, p. 23.

[338] Art. 5º, inc. XXII, CF/88.

[339] Art. 5, inc. XXIII, CF/88.

[340] RUSCHELL,Ruy Rubem. *Direito constitucional em tempos de crise*. Porto Alegre: Sagra Luzatto, 1997, p. 155.

afinidade entre o direito das obrigações e o direito real, enquanto ramos do direito patrimonial, construindo um *tertium genus* funcionalizador do instituto.[341]

Gilissen inicia seu capítulo dedicado ao direito das coisas, ofertando um conceito de propriedade, onde a denomina real e a trata como pessoal: "O direito de propriedade é um direito real, ou seja uma relação entre uma pessoa e todas as outras relativamente a um bem; um direito real é oponível *erga omnes*".[342]

Quando se toma o Código Civil,[343] a fim de apreciar o direito de propriedade, este se apresenta quase ilimitado, somente se reduzindo perante o direito de propriedade de outrem, como se visualiza nos direitos de vizinhança.[344] Uma visão sistemática do instituto, como necessariamente há de ser, conduz ao entendimento de que a propriedade obriga, exatamente por ser informada pelos princípios jurídicos que a contornam e conformam.

O direito de propriedade resta inserido dentro de um todo, e deve ser apanhado perante este todo. A propriedade,[345] nem que seja pelo seu uso, deve servir ao bem da comunidade. A vinculação social da propriedade, através de princípio jurídico, implica a negativa de que o interesse individual do proprietário sobreponha-se incondicionalmente aos interesses de uma coletividade.

Isso é expressão de outro princípio jurídico (então estruturante), que se densifica através daqueles já abordados, que é o princípio do pluralismo. Emerge do exposto que além de um direito de exigir do Estado e da coletividade uma abstenção para viabilização do domí-

---

[341] PERLINGIERI, Pietro. *Perfis do direito civil*. Rio de Janeiro: Renovar, 1997, p. 201-241. A questão pela qual é importante avançar a ideia concebida pelo autor, reside no fato de que apesar de apregoar a necessidade da revisão do conceito de propriedade, não a procede em efetivo, oferecendo uma resposta que termina por não encontrar guarida no sistema, sem que se entenda revogados grande parte de dispositivos infraconstitucionais, por incompatíveis com o tratamento dado. Porém, a postura do autor, contemporânea e muito mais compatível com a metodologia moderna do que a observável na manualística, há de ser estudada e compreendida, traduzindo inacobertáveis avanços ao Direito Civil, e elementos que se mostraram de enorme valia e suporte, no construir desse estudo.

[342] GILISSEN, John. *Introdução histórica ao direito*. 2. ed. Lisboa: Calouste Gulbenkian, 1995, p. 633.

[343] Justamente pela razão que a exegese tradicional compreende o domínio inserido dentro do conceito de propriedade, e isso já restou demonstrado não perfazer a melhor interpretação dentre as possíveis.

[344] Quando de sua concepção, as codificações eram observadas como a Constituição do indivíduo, reservando-se ao teor das normas constitucionais um conteúdo meramente programático, objetivando mais a conformação e limitação do Estado do que os indivíduos, conforme o sistema individualista que teve seu auge no séc. XIX, centrado nas relações interprivadas e não intervenção estatal.

[345] No sentido físico de bem.

nio, a propriedade traz obrigações em seu bojo, que é justamente a de sua funcionalização, com o exercício do domínio em prol da coletividade.

Sobre o expendido, assim se manifesta Karl Larenz:

> *La propriedad, a tenor del Código civil, no es ciertamente, como hemos visto, un derecho ilimitado. Ello no obstante, concede al proprietario facultades muy amplias. Los creatores de Código estaban aún lejos de pensar que el propietário debiese ejercitar su derecho, no a su albedrío, sino sólo de modo compatible con las necesidades elementales de la comunidad, tal como se derivan de la convivencia en un espacio limitado. Consignas tales como «planificación del espacio», «planificación comarcal», «planificación urbana», protección de la naturaleza y del paisage», «prevención de la contaminación ambiental», eran aún desconocidas en aquel tiempo. Los autores del Código civil percibieron únicamente que el propietario de un fundo ha de aceptar ciertas reducciones en su uso basadas en la utilización de los fundos vecinos. Por lo demás, confiaban al Derecho público las limitaciones invitables.*[346]

Consoante exposto, no direito pátrio ocorreu o mesmo, como se vislumbra em nosso Código Civil, cujas limitações impostas ao Direito de Propriedade decorrem dos direitos de vizinhança.

Para que se efetive o mandamento constitucional de funcionalização da propriedade, há de ser revisto o respectivo conceito, que ainda a trata como direito absoluto, eis que alimentado pela pandectista.[347]

Isto se faz possível com a extração do domínio do conceito de propriedade, voltando-o para um que lhe seja próprio e dando-lhe um tratamento contemporâneo à luz do sistema, de modo a que se admita uma interpretação dos dispositivos do Código Civil à luz da Constituição.[348]

Nos são conhecidos os fundamentos axiológicos inerentes à propriedade e do princípio de acesso à mesma, decorrentes de toda a concepção liberal. Cumpre referenciar, agora, para que bem se compreenda o princípio da função social da propriedade, quais são seus fundamentos axiológicos, no âmbito de um Estado Social, tal qual o positivado em nossa Lei Maior.

---

[346] LARENZ, *Derecho* ..., p. 78-79.

[347] TEPEDINO, Gustavo. Contornos constitucionais da propriedade privada. In: *Estudos em homenagem ao professor Caio Tácito*. Rio de Janeiro: Renovar, 1987. p. 325-326. **[NA]** Da mesma forma em TEPEDINO, Gustavo e SCHREIBER, Anderson. A garantia da propriedade no direito brasileiro. *Revista da Faculdade de Direito de Campos*, Ano VI, n° 6 – Junho de 2005.

[348] RUSCHEL, op. cit., p. 155. Gize-se que as normas do Código restariam revogadas caso não se adequassem a uma interpretação conforme a *Lex Maxima*, bem como as faculdades no bem, ao invés de desaparecerem, se deslocam para o domínio em sua autonomia, porém se depreende de Ruschel, o entendimento de que a propriedade instrumetaliza o domínio, somente sendo oponível esta quando o bem resta funcionalizado.

Posta de lado tal ilusão liberal, de que os interesses de um indivíduo hão sempre de coincidir com os da coletividade, o sistema jurídico tem de encontrar um instrumento, positivo ou positivável, que assegure que a propriedade não se alheie do benefício social que pode ou deve decorrer dela.

A primeira tentativa de limitar o Direito de Propriedade se expressou na Teoria do Abuso de Direito. Nenhum direito, em especial o de propriedade, poderia ser exercido de forma abusiva. Ocorre que a própria propriedade em si (intrinsecamente) era tida como ilimitada, pois a limitação seria extrínseca do direito em tela, incidindo sobre os atos emulativos deste.

Tal postura dá margem a distorções, fruto do abstratismo que decorre da abordagem eminentemente formal a que conduz, a citar:

POLUIÇÃO URBANA – ESTABELECIMENTO INDUSTRIAL – DIREITO DE VIZINHANÇA – Inadmissível a interdição de estabelecimento industrial, ainda que poluente, se instalado anteriormente à ocupação da área por particular, não se comprovando o liame de causa e efeito em relação aos danos sofridos, nem existindo dispositivo legal que enquadre a atividade como poluidora.[349]

Esta teoria, bem como as demais que orbitam à sua volta, não se mostram adequadas para a resolução do problema, eis que, ainda por força das raízes pandectistas que impregnam o Direito, em suma, acaba-se por vislumbrar a propriedade ilimitada, tal qual o era nos séculos anteriores, a ponto de provocar as seguintes assertivas de Serres:

Monopolizada pela ciência e pelo conjunto das técnicas associadas ao direito de propriedade, a razão humana venceu a natureza exterior, num combate que dura desde a pré-história, mas que se acelerou de maneira grave na revolução industrial, quase contemporânea daquela cujo bicentenário comemoramos – uma técnica, a outra política. Mais uma vez, é preciso estatuir acerca dos vencidos, escrevendo o direito dos seres que não o têm.

Pensamos o direito a partir de um sujeito de direito, cuja noção progressivamente se ampliou. Não era qualquer um que outrora tinha acesso a ele: a Declaração dos direitos do homem e do cidadão deu a possibilidade a todo o homem em geral de ter acesso a este estatuto de sujeito de direito. O contrato social então se completava, mas encerrava-se em si, deixando fora o mundo, enorme coleção de coisas reduzidas ao estatuto de objetos passíveis de apropriação. Razão humana maior, natureza exterior menor. O sujeito do conhecimento e da ação goza de todos os direitos e seus objetos, de nenhum. Ainda não tiveram acesso a nenhuma dignidade jurídica. Isto porque, desde então, a ciência tem todos os direitos.

É por isso que necessariamente entregamos as coisas do mundo à sua destruição. Dominadas, possuídas, do ponto de vista epistemológico, menores na consagração pronunciada pelo direito. Elas nos recebem como anfitriãs, sem as quais, amanhã,

---

[349] Ap. Cível 45.501-1, 1ª C. Cível do TAMG, Rel. Juiz Schalcher Ventura, v.u., 22.02.90.

deveremos morrer. Exclusivamente social, nosso contrato se torna mortífero para a perpetuação da espécie, sua imortalidade objetiva e global.[350]

Sem dúvida, o supratranscrito autor, atacando a dogmática clássica, toca ponto nevrálgico do problema: a visão de sistema jurídico fechado e excludente, em que direito é oposto a direito, fundados em decrépitos conceitos aos quais a manualística insiste em recorrer.

A solução para tanto somente pode ser encontrada na postura necessariamente teleológica que haverá de ter o intérprete,[351] vinculado ao sistema jurídico, na qual os direitos são informados por considerações finalistas, eis que a rede axiológica que o forma resta teleologicamente orientada.

Tal postura decorre do próprio teor de nossa Lei de Introdução às Normas do Direito brasileiro (ex-LICC),[352] que prevê que a norma jurídica há de atender a sua função social, quando de sua interpretação, ou seja, quando se positiva, tendo em vista que somente é possível se compreender uma norma afetada a um caso concreto, na lição de Konrad Hesse.[353]

A propriedade, enquanto direito subjetivo, justifica-se por suas razões de realização pessoal e de utilidade social. Decorre daí que tanto a função social como a pessoal hão de informar o seu exercício, tal qual informam o próprio direito. Nesse sentido:

> Relevo adquire a ação de autoridade pública quando obsta a destruição desenfreada, mormente quando não se retira do lucro uma fatia para se recompor o dano causado, deixando-o ao imprevisto das intempéries, que muitos creditam como reação da natureza aos que a agridem.

---

[350] SERRES, Michel. *O contrato natural*. Rio de Janeiro: Nova Fronteira, 1991, p. 48. **[NA]** Esta perspectiva do sujeito de direito o coloca como senhor das coisas. Uma visão como esta contribui para a utilização irracional dos recursos ambientais, o que, em nosso tempo, traz preocupações sobre a preservação humana na terra. Para corroborar com a crítica realizada por este autor, tem-se duas recentes consequências de uma visão exploratória por parte dos seres humanos: as catástrofes ambientais ocorridas em 11.03.11. A cidade de São Lourenço do Sul, no interior do Rio Grande do Sul, dizimada pela água e os desastres naturais ocorridos Japão, com riscos de danos ainda maiores, agora, de natureza nuclear.

[351] Neste sentido, FREITAS, Juarez. *Interpretação sistemática do direito*. São Paulo: Malheiros, 2002, p. 24: "Ao interpretar qualquer comando principiológico, o intérprete deve auscultar os fins para os quais restou erigido, na atualidade, o sistema".

[352] Art. 4º da LINDB.

[353] HESSE, Konrad. *Escritos de derecho constitucional*. Madrid: Centro de Estudios Constitucionales, 1983, p. 44-45: "«Comprender» y, con ello, «concretizar» sólo es posible con respecto a un problema concreto. El interprete tiene que poner en relación con dicho problema la norma que pretende entender, si quiere determinar su contenido correcto aquí y ahora. Esta determinación, así como la «aplicación» de la norma al caso concreto, constituyen un proceso único y no la aplicación sucesiva a un determinado supuesto de algo preexistente, general, en si mismo compreensible. No existe interpretación constitucional desvinculada de los problemas concretos".

Afinal, em todo o ato administrativo busca-se situar em seu elemento-fim a causa *finalis* que se concentra ou repousa no preponderante interesse coletivo.[354]

Tal limitação decorrente é intrínseca ao instituto em pauta, sendo, portanto, interna do mesmo. Distinguem-se duas intervenções no direito de propriedade, fruto de sua função social. A primeira tem cunho limitador de tal direito, de modo que seu exercício ou oponibilidade não se revele prejudicial à pluralidade da coletividade. A segunda intervenção é impulsionadora, intervindo de modo ativo, para que da propriedade derive um resultado socialmente valioso. Não é possível, portanto, aceitar a noção de que o conjunto de limitações impostos à propriedade é formal, eis que se mostra material, ante o conteúdo axiológico que traduz.

A propriedade obriga ante sua função social, e isso nada tem de formal. Superadas de muito as premissas kelsenianas, pela moderna metodologia jurídica, não se pode conceber o ordenamento como um mero modelo formal.[355]

Há conteúdo formal no mesmo, e deve ser observado, porém, indiscutivelmente, o sistema é axiológico, preponderando, inclusive, o conteúdo de valores sobre o formal, sob pena de colocar o próprio sistema em contradição material. Há de ser referenciada a lúcida noção que Fachin traz sobre a função social da propriedade:

> O processo histórico de apropriação do homem sobre a terra se desenvolveu de modo artificial, e em cada época a propriedade constituiu-se de contornos diversos, conforme as relações sociais e econômicas de cada momento. O grau de complexidade hoje alcançado pelo instituto da propriedade deriva indisfarçavelmente do grau de complexidade das relações sociais.
>
> Tal princípio não chega a afirmar que o trabalho se constitui no único modo de ter a propriedade: afirma que somente o trabalho do homem sobre a terra é que legitima a sua propriedade. Como se vê são duas posições não excludentes, contudo, basicamente distintas. A primeira consiste numa inversão entre domínio e trabalho; a segunda tão-somente inclui no bojo do domínio o elemento trabalho, como fator de legitimação, mas não como condição *sine qua non* para adquirir o direito de propriedade.[356]

O novo contorno dado ao direito de propriedade foge do domínio do direito privado, imiscuindo-se no direito público, como em nossa

---

[354] Ap. Cível 4.968/89, 8ª C. Cível do TJRJ, v.u., 14.08.90.

[355] FREITAS, Juarez. *A Interpretação ...*, p. 27: "Tendo presentes estas prévias ressalvas, impõe-se – antes de oferecer um conceito de sistema jurídico em harmonia com a ampliada e ampliadora racionalidade intrersubjetiva ou comunicativa, e brotando do exercício consequente da mesma – que se consigne, uma vez mais, que a noção procurada deverá contrastar com todas aquelas que não se mostraram aptas a cumprir o precípuo papel de, na lúcida dicção de Claus-Wilhelm Canaris, traduzir e realizar a adequação valorativa e a unidade interior da ordem jurídica".

[356] FACHIN, Luiz Edson. *A função social da posse e a propriedade contemporânea.* Porto Alegre: Sergio Fabris, 1988, p. 18.

época vem ocorrendo no Direito como um todo,[357] bem como, à luz da visão sistemática da ciência jurídica contemporânea, traz dinamicidade ao instituto em tela, ante os conceitos abertos que decorrem dos princípios que concorrem, relativizando-se consoante o caso concreto.

O Direito Civil resta constitucionalizado, "publicizado", por se alimentar de valores que fogem de sua regulação e o imbricam em um sentido de coletividade e cidadania, classicamente inconcebíveis na espécie.

Não pode mais o civilista atuar com conceitos estanques em matéria de propriedade, ante a dinâmica do pensamento sistemático e a compreensão do sistema jurídico como aberto, inclusive no que tange aos Direitos Reais, que apesar de *numerus clausus*, não formam e nem podem formar um sistema próprio e fechado, em uma abstrata e falsa independência.[358]

Compreendido o conceito de domínio como autônomo, trazendo todo o conteúdo de relações entre o indivíduo e o respectivo bem da vida, ao conceito de propriedade caberá apenas a relação entre o indivíduo e os demais, em razão do bem da vida, como deixa entrever Tepedino,[359] quando expõe se tratar de um direito intersubjetivo que se legitima em consonância com a relação concreta em que se insere.

Como decorre naturalmente do acima expendido, nesse segundo desdobramento, o bem da vida é objetivado de forma indireta, na medida em que a propriedade regula a relação dos indivíduos em razão do bem, sendo portanto objeto direto do vínculo, a relação entre os indivíduos.

Repisando a sempre presente lição de Lacerda de Almeida,[360] quando se trata de propriedade está o intérprete em âmbito obrigacional, estando somente em âmbito real quando estiver tratando o

---

[357] Neste sentido, FACHIN, *Estado, posse e propriedade: do espaço privado à função social.* Curitiba, 1997, p. 1, texto não publicado: "O exame de novas tendências, especialmente as limitações incidentes sobre a propriedade, remete por isso mesmo à análise de um paradoxo: de um lado, a recuperação discursiva da *publicização de espaços classicamente privados*, e de outro, o processo em marcha de privatização do Estado".

[358] Nesse sentido, saliente-se que somente se concebe o sentido do princípio da taxatividade dos direitos reais, no que se refere a sua positivação legal e jamais no que tange à positivação pela via interpretativa, eis que a interpretação como via colmatadora de lacunas é realidade inafastável ao operador do direito moderno.

[359] TEPEDINO, Gustavo. Contornos constitucionais da propriedade privada. In: *Estudos em homenagem ao professor Caio Tácito.* Rio de Janeiro: Renovar, 1997, p. 321.

[360] ALMEIDA, Francisco de Paula Lacerda de. *Direito das cousas.* Rio de Janeiro: J. R. dos Santos, 1908, 1910, p. 37-38. v. 1-2, onde assim refere o autor. "No Direito das Cousas constituem objecto do direito a propriedade e os direitos della separáveis; no Direito das Obrigações as prestações, o acto do devedor obrigado. Coherentemente são reaes os direitos classificados na primeira cathegoria; exercem-se directamente sobre o seu objecto, a cousa; na segunda pessoaes só indi-

domínio e, ainda assim, poderá deixar de ter em conta o conteúdo obrigacional que advém ao titular.

Na lição de Ruschel, **[NA]** ainda se referindo ao Código de 1916, observa-se o tratamento do domínio como autônomo à propriedade, a relativização dessa e a negativa de possibilidade de oposição da propriedade como instrumentalizadora do domínio, quando o bem não resta funcionalizado, bem como a premissa de que a revisão em tela há de se iniciar pela definição de propriedade, enquanto instituto:

> Ora, o Código Civil foi elaborado dentro de outro contexto. Em 1916 vigorava sistema constitucional individualista que garantia o direito de propriedade "em toda sua plenitude" (art. 72, § 17, da Const. de 1891). Está em tempo de reinterpretar os arcaicos dispositivos do Código Civil. É necessário atualizar o sentido, espanejando-o da parte que foi tacitamente revogada pela Constituição Federal de 1988.
>
> A definição de propriedade contida no art. 524 do C.C.(NA: repisada no 1.228 do CC atual) não mais pode ser tida em seu absolutismo original. Não há mais o *jus utendi et abutendi*. O "direito de usar, gozar e dispor de seus bens" tem limites. Deve ser entendido dentro da cláusula implícita: "segundo sua função social". Em outras palavras, o proprietário só está autorizado juridicamente a usar, gozar e dispor de seus bens enquanto tal atividade esteja a serviço da função social que é ínsita na propriedade.
>
> Uma das conseqüências dessa releitura do artigo 524 (NA: hoje 1.228CC) se projeta na definição de posse do art. 485 (NA: hoje 1.196 CC) do mesmo Código. Para alguém ter "de fato o exercício pleno ou não, de algum dos poderes inerentes do domínio", é preciso que esteja a usar ou gozar do bem *secundum beneficium societatis*. Ou, no mínimo, ter a coisa à disposição para o mesmo fim.[361]

Relendo-se a lição de Ruschell, sob os auspícios da metodologia ora proposta, de fato não há mais o *jus utendi et abutendi* em sede de propriedade, eis que em se tratando estes de faculdades *in re*, restam deslocados para o domínio, o qual a propriedade tão somente instrumentaliza.

E para que a propriedade como instrumentalizadora do domínio seja compreendida, há de ser vislumbrada teleologicamente, segundo os fins que atende frente à comunidade onde se insere. Quando ao direito de propriedade se emparelha sua função social, o exercício dominial condiciona-se ao bem-estar geral, exsurgindo uma certa concepção tomista de propriedade.[362]

---

rectamente podem ser execidas sobre seu objecto, a prestação, pois esta é acto ou omissão do devedor e delle depende".

[361] RUSCHEL, op. cit., p. 155. (RA: Com finalidade de auxiliar o leitor no contexto da presente obra, indicou-se os artigos correspondentes na codificação atual, posto que a arquitetura da Codificação de 2002, em matéria de Direitos Reais, apenas repete a disciplina jurídica da de 1916).

[362] TRF da 1ª Região. *A Constituição na Visão dos Tribunais*. São Paulo: Saraiva, 1997, p. 52 e 53.

Observe-se que de modo algum isso cancela o direito individual do proprietário, porém o relativiza de modo a não restar positivado no sistema contemporâneo, como o foi na concepção pandectista. Portanto, a efetiva compreensão da propriedade há de ser teleológica e fundamentalmente tópica, eis que inexiste em um país de dimensões continentais e de contrastes regionais e sociais tão fortes, como no Brasil, uma fórmula do conteúdo de funcionalização que a compõe.

A noção que Rodotà traz na análise dos termos **função** e **social** são de profunda significação nesse sentido:

> Dilucida que o termo função opõe-se a estrutura, servindo para mostrar a maneira de operacionalizarmos um direito ou um instituto, demonstrando seus caracteres particulares e notórios. No momento em que a ordem jurídica reconhece que o exercício dos poderes do proprietário não deveria ser protegido apenas para a satisfação de seu interesse, a função da propriedade passa a ser social.[363]

Como os aspectos negativo e positivo do proprietário não convivem em um mesmo conceito, o positivo (*in re*) é integrante de conceito diverso, e o negativo (*in personae*) se encontra no conceito de direito de propriedade, podendo o estatuto proprietário ser completamente relido à luz de sua funcionalização.

O aspecto negativo da propriedade para a doutrina é a faculdade da exclusão de todos os indivíduos, da ingerência do bem da vida do respectivo titular, através de uma obrigação negativa universal, de abstenção em relação ao bem, que resulta na oponibilidade *erga omnes*, que é princípio de direitos reais.

O conteúdo das titularidades em que se encontra a propriedade é instrumentalizador dos respectivos direitos reais, com o fito de possibilitar sua tutela no regime jurídico obrigacionalizado em face do princípio da legalidade,[364] que é estruturante do regime de um Estado Constitucional, ao lado de outros, conformadores do ordenamento jurídico.

Nessa medida, tal aspecto negativo se corporifica em uma obrigação, que liga o bem, enquanto objeto ao titular, enquanto sujeito ativo e os demais indivíduos (no sentido pluralizado ou singularizado de sujeito ou coletividade), bem como ao próprio Estado. Todos estes restam vinculados pela propriedade, neste aspecto do instituto.

Inexistem obrigações *in re*. São inconcebíveis obrigações na coisa, somente se admitindo obrigações em virtude da coisa e, ainda assim,

---

[363] TRF da 1ª Região. *A Constituição na Visão dos Tribunais*. São Paulo: Saraiva, 1997, p. 52.

[364] Art. 5º, II, CF/88.

não estaremos a tratar de direitos reais, e sim, obrigacionais e de obrigações em virtude da titularidade.

Quando se opõe propriedade contra alguém, a base do respectivo direito subjetivo consiste na obrigação passiva universal deste em relação ao bem. A coisa é objetivada de modo indireto, e não se estaria a exercer direito algum na coisa, e sim, contra outro sujeito. A coisa será afetada de modo indireto em razão da obrigação do sujeito passivo.

Ademais, outra característica dos direitos reais é a de que para o exercício das respectivas ações decorrentes dos direitos subjetivos que compõem o domínio (usar, fruir, dispor, possuir, destruir, gravar etc.) o sujeito não precisa de nenhuma intervenção externa, eis que o vínculo se dá entre sujeito e coisa, e esta última não possui faculdades de resistir à pretensão de seu titular.

Ocorre que não se pode exercer ação reivindicatória, sem intervenção do Estado, eis que não se pode autotutelar[365] o direito, e tal tutela se dará perante outro sujeito, em razão da titularidade, e não perante o bem que indiretamente será afetado.

Observe-se que o desforço imediato que admite autotutela em nosso Código,[366] em primeiro lugar, não se trata de regra, e sim, de exceção e, em segundo lugar, não é uma primazia de detentores de direito real, eis que o possuidor de bem pela via da locação tem sua posse legitimada por direito obrigacional e faz jus ao desforço imediato.

Nesse passo, tal obrigação passiva universal, que perfaz a pretensão advinda do direito subjetivo de propriedade, não está na seara do direito real, mesmo que o bem seja indiretamente objetivado, pois que para sua tutela exige intervenção estatal pela via do Judiciário e, necessariamente, haverá um sujeito passivo.

Repisa-se, inexistiria o porquê da positivação do direito de propriedade, senão em virtude dos demais indivíduos perante o proprietário. Observe-se que qualquer obrigação patrimonial[367] objetiva indiretamente um bem e nunca se viu a manualística cogitar de classificá-la como direito real.

---

[365] Em regra.

[366] Pode-se dizer, hoje, que o desforço imediato pode carecer de amparo no sistema, pois a patrimonialidade prima sobre a dignidade da pessoa humana, ao nosso ver, por razões só relativamente justificáveis, emergindo daí uma possível inconstitucionalidade substancial. **[NA]** Sobre este tema, entende-se relevante identificar quais os bens jurídicos que se põem em choque, de forma que o desforço apenas possa atingir bens jurídicos de mesma hierarquia. Ou seja, no conflito entre propriedade e vida, não restará dúvidas que a vida de ter prioridade.

[367] Por exemplo, a de entregar coisa certa ou mesmo incerta.

Tal tratamento em nada difere do que se observa na doutrina,[368] porém o que se mostra forçoso é que siga classificando tal, como direito real sem sê-lo, tão somente com o fito de apregoar se tratar de direito absoluto, nos moldes do tratamento medieval.[369]

Como visto, propriedade se constitui, objetivamente, de um direito relativo, composto de prestações jurídicas positivas e negativas, enquanto uma obrigação bilateralizada entre o titular e os demais indivíduos, em um sentido macro, a englobar a coletividade e o Estado, fundada na convivência conflitual dos princípios da função social e da propriedade privada, constituindo o que Salvatore Pugliatti sugere: a substituição do conceito monolítico de propriedade por uma fórmula plural, aberta e axiologicamente cambiável.[370]

Os demais sujeitos (aparteados da relação de titularidade) devem abstenção ao proprietário, que pode opor sua propriedade contra todos e cada um, para possibilitar o seu pacífico exercício do domínio. Já estes podem exigir do proprietário a funcionalização do domínio, de acordo com os casos concretos, objetivamente vislumbráveis topicamente, de modo que o bem da vida, por seu uso, fruição, posse, disposição, e demais faculdades, seja útil ao coletivo.

A propriedade que anteriormente tinha uma função nitidamente individual, hoje se socializa, em uma transição a refletir a "repersonalização" e a "constitucionalização" do Direito Civil:

> A expressão "destinação social" opõe-se à expressão "destinação individual". "Social" e "individual" são pólos da mesma esfera que se contrapõem, antiteticamente. Em nossos dias, a destinação social da propriedade põe-lhe em relevo um traço que inexistia na propriedade romana. Se a propriedade, "total sujeição jurídica de uma coisa", "domínio completo de um objeto corpóreo" (Puchta), foi, até fins do século XVIII, considerada como um direito subjetivo do proprietário, nos dois últimos séculos passou a ter uma função eminentemente social.[371]

---

[368] AZEVEDO Álvaro Vilaça. *Teoria geral das obrigações*. São Paulo: RT, 1997, p. 20. O ilustre professor paulista é citado aqui para demonstrar o tratamento dado pela doutrina, mesmo que conservadora, para divisão dos *ius in re* e *ius in personae*, no sentido de que quando se trata de propriedade não se versa sobre os direitos na coisa, mas sim pessoais, para a defesa do bem da vida, que é objetivado de maneira indireta: "Desses direitos patrimoniais destacam-se, primeiramente, os direitos reais, que estão assentados sobre um objeto especificamente considerado em determinado patrimônio, é o *ius in re*, o direito recaindo sobre a coisa, que foi assim conceituado pelo grande jurista Lafayette Rodrigues Pereira: 'O direito real é o que afeta a coisa direta e imediatamente, sob todos ou sob certos respeitos, e a segue em poder de quem quer que a detenha'. Pelo direito real a coisa fica sujeita, diretamente, à vontade de seu titular, que exerce esse direito sem intervenção de quem quer que seja".

[369] Tal enfoque se justifica, principalmente no âmbito da questão agrária.

[370] *Apud* TEPEDINO, Gustavo. A nova propriedade: o seu conteúdo mínimo, entre o código civil, a legislação ordinária e a Constituição. *Revista Forense*, São Paulo, v. 306, p. 75, 1991.

[371] CRETELLA JÚNIOR, José. *Comentários à Constituição federal de 1988*. 3. ed. São Paulo: Forense Universitária, 1992. v. 1.

Consoante a lição de Duguit, a propriedade individual vem perdendo seu caráter absoluto e intangível dos tempos da Revolução Francesa e da aurora das codificações, para tornar-se uma situação objetiva, na qual imperam os deveres impostos aos proprietários cujas prerrogativas se condicionam a satisfação de tais deveres diante da utilidade pública, no seu sentido amplo, que alcança o bem.[372]

[NA] Ainda que mais atual em data, do que a Carta Constitucional, o Código Civil não contempla sua racionalidade prospectiva,[373] por esta razão, ainda se afirma que o Código há de ser lido em consonância com a Constituição, repersonalizando-se o estatuto proprietário que nas próprias palavras do autor do Código Civil, não perfaz direito absoluto, sendo, portanto, relativo e, assim, pessoal:

> Parece claro que, tendo a propriedade por fundamento a necessidade orgânico-psíquica de satisfazer ao instinto de conservação, de origem animal, que a convivência social assegura e modifica, e sendo a sociedade o meio em que é possível existir o homem, nem pode a sociedade tornar-se dona das terras ou de certa categoria de imóveis, nem cabe aos indivíduos direito absoluto de dispor das terras que ocupam.[374]

Há, pois, de prevalecer o interesse social sobre o individual, na concorrência dos dois princípios que positivam tais valores, que é o da liberdade e o ora preponderante princípio da igualdade a relativizar o da liberdade. Nesse sentido, Beviláqua vai além referindo que a própria riqueza, que vai bem além da propriedade, há de se funcionalizar:

> M.I. Carvalho de Mendonça, inspirando-se em Augusto Comte, expõe a teoria do capital humano, ou instituição da propriedade, em que certas idéias coincidem com as que acabam de ser apontadas. Mostra a cooperação no espaço e no tempo, indispensável à criação e à conservação do capital humano, de onde resulta que a riqueza tem origem social e deve ter destino social.[375]

Na esteira do exposto, urge uma completa reconceituação da propriedade, para que bem se apanhe o instituto como redesenhado no sistema jurídico e redefinido, em seus parâmetros, pela própria doutrina moderna, eis que os contornos dados pela civilística clássica já não são fronteira passível de abrigar o conteúdo contemporâneo do instituto.

---

[372] DUGUIT, Léon. *Traité de droit constitutionnel*. 3. ed. Paris, 1930, p. 388. v. 3.

[373] FACHIN, Luiz Edson. *Teoria Crítica do Direito Civil*. Rio de Janeiro: Renovar, 2003.

[374] BEVILÁQUA, Clóvis. *Direito das coisas*. 5. ed. Rio de Janeiro: Forense, 1956, p. 114. v. 1.

[375] Idem, ibidem, p. 115.

13. Os novos contornos da propriedade privada

A "repersonalização" do Direito é fenômeno verificável desde a Revolução Industrial, não tendo o estatuto proprietário passado sem alterações, como faz crer a sistemática civilista tradicional, impondo-se um reexame dos conceitos que a embasam, pela via metodológica contemporânea da Interpretação Sistemática do Direito.

O freio social imposto pela influência da Jurisprudência dos Conceitos no pensamento jurídico clássico, que persiste em grande parte da produção jurídica brasileira em Direito Civil, através da manualística, chegou a exigir atenção do Legislativo, como reflexo da inquietação social resultante da passividade com que a dogmática enfrenta a matéria, contribuindo para um *status quo* patrimonialista e exclusivista, contrário ao regime de um Estado Social.

O destaque se justifica em razão de que, via de regra, em face das dificuldades do processo legislativo, tais alterações advêm posteriormente à mutação interpretativa consolidada. No sentido da sistematização que ora se procede, há de ser consignado que a própria *voluntas legislatoris* do Estado Social não guarda sintonia com a do Estado Liberal.

O Poder Legislativo pátrio há muito vem buscando novos contornos ao estatuto proprietário, oferecendo vasto tratamento legal à matéria, do qual o mais importante, sem dúvida, reside na positivação, não recente, do princípio da função social.

Na pauta do tema, cumpre remessa à lição do professor Ferreira de Souza, na condição de Senador, perante a Comissão Constitucional do Senado, no já distante 1º de maio de 1946:

> Se há conceito que vem sofrendo, nos últimos tempos, certas modificações aceitas por todos aqueles que se preocupam com os problemas da justiça social, é o da propriedade. Não estamos mais nos tempos da propriedade quiritária, nem naqueles em que ela se definia como o direito de usar, gozar e abusar de uma coisa qualquer. Foram-se os tempos, a época em que a propriedade era considerada um atributo individual.

Propriedade e Domínio – A TEORIA DA AUTONOMIA **141**

Hoje, sociólogos e juristas estão de acordo em que a propriedade, se não era uma necessidade social, tem agora essa função. Sem se atentar nessa função social, ela se tornaria instituto quase injustificável.[376]

Observe-se que, tal como antes asseverado com arrimo em Ruschell, Pinto Ferreira extrai as relações *in re* do conteúdo do instituto, deixando ao mesmo somente seu aspecto negativo, ou seja, da relação entre o titular e os demais, que, portanto, é pessoal e não real, apesar de sê-lo em virtude da *res*:

Os direitos reais, como se disse, são absolutos. Opõem-se e impõem-se a todas as pessoas. Atuam erga omnes, de modo que não têm sujeito passivo determinado. Todas as pessoas o são. Assim, ninguém pode impedir ou perturbar o proprietário no uso, gozo ou disposição de seus bens. Ninguém pode violar-lhe injustamente a posse desses mesmos bens. Tais direitos lhe pertencem, como direitos absolutos. Pelo art. 524 do Código Civil, todas as pessoas têm de respeitá-los. É esse o pensamento da escola chamada personalista, baseada na filosofia de Kant, que se opõe à escola dita realista, segundo a qual o que caracteriza o direito real é a relação direta do seu titular para com a coisa, sem qualquer intermediário.[377]

Em âmbito de propriedade temos, no que tange à sua prestação jurídica negativa,[378] um ou mais sujeitos ativos, que se legitimam através da titularidade e os demais indivíduos, todos são sujeitos passivos da relação proprietária, por ser *erga omnes*.

Esses sujeitos passivos possuem para com o titular ou os titulares uma obrigação de não fazer qualquer espécie de ingerência no bem da vida. Tal obrigação a vincular os demais indivíduos na condição de sujeitos passivos se positiva no sistema jurídico na medida em que inexiste vínculo direto entre esses e o respectivo sujeito ativo.

É indiscutível o fato de a lei ser uma das fontes das obrigações. Classicamente, temos como fonte das obrigações a vontade do Estado, que se perfectibiliza na lei, segundo o princípio da legalidade e a vontade individual, que se divide em lícita e ilícita, sendo a primeira subdividida em contrato, vontade unilateral e quase contrato e a segunda, subdividida em delito (ato ilícito doloso) e quase delito (ato ilícito culposo).[379]

Portanto, da norma jurídica nascem também obrigações que vinculam, como por exemplo, a obrigação dos pais em relação aos filhos menores e se implementa em face do fato da paternidade ou

---

[376] *Apud* CRETELLA JÚNIOR, José. *Comentários à Constituição Federal de 1988*. 3. ed. São Paulo: Forense Universitária, 1992, p. 188. v. 1.

[377] CORRÊA, Luiz Fabiano. Comissão dos direitos reais e obrigacionais. *Revista dos Tribunais*, São Paulo, n. 744, p. 716, 1997.

[378] Dever de abstenção universal.

[379] AZEVEDO, Alvaro Villaça. *Teoria geral das obrigações*. 6. ed. São Paulo: RT, 1997, p. 45.

maternidade. O dever de respeito à propriedade alheia, enquanto obrigação de não fazer, nasce na norma e se implementa em face da titularidade.[380]

Destaca-se, nos exemplos acima, que o princípio da dignidade da pessoa humana[381] é o nascedouro de tais obrigações às quais as respectivas regras (dever de alimentos[382] e dever de respeito à propriedade[383]) são meros densificadores. O princípio da legalidade, ensejador da vinculação precípua dos indivíduos em um Estado Liberal, quando de um Estado Social, é apenas um de seus aspectos positivadores de deveres, como decorre da noção de normatividade renascida no direito contemporâneo.

Em virtude do expendido, é claro que tanto o dever alimentar quanto o dever de abstenção do não proprietário hão de ser lidos à luz da dignidade da pessoa humana, pelo esclarecimento recíproco das normas, bem como princípio da função social,[384] relativizador da propriedade, se esclarece pelo princípio da cidadania,[385] dando congruência e unidade material ao ordenamento.

A formalidade registral se esclarece nesse contexto, como publicizador do sujeito ativo da relação proprietária, à que é devida a prestação negativa e sujeito passivo da exigência de funcionalização, cuja sociedade é sujeito ativo.

No acima exposto, reside a única justificativa do princípio da publicidade dos direitos reais. A propriedade instrumentaliza o domínio, no sentido de fazer nascer a obrigação de não ingerência dos demais, obrigação esta não natural do domínio. Na transcrição, publicizamos o domínio, só então nascendo o direito de propriedade e, portanto, a obrigação passiva universal, que perfaz a pretensão do direito subjetivo de propriedade cuja ação, de ordem processual, é reivindicatória.

Quando se implementa uma usucapião materialmente, adquirindo-se o domínio, mesmo quando ainda não restou ajuizada a respectiva ação que declarará tal domínio, constituindo a propriedade e determinando sua transcrição, o sujeito não faz jus à reivindicatória, cujo documento indispensável à sua propositura é o título que de-

---

[380] Art. 5°, inc. XXI, CF/88.

[381] Art. 1°, III, CF/88.

[382] Art. 1.694 do CCB.

[383] Art. 1.228 do CCB.

[384] Art. 5°, XXIII, CF/88.

[385] Art. 1°, II, CF/88.

Propriedade e Domínio – A TEORIA DA AUTONOMIA

monstra sua publicidade implementadora da obrigação de não fazer do respectivo sujeito passivo.[386]

In casu o detentor do domínio do bem usucapido somente defende sua posse e não propriedade, valendo-se portanto de instrumentos outros que o sistema lhe oferece, que não os de defesa da propriedade, pois essa não se implementou.

Como demonstração do acima exposto, um proprietário de bem já usucapido materialmente, mas que não tem a respectiva demanda proposta,[387] pode propor contra o detentor do domínio, reivindicatória, e a demanda possuirá todos os requisitos de validade para seu curso normal. Ao contrário do exemplo anterior, cabendo então ao detentor do domínio defender-se pela via da exceção de usucapião que demonstrará que o autor, apesar de titularizar a propriedade, não detém o respectivo domínio, e como a propriedade instrumentaliza o domínio, se impõe a improcedência da reivindicatória, sob pena de contradição material no sistema.

As obrigações de abstenção não são nenhuma novidade na Ciência do Direito, sendo a obrigação de fazer, no prisma negativo, especificamente tutelada no artigo 461, alterado, do CPC, como *obligatio non faciendi*.

Não se verifica dissonância na doutrina nesse tocante:

> Pode ocorrer, contudo, que, não obstante a obrigação de respeito que a todos incumbe, alguém venha a lesar algum desses direitos. Suponha-se que a posse da coisa seja injustamente tomada por um esbulhador. Sem prejuízo do direito real, oponível *erga omnes*, o proprietário passa a ter igualmente o direito de exigir do autor do esbulho assim a restituição da coisa como a reparação dos prejuízos decorrentes da sua perda. Esse direito é, porém, puramente obrigacional e, como tal, relativo. Somente de quem está de posse da coisa injustamente retirada do proprietário pode este exigir a restituição e tão-só do esbulhador pode ele buscar a reparação do dano resultante do esbulho. Tem-se, pois, que da violação do direito real do proprietário, que é direito absoluto, resulta para ele, não um outro direito real e absoluto, exercitável contra todas as pessoas, mas apenas um direito obrigacional e relativo, cuja satisfação toca tão-somente a quem praticou a lesão. Em suma, a violação de um direito real dá origem a uma relação jurídica obrigacional em que o autor da lesão é o sujeito passivo.[388]

Mas como já exposto, não somente de obrigação negativa é composta a propriedade, já que também traz em seu bojo obrigações positivas as quais têm como sujeito passivo, o proprietário. O mesmo se

---

[386] **[NA]** ARONNE, Ricardo, Titularidades e Apropriação no Novo Código Civil brasileiro – Breve ensaio sobre a posse e sua natureza.*In* SARLET, Ingo. *O novo Código Civil e a Constituição.* Porto Alegre: Livraria do Advogado, 2003.

[387] Foi implementada a usucapião, porém nunca foi ajuizada.

[388] CORRÊA, op. cit., p. 716.

dá com o aspecto negativo, os deveres do proprietário, os quais pode o Estado e a coletividade exigirem-lhe, e que têm como fonte a norma jurídica. Eles são consequências do sistema jurídico, sendo positiváveis, como tal, pela via interpretativa.

São obrigações de fazer que decorrem do princípio da função social, cuja abstenção do proprietário caracteriza inadimplemento, podendo levar ao extremo da perda do bem da vida. Tais deveres não admitiriam jamais um rol exaustivo, eis se originam uma norma de conteúdo aberto, que informa a conduta proprietária, que é o princípio da função social.

Não se trata de um interesse individual nesse adimplemento do proprietário, ou mesmo, *stricto sensu*, de um interesse coletivo no adimplemento da função social, e sim, de um interesse difuso, o qual faz decorrer legitimidade de exigência também ao Ministério Público, no âmbito de suas atribuições, na condição de sujeito ativo.

Abarcada a propriedade por esse âmbito, não se faz necessária a abstração ficcional de criação de contradireitos, para dar limites externos à propriedade, porque os limites passam ao seu interior, não sendo a mesma absoluta de modo algum, e tais limites vinculam materialmente o proprietário, configurando-se como obrigações, quando extraído o domínio de seu interior.[389]

O proprietário não pode negligenciar o bem da vida que possui, sem aproveitá-lo razoavelmente, abandonando-o, sob pena de ter a propriedade perdida por *dominus* negligente, mediante intervenção estatal pela via jurisdicional ou administrativa.[390] Tal interferência estatal na propriedade individual poderá resultar em transferi-la para quem possa dar destinação social positivamente prevista.[391]

Arranca-se, assim, o traço de absolutividade do direito de propriedade e passa-se o mesmo ao domínio, onde lhe advém um sentido outro, que não o de submissão geral, posto que se instrumentaliza por um direito obrigacional, relativizando-se por força de sua própria estrutura: "É claro que o moderno direito civil deslocou-se de concepções, no mínimo, ultrapassadas, como aquelas pertinentes à

---

[389] Sobre o exposto, vide TEPEDINO, Gustavo. A nova propriedade: o seu conteúdo mínimo, entre o código civil, a legislação ordinária e a Constituição. *Revista Forense*, São Paulo, v. 306, p. 74, 1991: "[...] A fórmula *jus utendi et abutendi* é insuficiente para descrever a relação jurídica proprietária. Passa-se a questionar o direito proprietário como um direito único e verifica-se que a estrutura do direito, fixada pelo Código Civil, é insuficiente para abrigar a multiplicidade de situações proprietárias, distintas, umas das outras em função da destinação do bem e da disciplina aplicável na relação intersubjetiva em que se inseriam".

[390] **[NA]** Esta é a disciplina normativa do artigo 1.228, § 2º, do CCB.

[391] Neste sentido, CRETELLA JÚNIOR., op. cit., p. 189.

absolutidade dos direitos, à intangibilidade absoluta dos contratos, à supremacia do cônjuge-varão sobre a mulher e os filhos,[392] e assim por diante".[393] Por essa mesma lente, porém em âmbito negativo ao proprietário, restringindo-o ao invés de impulsioná-lo, perpassam as obrigações em face do meio ambiente, que lhe cabem em face da titularidade, restringindo-lhe, também, o absolutismo do domínio. Não se trata de conteúdos reais na coisa alheia, mas de obrigações advindas à propriedade que se funcionaliza, cujo inadimplemento pode conduzir à responsabilidade civil e criminal do proprietário.

A propriedade contemporânea se encontra arrimada em dois princípios jurídicos que conduzem à sua compreensão como faculdade do sujeito ativo de exigir a abstenção dos sujeitos passivos na ingerência da coisa, para possibilitar suas faculdades reais na mesma, bem como do dever desse sujeito, agora na condição passiva do adimplemento, volver o domínio em prol do coletivo, funcionalizando-o, de modo que o bem atenda o fim social que lhe é destinado.[394]

A abertura do conceito perseguido advém pelo preenchimento axiológico pelos dois princípios que concorrem na sua construção, a informá-lo diretamente. O princípio da garantia da propriedade, como acesso e defesa da propriedade individual privada e seu livre exercício, trazendo em seu bojo valores individualistas, aceitos pelo princípio da liberdade em seus limites e o princípio da função social da propriedade, exacerbador do pluralismo, informado pelo princípio da igualdade, que fazendo contraponto ao anterior, relativiza o individualismo pelo interesse público e social.

Ambos os princípios restam positivados em nossa Constituição, no artigo 5º, respectivamente nos incisos XXII e XXIII enquanto princípios especiais, densificadores dos que lhe são mais abstratos (estruturantes, fundamentais e gerais) e densificados pelos que lhes são menos abstratos (especialíssimos e regras).

Nessa medida, decorre que a propriedade não atende ao seu fim social quando sua destinação é incompatível com o interesse coletivo,

---

[392] Sobre a família, vide CARDOSO, Simone Tassinari. Do contrato parental à socioafetividade. In ARONNE, Ricardo. *Estudos de Direito Civil-Constitucional.* Porto Alegre: Livraria do Advogado, 2001.

[393] MORAES, Maria Amália Dias de. A Constituição e o direito civil. *Revista da Procuradoria Geral do Estado,* Porto Alegre, n. 48, p. 48, 1993.

[394] **[NA]** "Percebida a função social da propriedade, a partir do núcleo substancial do ordenamento jurídico , como direito fundamental (para bem mais além do que uma cláusula geral), uma mutação inicia seu curso, dando um profundo golpe na visão de direito absoluto que por séculos envolveu o discurso proprietário e teceu legitimidade ao direito das coisas codificado". ARONNE, Ricardo. *Direito Civil-Constitucional e Teoria do Caos.* Porto Alegre: Livraria do Advogado, 2006, p. 101.

devendo essa ser redirecionada. Tendo em vista que o interesse individual também tem abrigo em nosso sistema, não cabe seja simplesmente ignorado e, sim, compatibilizado.

Nesse passo, observa-se que a desapropriação por interesse público ou para fins de reforma agrária perfaz o balanço dos valores em conflito, em atendimento ao princípio da concordância prática, quando indeniza o anterior titular e redireciona a propriedade a um novo, para que se lhe dê novos fins, compatíveis com o interesse coletivo.

É no esclarecimento recíproco das normas que se alcança a "repersonalização" do estatuto proprietário, eis os referidos princípios advêm ao sistema informados pelo princípio da dignidade da pessoa humana, de modo que, tanto tópica como abstratamente, resultaria quebra no sistema jurídico, uma hieraquização axiológica que primasse pelo patrimônio acima da pessoa humana, pois toda a liberdade de conformação do intérprete tem como limite o sistema:

> A informação axiológica do conceito, por si misterioso e abstrato, é orientada pelos princípios fundamentais da República, que têm na dignidade da pessoa humana regra basilar fixada pelo art. 1º da Constituição. O preceito de ser interpretado com o art. 3º, que fixa, dentre os objetivos fundamentais da república, a erradicação da pobreza e da marginalização, bem como a redução das desigualdades sociais e regionais. Vale dizer, é a própria Constituição, nos princípios e objetivos fundamentais da República, a determinar que a função seja conceito vinculado à busca da dignidade humana e à redistribuição de rendas, através da igualdade substancial de todos. Redução de desigualdade significa que a isonomia constitucional, antes apenas formal – todos são iguais perante a lei –, hoje passou a ser substancial –, ou seja, o tratamento legal será desigual sempre que esteja em jogo o objetivo central da República, de remoção de desigualdades de fato.[395]

Não merece guarida no sistema a propriedade que não resta funcionalizada, já que a propriedade se justifica por sua função, no concurso dos princípios que se relativizam sem se anularem.[396]

A propriedade nos moldes retroapregoados sofre a intervenção estatal pela via jurisdicional (tutela) ou administrativa (desapropriação), sendo redirecionada para outro titular que a deterá, atraindo para si, então, o respectivo domínio, por força do princípio da elasticidade,[397] princípio especialíssimo que incidirá informado pelo da função social (princípio especial) que relativizará, *in concretu*, o da ga-

---

[395] TEPEDINO, Gustavo. *A nova propriedade* ..., op. cit., p. 75-76. **[NA]** Da mesma forma em TEPEDINO, Gustavo; SCHREIBER, Anderson. A garantia da propriedade no direito brasileiro. *Revista da Faculdade de Direito de Campos*, Ano VI, nº 6 – Junho de 2005.

[396] Princípio da Concordância Prática.

[397] O domínio tende a ser uno; a propriedade, a ser plena, e ambos, a estarem unidos.

rantia da propriedade privada, mediante tópica hierarquização axiológica vinculada ao sistema.

Não merece, pois, tutela, a propriedade não funcionalizada, eis que inoponível por sucumbir o interesse individual em face do interesse público, se verificado em contrário ao proprietário no caso concreto. Como já dito, à espécie é cabível a intervenção estatal em prol da funcionalização, tendo em vista que, ante todo o exposto, pode-se dizer, sem medo de errar, que a propriedade constitui um direito e um encargo; a propriedade obriga.

Daí a lição de Arnoldo Medeiros: "A propriedade protege-se, garante-se, sobretudo em razão de sua função social, pelo que sofre limitações novas, acentuando-se para socialização do direito de propriedade".[398]

Apenas para referenciar, na medida em que acima se versou sobre direitos individuais, e tendo em vista não terem os indivíduos, em regra, acesso à autotutela dos seus interesses, cumpre recorrer ao Judiciário para a solução dos conflitos proprietários.

Funcionalizar a propriedade não se confunde com referir que a mesma seja uma função. A propriedade se constitui de um direito, não absoluto, funcionalizado e de natureza obrigacional, sendo efetivamente instrumental ao domínio, instituto outro, de natureza real, como já amplamente exposto.

Digno de nota que o direito de propriedade, ainda que instrumentalizador do domínio, não se trata de direito adjetivo, de natureza processual. É direito substancial, material, portanto, oponível contra os demais indivíduos, quando violada a respectiva pretensão, assim como exigível, quando inadimplidas as obrigações positivas que implica, por quem tenha legitimidade a fazê-lo.

Importa dizer que um ato de domínio do proprietário, legítimo na esfera real, ganha antijurisdicidade se violar o princípio da função social que o informa materialmente, descabendo se legitime na esfera proprietária. É o caso da ação civil pública para prevenir ou fazer cessar dano ambiental, fruto de conduta dominial lesiva ao meio ambiente, como a poluição de um rio ou depósito de lixo a céu aberto.

Nesse caso, desimporta se o réu tenha ou não titularidade, eis que essa não legitima seus atos, que se observam antijurídicos. Tampouco pode o mesmo opor sua propriedade com o fito de afastar a ingerência do Estado nos seus atos de domínio. Subsiste o direito sub-

---

[398] *Apud* CRETELLA JR, op. cit., p. 187.

jetivo com a pretensão que dele decorre, porém resta inoponível, não tutelável, consoante o caso concreto.

Não se pode aventar não se tratar de direito material, a propriedade, quando garantida como tal no artigo 5º, XXII, da Constituição Federal, entre os direitos e garantias individuais, como o fazem os que apontam a propriedade como sendo uma função. Talvez fosse ventilável a hipótese sob um regime socialista ou comunista, em que não se observa o direito à propriedade privada, de modo que o princípio da igualdade prevalece invariavelmente, por assim dizer, ao princípio da liberdade, ao qual advém conteúdo outro, meramente formal, no mais das vezes.

Resolução angularmente oposta resultaria de um regime de capitalismo selvagem, expresso em total liberalismo, em que a igualdade é formal, e o princípio da liberdade fulgura irrelativizável, de modo a que a propriedade individual não se funcionalize, admitindo excessos de qualquer espécie, fruto de atos emulativos, exploração individual desmedida e outros.

Nosso regime há de primar pelo equilíbrio evocado pelo conteúdo social positivado no Estado Democrático de Direito moldado na Constituição Brasileira. Liberdade e igualdade concorrem, relativizando-se tópica e axiologicamente, em prol do princípio da dignidade da pessoa humana. Os excessos admissíveis pelos extremos[399] não encontram respaldo em nosso sistema constitucional. Tal postura não é nova, sendo também referenciada por Adolfo Pinto Filho, à época de transição do Brasil, para um regime de Estado Social, transcrito por Beviláqua: "No novo regime, que conciliará as vantagens do socialismo e do individualismo, dar-se-á um novo equilíbrio social. Não desaparece nem o capitalismo, ainda necessário, nem o excitante regime da concorrência, mas muito serão diminuídos os desperdícios e injustiças do regime atual".[400]

A resolução de conflitos entre os princípios em pauta, positivados ao longo do texto constitucional, não só no artigo 5º, incisos XXII e XXIII, como também em outros momentos da Lei Maior, como no artigo 170, incisos I e II, os quais não se densificam apenas nas regras e princípios do Código, como também em dispositivos outros da Constituição,[401] haverá de ser resolvida por hierarquização axiológica,

---

[399] E o juízo que vai aqui não é de valor, e sim, analítico.

[400] *Apud* BEVILÁQUA, Clóvis. *Direitos das coisas*. 5. ed. Rio de Janeiro: Forense, 1956, p. 115. v. 1.

[401] Como nos artigos 182 e seguintes da CF/88.

respeitados seus princípios objetivadores, aqui em especial o da concordância prática.[402]

Na medida em que tal relação obrigacional proprietária é bilateralizada, além de trazer direito ao sujeito ativo (obrigação passiva do sujeito passivo), traz-lhe também obrigações ante as intervenções limitadoras e impulsionadoras que lhe são impostas, de modo a podermos repisar o consagrado termo empregado pela Constituição de Weimar de que a propriedade obriga.

> Repisa-se, um dos papéis da teoria da autonomia é fornecer um manancial teórico ao operador contemporâneo, para que se possa continuar atuando com direitos reais, consistentes em vínculos entre sujeito e o bem, não obstante se forneça uma compreensão da propriedade e das demais titularidades, de natureza relativa. Isso ocorre quando a noção de domínio é libertada dos grilhões conceituais do instituto da propriedade (...) Cada vínculo potencial entre sujeito e o bem pode traduzir-se em uma faculdade real, um direito real. A propriedade envolve estes poderes, instrumentalizando-os, porém não se confunde com este.[403]

Se reside algo de inovador nessa janela que a Teoria Geral do Direito abre para uma releitura do domínio e da propriedade, nada nesse sentido se vislumbra nos fins a que ela intenta, tendo em vista que a funcionalização pela via da obrigacionalização do instituto é objetivada na melhor doutrina moderna.

Couto e Silva, sempre saudoso jurista, apregoava isso, conforme as palavras de Moraes:

> Nesse sentido, em curso ministrado na Universidade de Florença, em 1986, o Professor Clóvis do Couto e Silva demonstrou a extensão que se deu ao princípio consagrado no artigo 153 da Constituição de Weimar, segundo a qual a propriedade obriga. A partir desse princípio, Martin Wolff pode afirmar que de todo o direito subjetivo, e não do direito de propriedade, decorre para o seu titular um duplo dever: o de exercer o direito se é e interesse público que ele seja exercido e o de exercê-lo de um modo que possa satisfazer aquele interesse mencionado.[404]

Os direitos reais se instrumentalizam pela via obrigacional, cabendo o conceito de domínio ao espectro real do que a doutrina convenciona chamar de propriedade ao respectivo aspecto obrigacional. Sempre os direitos reais se instrumentalizaram pela via obrigacional,

---

[402] Neste sentido, HESSE, Konrad. *Escritos de derecho constitucional*. Madrid: Centro de Estudios Constitucionales, 1983, p. 48: *"En íntima relación con el anterior se encuentra el princípio de la concordância pratica: los bienes jurídicos constitucionalmente protegidos deben ser coordinados de tal modo en la solución del problema que todos ellos conserven su entidad. Alli donde se produzcan colisiones no se debe, através de una precipitada «ponderación de bienes» o incluso abstracta «ponderación de valores», realizar el uno a costa del otro"*.

[403] **[NA]** ARONNE, Ricardo. *Direito Civil Constitucional e Teoria do Caos*. Porto Alegre: Livraria do Advogado, 2006, p. 115.

[404] MORAES, op. cit., p. 48.

na medida em que temos por instrumentalização não só a sua oponibilibidade a qual se observa como de ordem pessoal, mas também sua circulação, ou seja, modificação, transferência, aquisição, ou outros modos.

Tudo isso somente se faz possível se instrumentalizado através dos contratos, elemento dos mais importantes bem como próprio do direito das obrigações. Observe-se que, se os direitos reais se autoinstrumentalizassem, ainda assim seria inconcebível um contrato real. Inexiste contrato entre sujeito e coisa. Os bens quando se vinculam ao indivíduo, ao mesmo se sujeitam, jamais resistindo às suas pretensões, por isso admitirmos chamá-los de absolutos.

Tendo isto em vista, o que convém chamar-se de contrato real, nada tem de real, sendo tão obrigacional quanto os demais. Dizer-se que os contratos reais têm por objeto um bem, é não dizer nada, eis que um pacto locatício também o tem e não traz conteúdo real, bem como, apesar de não vincular a todos, há de ser reconhecido por todos. A diferença entre os contratos reais e os demais reside no fato de que aqueles mesmos instrumentalizam o domínio, seja na sua desagregação, transmissão, ou em qualquer outro ato *intervivos* que comporte.

Quando se contrata em âmbito real, na verdade se está a pactuar em torno da propriedade, limitando-a externamente[405] ou fazendo-a circular, daí também a razão da incidência do princípio da publicidade nos direitos reais limitados, para que se possam vincular os demais indivíduos para oponibilidade *erga omnes* da respectiva faculdade no bem, como é o caso do usufruto, servidão, hipoteca e demais institutos pertinentes.

Um usufruto, portanto, instrumentaliza direito real sobre coisa alheia, porém não o é, tal qual se dá com a propriedade. O direito real limitado que o usufrutuário possui é o *ius fruendi et utendi*, que consiste na parcela de domínio que para ele foi destacada e o usufruto instrumentaliza tal direito real, no âmbito das titularidades, tal qual a *proprietas* o faz com o *dominium*.

Vê-se o exposto no fato de que a obrigação de inventário do usufrutuário se dá em âmbito pessoal e não real, e decorre do usufruto, não decorre pelo fato da fruição e do uso, e sim, do contrato, sendo inclusive disponível aos sujeitos fazê-lo ou não, sem que se acabem as faculdades reais. Com a caução também, em negada a perda da administração, se constitui sanção pessoal, não reduzindo uso ou fruição.

---

[405] Pela via dos direitos reais limitados, ou de vizinhança.

Propriedade e Domínio – A TEORIA DA AUTONOMIA

Deflui de análise que a instrumentalização dos *ius in re* pela via dos *ius in personam* nada tem de nova na ciência do direito, e, sistematicamente interpretada, a propriedade é um direito pessoal que instrumentaliza um direito real.

Na medida em que a propriedade resulta obrigacionalizada, consequência direta disso é a de que também resta informada pelas cláusulas gerais das obrigações, tais quais a boa-fé, não lesividade, e as demais, que hão de se concretizar em face do interesse geral.

Sem dúvida que interesse geral traduz conceito jurídico indeterminado, porém, busca-se a espécie intencionalmente, por ser mais adequada, na medida em que sua concreção se dará em face dos casos concretos, não podendo ser regulado exaustivamente por regras, assim como num conceito.[406]

A função social de um bem da vida haverá de ser apreciada tópica e axiologicamente, na medida em que uma propriedade agrícola exercerá funções distintas em face de suas características físicas, topográficas, necessidades regionais e sociais, fatores esses passíveis ainda de variação histórica.

Se é certo que uma propriedade urbana em uma cidade de alta densidade demográfica e crise habitacional verificada, que sequer esteja construída, está desatendendo sua função social, o mesmo não se poderá dizer se tais necessidades não se verificam na comunidade, ou mesmo se o terreno não for passível de ser construído, estando o titular a atender todos os encargos que recaiam na área.

Portanto, como se vê, inexistem fórmulas sobre função social, cuja apreensão do verdadeiro conteúdo da norma somente se dará em face do caso concreto. Certo é que o patrimonialismo perde espaço no sistema jurídico repersonalizado.

Exemplo do exposto, pode ser colhido da jurisprudência de nossos tribunais:

POLUIÇÃO ATMOSFÉRICA – Competência concorrente, de nível supletivo, dos Estados no que pertine às medidas administrativas reprimíveis às emissões poluentes e danosas ao meio ambiente, como se continha no art. 8º, inc. XVII, letra c, c/c o parágrafo único da Carta Federal, que vigeu precedentemente, hoje de caráter mais abrangente – *ex-vi* do art. 23, VI da Constituição vigorante.

É legítimo e meritório o proceder administrativo no contar os malefícios a que se submete a saúde pública com o lançamento de fumaça poluente na atmosfera, precipu-

---

[406] Sobre a possibilidade de uso de interesse geral como conceito jurídico interminado, vide obra específica no trato do tema de Eduardo Garcia de Enterría, Una nota sobre *el interés general como concepto jurídico* indeterminado. *Revista do Tribunal Regional Federal da 4ª Região*. Porto Alegre, n. 25, p. 27-50, 1996.

amente nas cidades de elevada densidade demográfica, tanto mais quando existem processos técnico-industriais que podem coibir tal ocorrência.

O Judiciário não pode colocar-se insensível a essa realidade, assentada na conclusão a que chegou o Conselho Central da União Internacional dos Magistrados, reunido no Brasil anos recuados: "O direito de viver e trabalhar em meio ambiente sadio deve ser considerado como um dos direitos fundamentais do homem, impondo-se o respeito de todos e exigindo-se uma proteção vigilante do legislador e do Juiz." (Carta de Brasília, 25-8-71).

Posicionar-se em sentido contrário é emitir carta branca ao poluidor, abonando sua irresponsabilidade, mercê do lucro exclusivista, em detrimento de milhares de seres humanos na montaria de uma simples licença do Poder Público para exercer atividade lícita, prestação de serviços públicos delegados.

De resto, na clarividente observação de Barbosa Moreira, numa visão profético-jurídica advinda de seu notório talento: "Passageiros do mesmo barco, os habitantes deste irriquieto planeta vão progressivamente tomando consciência clara da alternativa essencial com que se defrontam: salvar-se todos ou juntos naufragar." (A Proteção Jurídica dos Interesses Coletivos, in RDA 139/1 – 1980).

Apelo Improvido.[407]

Na longa ementa supratranscrita, observa-se claramente a relativização do interesse individual que objetivava lucro lícito, forte na liberdade proprietária, pelo interesse coletivo, de ordem ambiental, positivado na função social, a reduzir a intensidade da exploração lesiva ao meio, orientada pelo princípio da proporcionalidade.

Extrai-se do *decisum* acima, a aplicação das conclusões versadas no curso dessa dissertação. Primeiramente a faculdade de intervenção do Estado na propriedade privada, para proteção de interesses supraindividuais. Também fica claro o conteúdo obrigacional da propriedade, no sentido da referência à responsabilidade do proprietário, concretizando os deveres asseverados como integrantes da titularidade. Nessa medida, a propriedade obriga.

Não menos evidente fica o concurso axiológico dos valores que conflituam na esfera proprietária, e se hierarquizam tópica e teleologicamente, podendo levar a soluções angularmente diversas em casos distintos. Poderá, repisa-se, em face do caso concreto imperar a liberalidade do proprietário, desde que proporcionalizada no caso concreto topicamente abarcado. Nesse sentido, segue a seguinte ementa:

AÇÃO CIVIL PÚBLICA – MEIO AMBIENTE – PRESERVAÇÃO. Não viola, em princípio, as disposições da Lei 6.938/81 a derrubada de árvores para construção de hotel, mormente quando 80% da área do bosque permanecem intactos.[408]

---

[407] Ap. Civ. 4.404/89-Capital, 8ª C. Cível do TJRJ, Rel. Des. Ellis Figueira, v.u., 19.12.89.

[408] Ap. Civ. 588 024 786, 5ª C. Cível, TJRS, v.u., 30.08.88.

Exsurge do exposto que o conceito de propriedade é inerente ao sistema, com ele variando, de modo a afastar-se a postura abstratista e conceptualista da civilística clássica. Nesse passo, um latifúndio produtivo ainda que dê lucro ao proprietário não se conserva em detrimento dos espaços de trabalho rural, para subsistência de pequenas economias agrícolas. A produtividade há de migrar da valoração econômica para uma valoração de ordem social, em face da orientação teleológica do sistema, que positiva a função social e não econômica em seu bojo.

As ilações de Tepedino nesse tocante[409] se mostram basilares no que tange à tal mensuração. Certo é que cumpre ao Estado intervir na propriedade privada, quando essa atentar contra o interesse coletivo, de modo que decorre inaceitável a concepção clássica de propriedade, absoluta e intangível, em total dissonância com a realidade.

A propriedade contemporânea, efetivamente, se traduz no concurso dos princípios já apontados e sua densificação se dá em face da interpretação, descabendo uma pré-hierarquização *in abstratu* e muito menos uma conceituação formal sem preenchimento axiológico.

A porosidade entre propriedade e domínio também faz com que as próprias faculdades reais se abrandem da absolutividade que importam, na medida em que o princípio da função social passa a informar materialmente os exercícios dominiais. Como se vê, a crise da civilística clássica decorre de sua inaplicabilidade ao direito contemporâneo, repersonalizado pela orientação teleológica do ordenamento jurídico.

Tema inerente à teleologia do sistema é o da própria finalidade de uma propriedade em face da coletividade na qual se insere, bem como dos contornos naturais que lhe são inerentes. Abordagens formais, portanto, se mostram impossíveis, sob pena de também resultarem em quebra do sistema.

Uma mata de eucalipto, plantada para o corte da madeira, a princípio tem por finalidade o corte, de modo a descaber ingerências em restrição à atividade extrativa do proprietário, no exercício de suas faculdades dominiais:

AÇÃO CIVIL PÚBLICA – DANOS AO MEIO AMBIENTE OU A BENS DE VALOR PAISAGÍSTICO Ilegitimidade ativa do Ministério Público, considerando que a floresta objetivada – de eucalipto – se destinava à exploração econômica da madeira, e o seu

---

[409] TEPEDINO, Gustavo. Contornos constitucionais da propriedade privada. In: *Estudos em homenagem ao professor Caio Tácito*. Rio de Janeiro: Renovar, 1997, p. 312-317.

corte era a conseqüência natural, alvo, aliás, de contrato entre a municipalidade de Uruguaiana e o réu. Apelo provido.[410]

A ilegitimidade referida acima deflui da falta de interesse supra-individual, no bem da vida objeto de domínio privado, cujo exercício não se verificou afrontoso à respectiva coletividade. Em situação distinta, ação com o mesmo objeto, teve resolução completamente diversa, em face do caso concreto, forte no fim do bem da vida objeto do domínio intervindo: "O presente apelo procura reformar esse decisório, alegando que foram violados o direito de propriedade e o direito adquirido, além de que no registro imobiliário não consta qualquer limitação quanto as árvores derrubadas, pois se trata de floresta de domínio privado e pleno".[411]

Apenas para análise *pari passu* do acórdão, vislumbra-se, no caso, interferência no domínio privado[412] do recorrente, por parte do Ministério Público e Instituto de Terras, Cartografia e Florestas, cuja pretensão se mostra oposta pelo mesmo, com base no dever de abstenção dos demais, cuja violação perfaz resistência à pretensão oriunda do direito de propriedade.

Como poderá ser observado em seguida, o juízo da demanda, apesar de reconhecer o domínio (relação de ordem real), não reconhece a propriedade por falta de publicidade a vincular os demais no dever de abstenção. Na sequência, aborda a propriedade, *ad argumentandum*, e explicita o conceito da civilística clássica, para rejeitá-lo implicitamente na fundamentação. Finaliza, referindo que as obrigações proprietárias não são de ordem real, ao dispor que independem de registro. Volve-se, pois, ao acórdão:

3 – Por outro lado, nem sequer violação ao direito de propriedade pode o apelante sustentar, pois à TJ-24, no terceiro parágrafo, afirma que o imóvel não estava registrado em seu nome, esclarecendo que, embora o adquirisse, "está consumando a transmissão para o seu nome através de escritura pública".

4 – Não fora isso, de há muito, mesmo enquanto se considera a propriedade como a reunião completa de poderes de uma pessoa sobre uma coisa, vem-se entendendo que tais poderes não se revestem de caracteres absolutos e ilimitados. (Cf. Clovis Bevilacqua – *Direito das Coisas* – p. 114 – 4ª ed.)

O seu uso e gozo não são ilimitados, estando contidos pela possibilidade de causar dano a direito de outrem ou de todos, difusamente.

Logo, não se pode imaginar direito adquirido de prejudicar o meio ambiente.

---

[410] Ap. Civ. 107.989-1, 5ª C. Cível, TJRS, v.u., Rel. Des. Sergio Pilla da Silva, 14.11.89.

[411] Ap. Civ. 9846-2, 4ª C. Cível, TJPR, v.u., Des. Ronaldo Accioly, 27.06.90.

[412] Termo do próprio acórdão.

Propriedade e Domínio – A TEORIA DA AUTONOMIA

5 – E, dentro da fundamentação anotada no item 2 supra, não tem relevância prévia limitação quanto ao impedimento de derrubada de árvores, quer quanto a existência, quer quanto a registro imobiliário, quer quanto a título de aquisição.[413]

O descompasso da manualística em repouso nos braços da civilística clássica, com os fatos e com a aplicação do Direito, revela a insuficiência de seus conceitos e abordagens formais abstratistas. A repersonalização do direito das coisas é fenômeno já ocorrido fora dos manuais de Direito, cuja apreensão científica desborda da ainda resistente e conservadora moldura pandectista, cega em seu caminho desvirtuado de segurança utópica e perigosa.

O Direito é maior do que o gesso que o conservadorismo busca envolvê-lo. Nessa esteira, cumpre ressaltar o novo contorno da propriedade privada, sistematicamente concebido, cuja análise ora obrada faz emergir do ordenamento. O princípio da função social positiva o interesse supraindividual na propriedade privada, sem que esta perca seu caráter individual de liberdade, mas relativizando-a em busca da igualdade social, como princípio estruturante de nossa ordem jurídica.

Para que não passe *in albis* a questão de *lege ferenda*, na medida em que a propriedade em âmbito infraconstitucional se positiva no direito das coisas, em sua base cumpre referenciar nesse sentido a lição de Carvalho Fernandes[414] sobre a distinção de Direitos Reais e Direito das Coisas, que se mostra útil para superar tal dificuldade.

Direito Real não é sinônimo de Direito das Coisas, eis que um traduz uma categoria de direitos subjetivos, tendo assim, um sentido subjetivo. O Direito das Coisas traz um sentido objetivo, referenciando um ramo do Direito Civil que, na esteira dos alemães,[415] o legislador epigrafou o Livro II da Parte Especial do Código.

Nesse passo, é indiscutível que o direito de propriedade integra o direito das coisas, porém isso não significa ser ele real, como direito subjetivo.

---

[413] Idem, ibidem.

[414] FERNANDES, Luiz A. Carvalho. *Lições de direitos reais*. 2. ed. Lisboa: Quid Juris, 1997, p. 13-15.

[415] *Sachenrecht*.

14. Função social e igualdade

Para a correta compreensão do conteúdo material do princípio da função social, há de ser compreendido o princípio o qual ele densifica: o da igualdade. Cumpre dedicar algumas considerações, mesmo que breves, a esta norma basilar de nosso regime jurídico. A igualdade, enquanto princípio, está positivada ao longo de toda nossa Constituição, permeando todo o seu conteúdo, de modo a permitir serem tecidas algumas considerações para que se possa vislumbrar a informação material do mesmo, que advém, densificando-se, ao Direito Civil, no transcorrer de sua "constitucionalização".

É muito difícil conceber uma definição exauriente do que seria o princípio da igualdade na ordem constitucional, tendo em vista tratar-se de um conceito jurídico indeterminado, *de per se*, e positivado em forma de princípio, além de naturalmente indeterminado, ainda é aberto e móvel, passível de câmbio em face dos valores que o informam, norteiam, e da dimensão social sobre a qual incide, enquanto elemento da ordem positiva, inserida em um sistema jurídico que também é aberto.

Em matéria de direitos fundamentais, o princípio da igualdade é um dos princípios estruturantes em seu regime geral, tendo como enunciado semântico, enquanto valor, o do preâmbulo de nosso texto constitucional,[416] e como princípio jurídico, o *caput* do artigo 5º.[417] Assim, temos o valor igualdade positivado em nossa ordem constitucional e o princípio da igualdade como princípio fundamental, devidamente assentados no centro do ordenamento jurídico pátrio.

---

[416] "PREÂMBULO – Nós, representantes do povo brasileiro, reunidos em Assembléia Nacional Constituinte para instituir um Estado Democrático, destinado a assegurar o exercício dos direitos sociais e individuais, a liberdade, a segurança, o bem estar, o desenvolvimento, a igualdade e a justiça como valores supremos de uma sociedade fraterna, pluralista e sem preconceitos, fundada na harmonia social e comprometida, na ordem interna e internacional, com a solução pacífica das controvérsias, promulgamos, sob a proteção de Deus, a seguinte CONSTITUIÇÃO DA REPÚBLICA FEDERATIVA DO BRASIL."

[417] Art. 5º Todos são iguais perante a lei, sem distinção de qualquer natureza, garantindo-se aos brasileiros e aos estrangeiros residentes no País a inviolabilidade do direito à vida, à liberdade, à igualdade, à segurança e à propriedade, nos termos seguintes:

O princípio da igualdade, enquanto princípio fundamental, por ser aberto, tem uma vasta riqueza de conteúdo, não só por versar sobre um conceito jurídico indeterminado, como também em face da multifuncionalidade própria das normas constitucionais. Tanto igualdade perfaz um conceito jurídico indeterminado, que por ora dela decorrerá princípio especial de igualdade ao contratar, positivada no *pacta sunt servanda*, como, em ângulo completamente oposto, dele decorrerá em outros momentos outro princípio que é o da vulnerabilidade, de conteúdo teleológico oposto ao anteriormente citado, porém de idêntico conteúdo axiológico.

Quando referido que todos são iguais perante a lei,[418] a fórmula sintética daí decorrente é a rememorada por Hesse, ou seja, de que as leis devem ser executadas sem olhar as pessoas. Há, então, uma exigência de igualdade na aplicação do Direito. Esse é o conteúdo inicial do princípio da igualdade, porém tal conteúdo não se resume a isso, sob pena de se estar falando de mera igualdade formal, e não de igualdade material, resultando em uma abordagem por demais abstraída da realidade, tal qual se via no liberalismo burguês da Revolução Francesa, decorrendo um direito descomprometido, que não se preocupa em sujar suas mãos com a sociedade.

A igualdade na aplicação do direito continua a ser uma das dimensões que a Constituição garante, assumindo relevância quando tratamos de administração pública e tratamento judiciário.[419] Exemplo do exposto se vislumbra no fato de que não pode haver tribunais de exceção já em face de tal princípio, bem como a administração pública há de ser impessoal, também já em face de tal princípio, que é fundamental, estando, pois, na gênese do princípio da impessoalidade, por exemplo.

Ocorre que ser igual perante a lei traduz mais do que mera aplicação igual da lei, na medida em que induz (positiva implicitamente, quando visto à luz do princípio do Estado Democrático – Princípio Estruturante) que a própria lei deve tratar por igual todos os cidadãos. Nesse sentido, o princípio da igualdade virá a informar diretamente os atos do próprio legislador, que por ele está vinculado, para a cria-

---

[418] Art. 5°, *caput*, CF/88.

[419] O termo aqui vai empregado em um sentido muito lato, eis que não se dirige ao processo em si, e sim, à busca da realização do direito material perseguido. Ou seja, não raro poderá se inverter um ônus de prova, a fim de que se equilibre as partes em uma relação processual. Quando isso ocorre, o julgador está a provocar uma desigualdade no processo para equilibrar, materialmente, a relação no âmbito material, de modo a que duas formas de igualdade concorrerem entre si sobrepondo-se, sem se anularem, como no caso, ocorre com o princípio da isonomia que é relativizado pelo princípio da igualdade.

ção de um direito igual, não excludente, isonômico para toda a sociedade, desdobrando-se daí o princípio da universalidade.

Daqui decorre um postulado de racionalidade prática (material e não formal), em vista de que o legislador ao atuar, positiva através da lei, situações ou resultados práticos, a princípio iguais para todos os indivíduos (ressalvem-se aqui os contornos individuais dos casos concretos, aos quais cumpre tópica e estruturantemente, ao intérprete adequar, mas jamais à lei, sob pena de termos um sistema casuísta, engessador do direito e das relações sociais), sem que se reduza a mero postulado de universalização, eis que inserido no todo que forma a rede axiológica do sistema jurídico.

Descabe, assim, uma discriminação de conteúdo a negros, mulheres etc., eis que a discriminação se mostra vedada por outros dispositivos do sistema, que também são informados pelo princípio da igualdade. Daí também, o porquê de estar o próprio legislador vinculado pelo sistema e, portanto, pelo princípio em pauta.

O intérprete terá que ter sempre uma abordagem material de tal princípio, sob pena de reduzi-lo a um princípio da prevalência da lei perante a jurisdição e administração, se apanhado do ponto de vista meramente formal. A igualdade formal é importante, mas haverá de sucumbir perante a igualdade material, sob pena de não restar respondido, por ela, quem haveriam de ser os iguais e os desiguais.

Observe-se uma lei que imponha um imposto valor equivalente a 30 salários mínimos anualmente, a todos os cidadãos, formalmente, daria um tratamento igual à coletividade, de outra banda, em âmbito material, estaria tratando igualmente os desiguais, eis traduzir uma desproporção em face da realidade social, em que alguns não sentiriam o peso de tal imposto, outros com dificuldade poderiam contribuir, porém, a grande maioria da população não poderia, por sequer auferir tanto no curso do ano, para própria mantença de toda a família.

No caso em tela, restaria ferido o princípio da igualdade, em seu âmbito material, que tem necessária precedência ao formal, sem que lhe retire importância. Igualdade resulta, pois, em tratamento igual ao que igual é, e desigual ao que desigual é, a princípio. Ocorre que, tampouco, isso é absoluto, na medida em que o direito, mesmo em sendo racional, não é formular, eis estarmos no campo do dever ser, do *sollen*.

Um diretor de uma empresa jamais estará em patamar de igualdade com o operário da mesma empresa, ao discutir seus vencimentos frente à respectiva presidência. Se ambos são iguais em face de algumas coisas, não quer dizer que o sejam em todas.

O trato formal dos indivíduos como meros sujeitos de direitos abstratos e intangíveis para muitos facilmente volta-se contra o próprio sistema jurídico, eis que a lógica formal e correlacional, em desapego à unidade material do ordenamento, conduz a distorções e incongruências em seu interior.

Como implícito, a fórmula do igual aos iguais e desigual aos desiguais não se mostra absoluta, eis que implica juízo de valor sobre o critério de igualdade. Para estreitar tal discricionariedade de plano, advém o princípio da proibição do arbítrio e o da proporcionalidade. O intérprete há de se valer, pois, da razoabilidade, de modo que se possa dizer que há observância da igualdade, na medida em que situações ou indivíduos iguais não são arbitrariamente tratados como desiguais.

Os valores por detrás da diferenciação, confrontados com os do sistema, responderão a isso. Quando a desigualdade de tratamento se mostra arbitrária, em descompasso com os valores do sistema, ou quando a finalidade (*telos*) se mostrar contrária ao sentido do teleológico do mesmo, há lesão ao princípio da igualdade.

Há de ser referendado o princípio da igualdade, ainda, em face da chamada *Equality of Oportunity*. Nossa Constituição positiva não só um Estado Democrático de Direito, como também um Estado Social.

Nesse passo, o princípio da igualdade alcança o sentido de igualdade de oportunidades e condições reais de vida. Em tal ponto, o princípio da igualdade traduz princípio impositivo de uma política de justiça social, de acesso à cultura, saúde, erradicação da miséria, e outras, como contraponto jurídico-constitucional impositivo de compensações de desigualdade de oportunidades e como sancionador da violação da igualdade por comportamento omissivo, passível de declaração de inconstitucionalidade.

É nesse contexto que o princípio da função social da propriedade vem a densificar o princípio da igualdade, cidadania e o da dignidade da pessoa humana.

Pelo esclarecimento recíproco entre tais normas conformadoras do sistema jurídico, que se positivarão no caso concreto, topicamente abarcado pelo sistema, os deveres que o proprietário terá em face de sua titularidade.

Uma grande propriedade agrária voltada para o mercado agrícola fará advir ao respectivo titular obrigações diferidas da que corresponde a uma pequena propriedade voltada à subsistência, que, inclusive, em face de seus contornos próprios, atraem deveres de incentivo, proteção e custeio do Estado.

15. Conclusão

Para se iniciar a conclusão do presente trabalho, cumpre invocar assertiva de Perlingieri, como alavanca de reflexão, pois a mesma espelha todas as linhas condutoras que orientaram esse estudo:

> Das situações subjetivas patrimoniais é possível apresentar uma elaboração unitária mesmo que não-sistemática, considerando que ainda deve ser construída uma disciplina comum da relação patrimonial. Esta não pode ser identificada com aquela das obrigações nem com aquela dos direitos reais. Nenhuma das duas disciplinas constitui, de forma exclusiva, o direito comum das relações e das situações patrimoniais que possa ser concebido como síntese da disciplina de todas as relações patrimoniais. Neste contexto, o art. 833 Cód. Civ.[420] é norma que não se exaure em tema de propriedade ou no âmbito das relações reais, mas refere-se a todas situações subjetivas patrimoniais; assim, as cláusulas gerais de lealdade e de diligência (art. 1.175 e 1.176 Cód. Civ) não se referem exclusivamente às situações de creditórias e à noção de adimplemento, mas têm relevância geral. [...] A esse fim é útil o aprofundamento da natureza dos interesses que até hoje justificam as diversidades e as classificações, as quais devem ser consideradas orientadoras e problemáticas, e que dificilmente podem se distinguir por precisas linhas de demarcação e de confim.[421]

A partir de um reexame dos institutos fundamentais de direitos reais, pela qual a propriedade se aproxima da esfera obrigacional, pode-se ver claramente a comunicação entre os direitos reais e obrigacionais, de modo que, pela via interpretativa, efetivamente, em âmbito doutrinário, se pode revisar a disciplina patrimonial, em que se fundem em parte os direitos reais e pessoais, quando da concretização das normas.

Tal reexame de ordem metodológica é necessário, pois neste aspecto a doutrina majoritária vem procedendo interpretação maculada por metodologias superadas, comprometidas com um momento histórico já distante, que resultava em lançar a produção jurídica em âmbito de direitos reais ao início do século, pelo menos, enquanto

---

[420] PERLINGIERI se refere aqui ao Código Civil Italiano de 1942, cuja norma correlata em nossa respectiva codificação é o art. 524.

[421] PERLINGIERI, Pietro. *Perfis do direito civil*. Rio de Janeiro: Renovar, 1997, p. 201-202.

outras áreas do sistema recebem uma interpretação no mínimo mais condizente com o momento histórico e social atual.

Através da exegese em tela objetivou-se superar, com esteio no sistema jurídico e tendo-o como moldura, as dificuldades para a repersonalização do direito real, que se insere em um contexto de ordenamento e despatrimonializado.

Repisando as palavras já invocadas de Beviláqua, a riqueza advém da sociedade e, portanto, há de ter uma função social,[422] o que é alcançável no sistema jurídico atual, na medida em que o conteúdo normativo dessa função social é jurídico, e não meramente moral, como kelsenianamente afirmado pelo autor,[423] na medida em que traduz valor positivado no sistema em princípio jurídico próprio.

Daí o esclarecimento da função social em face de sua reciprocidade com o princípio da igualdade. No mais, mesmo que por razões terminológicas se possa compreender que direito e moral são coisas distintas, jamais poder-se-ia compreender haver direito fora da moral, eis que o conteúdo ético lhe é ínsito, decorrente de uma postura axiológica hierarquizante.

A finalidade desta percepção não propõe uma reconceituação por mero apuro jurídico, espelhando um formal tecnicismo. Tal reconceituação é buscada no sentido de reorientar os direitos reais pelos valores constitucionais.

A metodologia esposada mostrou ser a janela adequada para a análise crítica com o fito do avanço interpretativo e como imperativo de superação das exegeses anteriores que engessavam a disciplina, refutando posturas bem mais avançadas, justamente com base na civilística tradicional.

Desvelada a superação metodológica, decorre justamente o contrário do afirmado pela civilística clássica, em sua tentativa de emoldurar fechadamente o estatuto proprietário.

É cientificamente inadmissível aduzir no modelo jurídico brasileiro contemporâneo, que propriedade perfaz direito absoluto, o qual todos hão de respeitar seja em que medida se exerça, e que se limita externamente pelo direito proprietário alheio, ante os direitos de vizinhança, certo que função social também traz uma medida de exercício em seu conteúdo.

Não é possível dizermos que tal espécie de interpretação está errada, até mesmo porque, como conhecida desde os bancos acadêmicos

---

[422] BEVILÁQUA, Clóvis. *Direitos das coisas.* 5. ed. Rio de Janeiro: Forense, 1956, p. 115. v. 1.

[423] Idem, ibidem.

onde é apresentada em regra, como verdade suprema, resta embasada e devidamente referenciada, cujos argumentos entende-se não precisar relembrar por serem notórios e por demais já reprisados ao longo do texto.

Não se pode taxar de erradas tais interpretações fundadas na pandectista, eis que o Direito não se simplifica ao ponto de máximas absolutas resolvíveis com sim e não, certo e errado.

Problemático se mostra aclamar as mesmas como as melhores interpretações, na medida em que afrontam a Constituição e até mesmo a legislação ordinária,[424] por contrariarem os fins sociais a que se destinam, como também ao bem comum, pondo em xeque a própria instrumentalidade do Direito.

O Direito, ao perder sua instrumentalidade, transmuta-se em algemas de cristal que, por mais diáfanas que se mostrem, aprisionam a sociedade, apartando-a de sua evolução e desenvolvimento.

Em seu aspecto menor, o presente trabalho busca elucidar a operação com certos institutos que eram objeto de interpretações forçadas, formalistas e abstratistas, facilitando, ainda, a operação com toda a gama de direitos reais, reanimando disciplina tida como árida, pela desatualização e dificuldades verificadas em muitos de seus institutos, que podem se modernizar, por força da otimização sistemática.

Com base no ora exposto, cumpre revisitar todo o estatuto proprietário que assola a nação, quiçá com resultados diversos dos que vêm sendo alcançados e que impulsionaram interesse pela matéria, por ser absolutamente impossível, perante um sistema jurídico ensejador da dignidade da pessoa humana como valor supremo, estar o direito das coisas estritamente balizado por uma visão individualista e patrimonialista fruto de arcaica postura exegética.

Refletiu-se, ainda, sobre as oponibilidades dos direitos reais, em que o princípio da oponibilidade *erga omnes*, pela via da teoria das ações, demonstrou a porosidade necessária a um princípio jurídico, por menos abstrato que o seja, a fazer perpassar os direitos pessoais à esfera dos reais, para instrumentalizá-los.

Uma palavra que não poderia faltar à conclusão do presente estudo é solidarismo. Ausente até esse momento, tal palavra foi dolosamente reservada para esse momento por resumir tudo o que foi objetivado no texto.

Solidarismo é a palavra pela qual se desnuda a propriedade contemporânea e o próprio Direito Civil que tal qual Fênix ressurge das

---

[424] **[NA]** Art. 5º, LINDB.

Propriedade e Domínio – A TEORIA DA AUTONOMIA

163

cinzas de uma sistemática socialmente excludente que resultava forçosa e inaceitável.

Valores novos, em face do Código, advêm à ordem jurídica, positivados por normas como os princípios da cidadania, igualdade material, não lesividade e muitos outros que lapidam um Direito Civil com facetas bem diferidas daquelas havidas no período codicista.

Aduz o professor Orlando de Carvalho, replicando posições de Antunes Varela: "a solidariedade não se capta com esquemas jurídicos: constrói-se na vida social e económica e por isso – e só por isso – é que se fazem revoluções [...]".[425] Constata-se que a revolução já ocorreu. O sistema jurídico já não é visto no âmbito lógico-formal, sendo integrado por valores, e estes desfiguraram o Direito Civil projetado pela civilística tradicional ora em crise.

O Código curva-se ante o manto constitucional dos valores que ofuscam a ideologia que o inspirou. A abertura do sistema lhe dá uma convergência social irresistível.

Amor é o elemento preponderante do vínculo familiar; vontade real é o do contratual, e bem-estar é o da propriedade.

A propriedade, na mesma medida em que positiva um dever negativo dos demais em relação ao titular, positiva deveres positivos deste em relação à comunidade em que resta inserida, cambiantes em face do caso concreto (ambos os aspectos), eis que tanto o direito de propriedade como sua função social somente ganham concreticidade na tópica incidência, axiologicamente hieraquizante.

O domínio ganha novas feições pela permeabilidade principiológica. Os direitos subjetivos correspondentes às faculdades *in re* do proprietário, em que pese sua natureza jurídica real, não se concebem como desmedidos em razão da obrigacionalização da propriedade a vincular seu titular no âmbito do exercício de seus poderes no bem da vida, direcionando-os para o bem-estar social.

Ao término dessas reflexões sobre tão vasta matéria, cumpre referenciar que as presentes linhas foram mero instrumento da metodologia jurídica do pensamento sistemático, lente apta ao jurista para que não recaia em retórica desestruturante.

Por fim, reafirmando-se a abertura do sistema jurídico, saliente-se que esse trabalho também é aberto, certo que não se mostra esgotada a matéria, e tampouco pode-se ter a pretensão de fazê-lo. A cada

---

[425] CARVALHO, Orlando de. *A Teoria geral da relação jurídica*: Seu sentido e limites. 2. ed. Coimbra: Centelha, 1981, p. 15.

passo que a sociedade der, acompanhada pelo ordenamento em sua mobilidade, mais haverá para se dizer e lacunas para colmatar.

Nesse passo, somente almeja-se uma definição fechada e exauriente, àquilo que não mais existe, pois então, não mais será passível de evolução ou transformação. Definições com pretensão ao fechamento não hão de ter lugar em páginas dedicadas ao estudo do direito, e sim, em lápides.

Referências bibliográficas

AKAOUI, Fernando Reverendo Vidal. A perda da propriedade pelo descumprimento de sua função socioambiental. *Revista de Direito Ambiental*, vol. 67- Jul / 2012.

ALDAZ, Carlos Martínez de Aguirre y. *El derecho civil a finales del siglo XX*. Madrid: Tecnos, 1991.

ALEXY, Robert. *El concepto y la validez del derecho*. Barcelona: Gedisa, 1994, trad. Jorge M. Seña.

ALMEIDA, Francisco de Paula Lacerda de. *Direito das cousas*. Rio de Janeiro: J. R. dos Santos, 1908, 1910. v. 1-2.

ALVES, José Carlos Moreira. *Direito romano*. 10. ed. S. Paulo: Forense, 1997. v. 1.

AMARAL, Francisco. Racionalidade e sistema no direito civil brasileiro. Separata de: *O Direito*, Rio de Janeiro, v. I-II, a. 126, p. 63-81, 1994.

ANDRADE, Manuel A. Domingues. *Ensaio sobre a teoria da interpretação das leis*. 4. ed. Coimbra: A. Amado, 1987.

ARANOVICH, Rosa Maria de Campos. Incidência da Constituição no direito privado. *Revista da Procuradoria Geral do Estado*, Porto Alegre, Inst. de Informática Jurídica, n. 50, p. 47-58, 1994.

ARISTÓTELES. *A política*. Brasília: Universidade de Brasília, 1985, trad. e notas Mario da Gama Kury.

ARNAUD, André-Jean. *O direito traído pela filosofia*. Porto Alegre: S. Fabris, 1991, trad. Wanda de Lemos Capeller e Luciano Oliveira.

ARONNE, Ricardo. *O princípio do livre convencimento do juiz*. Porto Alegre: S. Antonio Fabris, 1996.

——. Titularidades e Apropriação no Novo Código Civil – Breve ensaio sobre a posse e sua natureza, *in* Ingo Saret, *O Novo Código Civil e a Coonstituição*. Porto Alegre:Livraria do Advogado: 2003, p. 215 – 250.

——; FITERMAN, Mauro. Contratos Internacionais. *Revista dos Tribunais*, São Paulo, v. 705, p. 203-205, 1994.

——. Livro III – Do direito das coisas. *In Código Civil Anotado*. Coord. Rodrigo da Cunha Pereira. Porto Alegre: Síntese, 2004.

——. *Direito Civil-Constitucional e Teoria do Caos*. Porto Alegre: Livraria do Advogado, 2006.

ASCENSÃO, José de Oliveira. *Direito civil – reais*. 5. ed. Coimbra: Coimbra, 1993.

AZEVEDO, Álvaro Villaça. *Teoria geral das obrigações*. 6. ed. São Paulo: Revista dos Tribunais, 1997.

BARROSO, Luís Roberto. *Interpretação e aplicação da Constituição*. São Paulo: Saraiva, 1996.

BASTOS, Celso. Desapropriação e imissão provisória na Constituição de 1988. *Cadernos de Direito Constitucional e Ciência Política*, São Paulo, n. 4, p. 5-12, 1993.

BATIFFOL, Henry. *A Filosofia do direito*. Lisboa: Notícias, 1983, trad. Eugênio Cavalheiro.

BENDA, Ernst. Função da garantia da propriedade na constituição moderna. *Cadernos de Direito Constitucional e Ciência Política*, São Paulo, n. 1, p. 237- 249, 1992.

BERCOVICI, Gilberto. A constiuição de 1988 e a função social da propriedade. *Doutrinas Essenciais de Direito Constitucional*, vol. 6-Mai / 2011.

BERNAL, José Manuel Martin. *El abuso del derecho*. Madrid: Montecorvo, 1982.

BERTHILLIER, Jacques. *Pur une reforme humaniste du droit de proprieté*. Paris: [s. e.], 1991.

BESSONE, Darcy. *Direitos reais*. 2. ed. São Paulo: Saraiva, 1996.

——. *Da posse*. São Paulo: Saraiva, 1996.

BETTI, Emílio. Pádua: [s.e.], 1935.

BEVILÁQUA, Clóvis. *Teoria geral do direito civil*. 2. ed. Rio de Janeiro: Rio, 1980.

——. *Direito das coisas*. 5. ed. Rio de Janeiro: Forense, 1956. v. 1-2.

——. *Código civil dos Estados Unidos do Brasil commentado*. 9. ed. Rio de Janeiro: F. Alves, 1953. v. 3.

BITTAR, Carlos Alberto. *Curso de direito civil*. São Paulo: Forense Universitária, 1994. v. 2.

BOBBIO, Norberto. *Teoria do ordenamento jurídico*. 6. ed. Brasília: UnB, 1995, trad. Maria Celeste dos Santos.

——. *O positivismo jurídico*. São Paulo: Ícone, 1995, trad. Edson Bini.

——. *Estado governo sociedade*: Para uma teoria geral da política. São Paulo: Paz e Terra, 1995.

——. *Liberalismo e democracia*. 6. ed. Brasília: Brasiliense, 1994.

BONAVIDES, Paulo. *Curso de direito constitucional*. 6. ed. São Paulo: Malheiros, 1996.

——. *Do estado Liberal ao Estado Social*. Belo Horizonte: Del Rey, 1993

BRANT, Cássio Augusto Barros. Das modalidades de usucapião a valoriação da posse trabalho como meio de aquisição da propriedade imobiliária. *Revista de Direito Privado*, vol. 45, Jan., 2011.

BRETONE, Mario. *História do direito romano*. Lisboa: Estampa, 1990.

CANARIS, Claus-Wilhelm. *Pensamento sistemático e conceito de sistema na ciência do direito*. Lisboa: Calouste Gulbenkian, 1989, trad. A. Menezes Cordeiro.

CANOTILHO, José Joaquim Gomes. *Direito constitucional*. 6. ed. Coimbra: Almedina, 1993.

——; MOREIRA, Vital. *Fundamentos da Constituição*. Coimbra: Coimbra, 1991.

CARBONNIER, Jean. *Flexible droit*: Pour une sociologie du droit sans riguer. Paris: LGDJ, 1992.

CARRIL, Nelson J. López. *Publicidad de los derechos reales*. Buenos Aires: Depalma, 1965.

CARVALHO, Orlando de. *A Teoria geral da relação jurídica*: Seu sentido e limites. 2. ed. Coimbra: Centelha, 1981.

CHIRONI, G.P. *Nuovi studi e questioni di diritto civile*. Torino: Fratelli Bocca, 1922.

CORDERO, Franco. *Riti e sapienza del diritto*. Roma: Laterza, 1985.

CORRÊA, Luiz Fabiano. Comistão dos direitos reais e obrigacionais. *Revista dos Tribunais*, São Paulo, n. 744, p. 713-724, 1997.

CORREIA, Fernando Alves. *O plano urbanístico e o princípio da igualdade*. Coimbra: Almedina, 1997.

COSSIO Y CORRAL, Alfonso; COSSIO Y MARTINEZ, Manoel de; ALONSO, Jose Leon-Castro. *Instituciones de derecho civil*. 2. ed. Madrid: Civitas, 1991.

COSTA, Mario Júlio de Almeida. *Noções de direito civil*. 3. ed. Coimbra: Almedina, 1991.

COVIELLO, Nicola. *Manualle di diritto civile italiano*. Milano: Società Editrice, 1924.

COSTA, Judith Hofmeister Martins. O direito privado como um "sistema em construção": as cláusulas gerais no Projeto do Código Civil brasileiro. In: *Jus Navigandi*, Teresina, ano 4, n. 41, mai. 2000. Disponível em: Acesso em: 12 jul. 2004.

CRETELLA JUNIOR, José. *Comentários à Constituição Federal de 1988*. 3. ed. São Paulo: Forense Universitária, 1992. v. 1.

CUNHA, Paulo Ferreira da. *Sociedade e Direito*. Porto: Resjuridica, 1996.

DANILEVICZ, Igor. Reflexões sobre a interpretação literal de normas no direito tributário. *Direito & Justiça*, Porto Alegre, v. 17, p. 119-134, 1997.

DANTAS, San Tiago. *Programa de direito civil*. Rio de Janeiro: Rio, 1979. v. 3.

DIDIER JÚNIOR, Fredie. A função social da propriedade e a tutela processual da posse. *Doutrinas Essenciais de Direito Constitucional*, vol. 6 – Mai / 2011.

DIEZ-PICAZO, Luiz; GULLÓN, Antonio. *Instituciones del derecho civil*. Madrid: Ariel, 1995. v. 2.

DIFINI, Luiz Felipe Silveira. Sobre o conceito jurídico de bens. *AJURIS*, Porto Alegre, n. 69, p. 116-128, 1997.

DINIZ, Maria Helena. *Curso de direito civil interpretado.* 10. ed. São Paulo: Saraiva, 1995. v. 4.

——. *Curso de Direito Civil Brasileiro.* São Paulo: Saraiva, 2008.

——. Lei de introdução ao código civil interpretada. São Paulo: Saraiva, 1994.

——. *Código civil anotado.* São Paulo: Saraiva, 1996.

DWORKIN, Ronald. *Los derechos en serio.* Barcelona: Ariel derecho, 1985, trad. espanhola, Ariel Derecho.

——. *The philosophy of law.* Oxford: Oxford University Press, 1986.

DUGUIT, Léon. *Traité de droit constitucionnel.* 3. ed. Paris, 1930. v. 3.

ENGISH, Karl. *Introdução ao pensamento jurídico.* 6. ed. Lisboa: Calouste Gulbenkian, 1994, trad. J. B. Machado.

ENTERRÍA, Eduardo Garcia de. Una nota sobre el interés general como concepto jurídico indeterminado. *Revista do Tribunal Regional Federal da 4a Região,* Porto Alegre, n. 25, p.27-50, 1996.

——. Hermenêutica e supremacia constitucional: El principio de la interpretación conforme la constitución de todo el ordenamiento. *Revista de Direito Público,* São Paulo, n. 77, p. 33-38, 1986.

——. La constitución como norma y el tribunal constitucional. 3. ed. Madrid: Civitas, 1985.

——. Reflexiones sobre la ley y los princípios generales del derecho. Madrid: Civitas,1984.

FACHIN, Luiz Edson. A função social da posse e a propriedade contemporânea. Porto Alegre: S. Fabris, 1988.

——. Limites e possibilidades da nova teoria geral do direito civil. *Revista de Estudos Jurídicos,* Curitiba, v. 2, n. 1, p. 99-109, 1995.

——. *Estado, posse e propriedade:* do espaço privado à função social. Curitiba, 1997, texto não publicado.

——. A questão fundiária. In: XV Conferência Nacional da OAB (1994: Foz do Iguaçu). *Anais* ... Foz do Iguaçu, Conselho Federal da OAB, 1994. p. 503-509.

——. Teoria Crítica do Direito Civil à luz do novo Código Civil Brasileiro. 2ª Ed. Rio de Janeiro: Renovar, 2003.

——. Questões do Direito Civil Brasileiro Contemporâneo. Rio de Janeiro: Renovar, 2008.

——. A construção do Direito Privado contemporâneo com base na experiência crítico-doutrinária brasileira a partir do catálogo mínimo para o Direito Civil-Constitucional no Brasil. IN TEPEDINO, Gustavo. Direito Civil Contemporâneo. São Paulo: Atlas, 2008, p. 12-28.

——. A cidade nuclear e o direito periférico (reflexões sobre a propriedade urbana. *Doutrinas Essenciais Obrigações e Contratos,* vol. 2 – Jun / 2011.

——. Aquisição construtiva de solo alheio – princípio superfícies solo credit, boa-fé e função social à luz do Código Civil brasileiro. *Revista dos Tribunais,* vol. 922 -Ago / 2012.

FERNANDES, Luís A. Carvalho. *Lições de direitos reais.* 2. ed. Lisboa: Quid Juris, 1997.

FERRARA, Francesco. *Interpretação e aplicação das leis.* 4. ed. Coimbra: A. Amado, 1987, trad. Manuel Andrade.

FERRARI, Livia. O resgate de Keynes: Teóricos querem a mão invisível do estado regulador. *Gazeta Mercantil,* São Paulo, 04.07.97.

FERRAZ JÚNIOR, Tercio Sampaio. *Introdução ao Estudo do Direito.* 4. ed. São Paulo: Atlas, 2003.

FERREIRA, Pinto. A concepção dos direitos individuais e as ilusões constitucionais. *Cadernos de Direito Constitucional e Ciência Política,* São Paulo, n. 1, p. 274-281, 1992.

FONSECA, Manuel Baptista Dias da. *Da propriedade horizontal.* 5. ed. Coimbra: Coimbra, 1988.

FONTINELLI, Maria Gabriela Telles. A usucapião especial urbana coletiva vista pelos tribunais: apontamentos jurisprudenciais sobre os óbices e as possibilidades do instrumento para a concretização do princípio da função social do imóvel urbano. *Revista dos Tribunais,* vol. 928, Fev / 2013.

FRANÇA, Limongi. *Instituições de direito civil.* São Paulo: Saraiva, 1988.

FRANCO, João Melo; Herlander A. Martins. *Dicionário de conceitos e princípios jurídicos.* Coimbra: Almedina, 1993.

FREIRE, Rodrigo da Cunha Lima. Princípios regentes do direito das coisas. *Revista dos Tribunais*, São Paulo, n. 735, p. 55-73, 1997.

FREITAS, José Ferreira de. A Constituição e as leis ordinárias. *Cadernos de Direito Constitucional e Ciência Política*, São Paulo, n. 10, p. 46-50, 1995.

FREITAS, Juarez. *A interpretação sistemática do direito*. São Paulo: Malheiros, 1995.

——. *A substancial inconstitucionalidade da lei injusta*. Porto Alegre: Vozes, 1989.

——. Ilustração do papel concretizador da interpretação jurídica. *O ensino jurídico no limiar do novo século*, Porto Alegre: EDIPUCRS, p. 65-89, 1997.

——. *Direito romano e direito civil brasileiro*: Um paralelo. Porto Alegre: Acadêmica, 1987.

——. Do princípio da probidade administrativa e de sua máxima efetivação. *Revista de Informação Legislativa*, Brasília, Subsecretaria de Edições Técnicas do Senado Federal, n. 129, p. 51-65, 1996.

——. *Estudos de direito administrativo*. São Paulo: Malheiros, 1995.

FULGÊNCIO, Tito. *Da posse e das ações possessórias*. 9. ed. rev. atual. São Paulo: Forense, [s. d.].

GAILLARD, Maurice. *L'intelligence du droit*. Paris: Les Editions D'Organisation Université, 1992.

GAIO, Daniel. A propriedade urbana e o direito de edificar. *Doutrinas Essenciais de Direito Ambiental*, vol. 3 – Mar / 2011.

GALVÃO, Flávio Alberto Gonçalves. Sistema, hierarquia de normas e princípios constitucionais no direito. *Cadernos de Direito Constitucional e Ciência Política*, São Paulo, n. 13, p. 80-95, 1995.

GALVÃO, Marcelo Rebelo de Souza Sofia. *Introdução ao estudo do direito*. Lisboa: Europa-América, 1994.

GATTI, Edmundo. *Propriedad y dominio*. Buenos Aires: Abeledo-Perrot, 1996.

——; ALTERINI, Jorge H. *El derecho real*: Elementos para una teoria general. Buenos Aires: Abeledo Perrot.

GILISSEN, John. *Introdução histórica ao direito*. 2. ed. Lisboa: Calouste Gulbenkian, 1995, trad. da ed. francesa por A. M. Hespanha e L. M. Macaísta Malheiros.

GOMES, Orlando. *Direitos reais*. 10. ed. São Paulo: Forense, 1990.

——. *Direitos reais*. 20. ed. São Paulo: Forense, 2010.

——. *Tranformações gerais do direito das obrigações*. 2. ed. São Paulo: Revista dos Tribunais, 1980.

GONÇALVES, Carlos Roberto. *Direito das coisas*. São Paulo: Saraiva, 1997.

——. *Direito das coisas*. São Paulo: Saraiva, 2010.

GUEDES, Jefferson Carús. *Exceção de usucapião*. Porto Alegre: Livraria do Advogado, 1997.

HÄBERLE, Peter. *Hermenêutica constitucional*. Porto Alegre: S. Antonio Fabris, 1997, trad. de Gilmar F. Mendes.

HEGEL, Georg Wilhelm Friedrich. *Princípios da filosofia do direito*. São Paulo: M. Fontes, 1997, trad. Orlando Vitorino (a partir das versões italiana e francesa).

HESSE, Konrad. *A força normativa da constituição*. Porto Alegre: S. Fabris, 1991, trad. Gilmar F. Mendes.

——. *Escritos de derecho constitucional*. Madrid: Centro de Estudios Constitucionales, 1983.

HIGHTON, Elena I. *Lineamientos de derechos reales*. Buenos Aires: Ad-Hoc., 1991.

JACOMINO, Sérgio. *Registro de imóveis*: Acórdãos e decisões do Conselho superior da magistratura e corregedoria geral da justiça de São Paulo. Porto Alegre: S. Fabris, 1997.

JUBILUT, Liliana Lyra. A aplicação do direito internacional dos direitos humanos pelo STF. *Doutrinas Essenciais de Direitos Humanos*, vol. 6 – Ago / 2011.

KELSEN, Hans. *A teoria pura do direito*. 4. ed. São Paulo: M. Fontes, 1995, trad. João B. Machado.

——. *Teoria geral do direito e do estado*. 2. ed. São Paulo: M. Fontes, 1992, trad. João B. Machado.

——. *Teoria geral das normas*. Porto Alegre: S. Fabris, 1986, trad. da ed. alemã de 1979 por José F. Duarte.

——. *O problema da justiça*. São Paulo: M. Fontes, 1996.

KRAWIETZ, Werner. *El concepto sociológico del derecho y otros ensayos.* Col. del Carmen: Fontanamara, 1991.

LARENZ, Karl. *Derecho civil*: Parte general. 3. ed. Jaén: *Revista de Derecho Privado*, 1978, trad. Miguel Izquierdo.

———. *Metodologia da ciência do direito.* 5. ed. Lisboa: Calouste Gulbenkian, 1983, trad. da 5. ed. alemã revista por José Lamego.

LAUBÉ, Vitor Rolf. Perfil constitucional do meio ambiente. *Cadernos de Direito Constitucional e Ciência Política*, São Paulo, n. 4, p. 216-226, 1993.

LIMA, Getúlio Targino. Constituto possessório e tranferência de posse. *Revista de Direito Civil*, São Paulo, n. 4, p. 93-100, 1978.

LISBOA, Roberto Senise. Dignidade e solidariedade civil-constitucional. *Revista de Direito Privado*, vol. 42 – Abr / 2010.

LOPES, Miguel Maria de Serpa. *Curso de direito civil.* 4. ed. Rio de Janeiro: F. Bastos, 1996. v. 6.

LUHMANN, Niklas. *Sociologia do direito II.* Rio de Janeiro: Tempo Brasileiro, 1985.

MACHADO NETO, A. L. *Sociologia jurídica.* 6. ed. São Paulo: Saraiva, 1982.

MANSO, Ramón Maciá. *Doctrinas modernas iusfilosóficas.* Madrid: Tecnos, 1996.

MARKY, Thomas. *Curso elementar de direito romano.* 8. ed. São Paulo: Saraiva, 1995.

MARQUES, Floriano Azevedo. O choque de direitos e o dever de tolerância: Os direitos fundamentais no limiar do século XXI. *Cadernos de Direito Constitucional e Ciência Política*, São Paulo, n. 9, p. 35-41, 1994.

MARTINS, Ives Gandra da Silva. Inteligência dos arts. 184, 185 e 186 da CF. *Cadernos de Direito Constitucional e Ciência Política*, São Paulo, n. 10, p. 106-122, 1995.

MARTINS, Simone Aparecida. Das garantias fundamentais. *Cadernos de Direito Constitucional e Ciência Política*, São Paulo, n.2, p. 126-133, 1993.

MARTINS-COSTA, Judith Martins. *A boa-fé no Direito Privado.* São Paulo: RT, 2000.

———. O direito privado como um "sistema em construção": as cláusulas gerais no Projeto do Código Civil brasileiro. In: *Jus Navigandi*, Teresina, ano 4, n. 41, mai. 2000. Disponível em: Acesso em: 17 jul. 2004.

MATTA, Emmanuel. *O realismo da teoria pura do direito.* Belo Horizonte: Nova Alvorada, 1984.

MAXIMILIANO, Carlos. *Condomínio*: Terras, apartamentos e andares perante o Direito. Rio de Janeiro: F. Bastos,1950.

———. *Hermenêutica e aplicação do direito.* Rio de Janeiro: Forense, 1984.

MESQUITA, Manuel Henrique. *Obrigações reais e ônus reais.* Coimbra: Almedina, 1990.

MIAILLE, Michel. *Introdução crítica ao direito.* Lisboa: Estampa, 1994.

MILAGRES, Marcelo de Oliveira. *Direito das coisas: entre dois tempos.* IN LOTUFO, Renan, NANNI, Giovanni Ettore e MARTINS, Fernando Rodrigues. Temas relevante do Direito Civil Contemporâneo. São Paulo: Atlas, 2012. p.729-745.

MIRANDA, Darcy Arruda. *Anotações ao código civil brasileiro.* 4. ed. São Paulo: Saraiva, 1993.

MIRANDA, Jorge. Os direitos fundamentais: Sua dimensão individual e social. *Cadernos de Direito Constitucional e Ciência Política*, São Paulo, n. 1, p. 198-208, 1992.

MIRANDA, Pontes de. *Tratado de direito privado.* 3. ed. Rio de Janeiro: Borsoi, 1970. t. 1.

———. *Fontes e evolução do direito civil brasileiro.* 2. ed. São Paulo: Forense, 1981.

———. *Tratado das ações.* São Paulo: Revista dos Tribunais, 1974. t. 2.

MOELLER, Oscarlino. Usucapião: Modo originário de aquisição da propriedade e via incidental de reconhecimento com efeitos *erga omnes. Revista de Direito Civil*, São Paulo, n. 4, p. 101-116, 1978.

MONTEIRO, Washington de Barros. *Curso de direito civil.* 31. ed. São Paulo: Saraiva, 1994.

MORAES, Maria Amália Dias de. A Constituição e o direito civil. *Revista da Procuradoria Geral do Estado*, Porto Alegre, Inst. de Informática Jurídica, n. 48, p. 45-54, 1993.

MORAES, Maria Celina. *Perspectivas a partir do direito civil-constitucional.* IN TEPEDINO, Gustavo, Direito Civil Contemporâneo. São Paulo: Atlas, 2008.p. 29-41.

MORIN, Edgar. *Introdução ao pensamento complexo.* Lisboa: Instituto Piaget, 2003.

MOTES, Carlos J. Maluquer de. Los conceptos de sustancia, forma y destino de las cosas en el código civil. Madrid: Civitas, 1992.

MUCCILLO, Jorge A. M. *Propriedade imóvel e direitos reais*. Porto Alegre: Livraria do Advogado, 1992.

NALIN, Paulo Roberto Ribeiro. Do contrato: conceito pós-moderno. Em busca de sua formulação na perspectiva civil-constitucional. Curitiba: Juruá, 2006.

———; SIRENA, Hugo. Da estrutura à função do contrato: dez anos de um direito construído. In: LOTUFO, Renan, NANNI, Giovanni Ettore e MARTINS, Fernando Rodrigues. *Temas relevante do Direito Civil Contemporâneo*. São Paulo: Atlas, 2012.

NEQUETE, Lenine. *Da prescrição aquisitiva*. 2. ed. Porto Alegre: Sulina, 1970.

NEGREIROS, Tereza. *Teoria do Contrato – novos paradigmas*. Rio de Janeiro: Renovar, 2006.

NEVES, A. Castanheira. *Metodologia jurídica*: Problemas fundamentais. Coimbra: Coimbra, 1993.

NORONHA, Fernando. O direito dos contratos e seus princípios fundamentais. São Paulo: Saraiva, 1994.

OPPO, Giorgio. *Diritto privato e interessi publici. Rivista di Diritto Civile*, Padova, CEDAM, 1994, XL-1, 1994, p. 24-41.

OTTO, Ignácio de. *Derecho constitucional*. Barcelona: Ariel, 1995.

PARDAL, Francisco Rodrigues; FONSECA, Manuel Baptista Dias da. *Da propriedade horizontal no código civil e legislação complementar*. 5. ed. Coimbra: Coimbra, 1988.

PASQUALINI, Alexandre. Sobre a interpretação sistemática do direito. *Revista do TRF 1ª Região*, Brasília, v. 7, n. 4, p. 95-109, 1996.

PAULSEN, Leadro; CAMINHA, Vivian Josete Pantaleão; RIOS, Roger Raupp. *Desapropriação e reforma agrária*. Porto Alegre: Livraria do Advogado, 1997.

PEREIRA, Caio Mário da Silva. *Instituições de direito civil*. 13. ed. Rio de Janeiro: Forense, 1998. v. 4.

PEREIRA, Gustavo Oliveira de Lima. *A pátria dos sem pátria: direitos humanos e alteridade*. Porto Alegre: Editora Uniritter, 2011.

PEREIRA, Lafayette Rodrigues. *Direito das coisas*. 5. ed. Rio de Janeiro: F. Bastos, 1943. t. 1.

PERLINGIERI, Pietro. *Perfis do direito civil*: Introdução ao direito civil constitucional. Rio de Janeiro: Renovar, 1997.

———. *A doutrina do direito civil na lealidade constitucional*. IN TEPEDINO, Gustavo. Direito Civil Contemporâneo. São Paulo: Atlas, 2008, p. 1-11.

PESET, Mariano. *Dos ensayos sobre la historia de la propriedad de la tierra*. Madrid: Revista de Derecho Privado, 1982.

PETIT, Eugene. *Tratado elemental de derecho romano*. 9. ed. Buenos Aires: Albatroz, 1892, trad. J. F. Gonzales.

PIOVESAN, Flávia. O direito ao meio ambiente e a Constituição de 1988: Diagnóstico e Perspectivas. *Cadernos de Direito Constitucional e Ciência Política*, São Paulo, n. 4, p. 75-97, 1993.

PORRAS, Antonio Delgado. *Panorámica de la protección civil y penal en materia de propriedad intelectual*. Madrid: Civitas, 1988.

PUGLIESE, Roberto J. Expressões modernas do direito de propriedade. *Revista dos Tribunais*, São Paulo, n. 733, p. 733-762, 1997.

REALE, Miguel. *A teoria tridimensional do direito*. 5. ed. São Paulo: Saraiva, 1994.

———. A atualidade do direito de família no projeto de código civil frente à constituição de 1988. Disponível em <jus.com.br/doutrina/índex.html>. acesso em 2 de julho de 2009.

REVISTA JUSTIÇA, vol II, Fascículos de novembro, dezembro de 1932 e janeiro, fevereiro, março e abril de 1933, Porto Alegre,1933.

RODRIGUES, Manoel. *A posse*: Estudo de direito civil português. 4. ed. Coimbra: Almedina, 1996.

RODRIGUES, Silvio. *Direito civil*. 22. ed. São Paulo: Saraiva, 1995. v. 6.

RODRIGUEZ, Carlos Eduardo López. *Introdução ao pensamento jurídico de Karl Larenz*. Porto Alegre: Livraria do Advogado, 1994.

Propriedade e Domínio – A TEORIA DA AUTONOMIA

ROJO, Margarita Beladiez. *Los principios jurídicos*. Madrid: Tecnos, 1994.

ROSA, F.A. Miranda. *Sociologia do direito*. 6. ed. Rio de Janeiro: Zahar, 1978.

RUGGIERO, Roberto de. *Instituições de direito civil*. 6. ed. São Paulo: Saraiva, 1958. v. 2, trad. Ary dos Santos.

RUSCHEL, Ruy Ruben. *Direito constitucional em tempos de crise*. Porto Alegre: Sagra Luzatto, 1997.

RUZYK, Carlos Eduardo Pianovski; FACHIN, Luiz Edson. Um projeto de Código Civil na contramão da Constituição. In: *Revista Trimestral de Direito Civil*, vol 4. out./dez., 2000, p. 243-264

SANCHÍS, Luis Prieto. *Ideologia e interpretacion juridica*. Madrid: Tecnos, 1993.

SANTA Maria, José Serpa de. *Direitos reais limitados*. Brasília: Brasília Jurídica, 1993.

———. O evolver da conceitual propriedade e sua natureza jurídica. *Revista de Direito Civil*, São Paulo, n. 58, p. 62-82, 1991.

SANTIAGO JUNIOR, Aluísio. *Direito de propriedade*. Belo Horizonte: Inédita, 1997.

SANTOS, Boaventura de Souza. *O discurso e o poder*: Ensaio sobre a sociologia da retórica jurídica. Porto Alegre: Sergio Fabris, 1988.

SANTOS, J. M.Carvalho dos. *Código civil brasileiro interpretado*. 6. ed. Rio de Janeiro: F. Bastos, 1956. v. 7.

SARLET, Ingo (org.). *Constituição, Direitos Fundamentais e Direito Privado*. Porto Alegre: Livraria do Advogado, 2003.

———; FENSTERSEIFER, Tiago. *Direito Constitucional Ambiental*. São Paulo: Revista dos Tribunais, 2012.

SCHAPP, Jan. *Problemas fundamentais da metodologia jurídica*. trad. E. Stein. Porto Alegre: Sergio Fabris, 1985.

SERRES, Michel. *O contrato natural*. Rio de Janeiro: Nova Fronteira, 1991.

SHULTZ, Fritz. *Principios del derecho romano*. Madrid: Civitas e Universidad Complutense Madrid, 1990, trad. Manuel Abellán Velasco.

SILVA, Clóvis V. do Couto e. *A obrigação como processo*. São Paulo: Bushatsky, 1976.

SILVA, Ovídio A. Baptista da. *Ação de imissão de posse*. 2. ed. São Paulo: Revista dos Tribunais, 1997.

———. *Jurisdição e execução na tradição romano-canônica*. São Paulo: Revista dos Tribunais, 1996.

———. Reivindicação e sentença condenatória. *Revista da Ajuris*, Porto Alegre, n. 44, p. 142-186, [s. d.].

———. Direito subjetivo: Pretensão de direito material e direito de ação. *Revista da Ajuris*, Porto Alegre, n. 29, p. 100-126, [s. d.].

———. *Curso de direito processual civil*. 3. ed. Porto Alegre: S. Fabris, 1996.

TAVARES, José de Farias. *O código civil e a nova constituição*. Rio de Janeiro: Forense, 1991.

TEPEDINO, Gustavo. *Multipropriedade imobiliária*. São Paulo: Saraiva, 1993.

———. A nova propriedade: O seu conteúdo mínimo, entre o Código Civil, a legislação ordinária e a Constituição. *Revista Forense*, São Paulo, v. 306, p. 73-78, 1991.

———. Contornos constitucionas da propriedade privada. In: *Estudos em homenagem ao professor Caio Tácito*. Rio de Janeiro: Renovar, 1997. p. 309-333.

———; SCHREIBER, Anderson. A garantia da propriedade no direito brasileiro. *Revista da Faculdade de Direito de Campos*, Ano VI, n° 6 – Junho de 2005.

———; FACHIN, Luiz Edson. (orgs.). *Diálogos sobre Direito Civil*. Vol II. Rio de Janeiro: Renovar, 2008.

TEPEDINO, Maria Celina B. M. A caminho de um direito civil constitucional. *Revista de Direito Civil*, São Paulo, n. 65, p. 21-32, 1992.

VASCONCELOS, Arnaldo. *Teoria da norma jurídica*. 3. ed. São Paulo: Malheiros, 1986.

VECCHIO, Giorgio del. *Los principios generales de derecho*. Barcelona: Borsh, 1979.

———. *Lições de filosofia do direito*. 5. ed. Coimbra: A. Amado, 1979, trad. Antônio José Brandão.

VENOSA, Silvio de Salvo. *Direitos reais*. São Paulo: Atlas, 1995.

VIANNA, Marco Aurélio. *Teoria e prática do direito das coisas*. São Paulo: Saraiva, 1983.

——. *Tutela da propriedade imóvel*. São Paulo: Saraiva, 1982.

VIDAL, A. Lúcio. *O direito real de habitação periódica*. Coimbra: Almedina, 1984.

VIDIGAL, Geraldo de Camargo. A propriedade privada como princípio da atividade econômica. *Cadernos de Direito Constitucional e Ciência Política*, São Paulo, n. 9, p. 42-52, 1994.

WALD, Arnoldo. *Direito das coisas*. 10. ed. São Paulo: Revista dos Tribunais, 1995.

WHITAKER, F. *Terras*: Divisões e demarcações. 6. ed. Rio de Janeiro: F. Bastos, 1933.

WIEACKER, Franz. *História do Direito Privado Moderno*. Lisboa: Fundação Calouste Gulbenkian, 1967.

WOLKMER, Antonio Carlos *et al*. *Fundamento de história do direito*. Belo Horizonte: Del Rey, 1996.

——. Evolução crítica das instituições jurídicas no Brasil. *Revista de Estudos Jurídicos*, Curitiba, v. 2, n. 1, p. 9-15, 1995.

Propriedade e Domínio – A TEORIA DA AUTONOMIA

ANEXO
Titularidades e apropriação no novo Código Civil brasileiro – Breve ensaio sobre a posse e sua natureza

Apresentação – A despatrimonialização da pertença

Com a alegria envaidecida do discípulo que admira a obra do mestre, aquiesci ao convite do Professor Doutor Ricardo Aronne para apresentar seu texto sobre a teoria tríptica da posse. Alguns, menos avisados, poderiam associar o tratamento jurídico da posse em uma obra destinada à propriedade como o retomar da vetusta noção de posse enquanto *foyer* da propriedade. Ao contrário, trata-se de uma incursão ao instituto jurídico da posse procurando apresentar uma construção teórica capaz de responder aos anseios do cotidiano. Os que conhecem a obra de Ricardo Aronne, – peço *venia* para dispensar o título em face da admiração pessoal e profissional – são capazes de perceber o porquê desta inclusão. A mim cabe tornar pública a motivação. Há muito, nós, acadêmicos e profissionais, vínhamos percebendo a farta produção científica que o Professor Doutor Ricardo Aronne oferecera à comunidade jurídica nestes mais de quinze anos de pesquisa. Com seu apreço especial ao direito das coisas, inovou, desafiou a compreensão jurídica tradicional e forneceu nova racionalidade ao mais patrimonialista de todos os ramos do Direito. De modo técnico e preciso, colocou o ser humano no centro da regulação jurídica destes institutos, sem afastar-se da noção de pessoa em concreto, dotada de razão e sentimentos. Sua produção jurídica é farta, e muitos pedidos havia para que o autor apresentasse à comunidade jurídica um texto que oferecesse aos leitores um "tratamento sistemático sobre a pertença e uso das coisas".[1] Tenho esta obra, composta por duas partes,

---

[1] Estou certa de que na linguagem do autor esta oração seria melhor construída se tratasse da "pertença, na forma de apropriação ou de titularidades".

Propriedade e Domínio – A TEORIA DA AUTONOMIA

uma sobre propriedade *versus* domínio e outra sobre posse, como um presente especial a todos os seus pesquisadores e por que não dizer à comunidade científica em geral.

No tocante a esta segunda parte do livro, o autor apresenta sua "Teoria Tríptica", apresentando o tratamento jurídico da posse em cinco capítulos distintos.

No primeiro, introduz o tema, apresentando ao leitor as raízes históricas e sociológicas da construção tradicional da noção de posse. Apresenta o tratamento jurídico possessório no Código Civil de 1916, bem como a origem daquela disciplina. Critica a racionalidade vetusta a embalar a Codificação de 2003 e apresenta a necessidade de superação da lógica patrimonialista em face da moldura axiológica constitucional e dos processos de "repersonalização", "constitucionalização" e "publicização" do Direito Civil.[2]

No segundo capítulo, o professor Doutor Ricardo Aronne apresenta o tratamento jurídico tradicional da posse através das teorias clássicas de Savigny e Jhering, traçando o paralelo daquela disciplina com a das codificações civis brasileiras.

No terceiro capítulo, dedica-se a apresentar a Teoria Tríptica da Posse, desenvolvendo, de forma inovadora, o tratamento jurídico de situações ordinárias do dia a dia forense, que habitualmente, não eram contempladas com uma dogmática coerente.

Através de uma leitura sistemática, principiológica e axiológica das bases constitucionais, apresenta, no capítulo quarto, a função social da posse em sua estreita vinculação com o princípio da dignidade humana.

O capítulo quinto é destinado às possessórias, destacando a necessidade de repensar a disciplina jurídica no tocante às questões coletivas de posse.

Por fim, cabe ressaltar que o texto em apreço é fruto de uma reflexão epistemológica novo-paradigmática, porque, aliada às reflexões sobre Direito e Teoria do Caos, encontra escopo em uma dimensão teórica crítica, transdisciplinar, sem deixar de ser técnica e pragmática.

Suspeita pela admiração que tenho pelo meu sempre Orientador, Professor Doutor Ricardo Aronne, estendo ao leitor o convite para desafiar os conhecimentos tradicionais sobre a posse!

Profª. Dra. Simone Tassinari Cardoso

---

[2] FACHIN, Luiz Edson. *Questões do Direito Civil Brasileiro Contemporâneo*. Rio de Janeiro: Renovar, 2008.

1. Introdução

O Direito Civil brasileiro, na antessala do século XXI, assistiu ser produzida no país uma nova codificação. Contra as mais progressistas tendências do Direito Civil Contemporâneo, a opção pela codificação dos estatutos privados derivou de uma escolha político-legislativa do Congresso Nacional, estando longe de ser um consenso entre os civilistas pátrios.[3]

Padece, pois, do mesmo mal de seu antecessor que, ao invés de abrir as portas do século XX, quando aprovado em 1916, fechava as portas do século XIX, representando os interesses das oligarquias agrárias, bem assentadas na então República do Café com Leite.

Derivou do ora explicitado, um profundo processo de decapagem hermenêutica,[4] para proceder a evolução de uma legislação de caráter fechado, que a partir do Estado Novo começa seu desalinho axiológico com o sistema jurídico, o qual se altera profundamente com o fim do "liberalismo caboclo", decretado pelas sucessivas crises do café.[5]

Tratava-se do Código Patrimonial Imobiliário, na medida em que existia e dotava de direito subjetivo, àquele que já era dotado de patrimônio.[6] Neste sentido, somente se observa como sujeito no direi-

---

[3] TEPEDINO, Gustavo. O velho projeto de um revelho código civil. *Temas de Direito Civil*. Rio de Janeiro: Renovar, 1999, p. 437: "Na discussão sobre o projeto do novo (?) Código Civil, o que menos importa é o indiscutível brilho e o extraordinário talento da comissão de juristas que o elaborou e do Senador Josaphat Marinho, seu Relator. O fato é que o projeto foi redigido há quase 30 anos (a comissão foi constituída pela metade de 1969) e a sua aprovação representará impressionante retrocesso político, social e jurídico".

[4] Vicente de Paula Barreto, em seu prefácio à obra de Margarida Maria Lacombe Camargo (*Hermenêutica e argumentação – uma contribuição ao estudo do direito*. Rio de Janeiro: Renovar, 1999, p. VI), leciona: "Enquanto a dogmática clássica encontrou nos grandes civilistas e nas codificações do século XIX o campo propício para desenvolver um modo de aplicação do direito, que se caracterizaia por um modelo de interpretação fundado numa concepção abstrata do direito, e, no fundo ideal do Estado e da sociedade, o pensamento jurídico contemporâneo defronta-se, precisamente em virtude da chamada 'crise do direito', com o desafio de construir uma nova forma de pensar e aplicar o direito. A 'aplicação da lei', vale dizer, a adequação do fato aos ditames da norma jurídica, consistia no objetivo central da dogmática clássica, que transitava no universo fechado do sistema jurídico não levando em conta o que Hans Kelsen chamou de fatores 'a-científicos' na análise jurídica. O direito bastava-se a si próprio, como se fosse uma mônada dentro da qual deveriam ser enquadrados os fatos e as relações sociais".

[5] SILVA, Francisco de Assis; BASTOS, Pedro Ivo de Assis. *História do Brasil*. São Paulo: Moderna, 1983, p. 177: "O problema apresenta-se sem perspectivas no correr do ano de 1930 [...]. O vencimento das dívidas e o avolumar-se da crise levam a *debâcle* às falências. A revolução de 1930 interrompe brutalmente esta situação e subverte a estrutura agrária dominante e a supremacia política desta classe. Era o fim de uma época e da hegemonia dos fazendeiros do café".

[6] GOMES, Orlando. *Transformações gerais do direito das obrigações*. São Paulo: RT, 1980, p. 2: "O Direito das Obrigações elaborado no século XIX, calcado no Direito Romano e aperfeiçoado, principalmente na Alemanha, pela Escola das Pandectas, concorreu para o desenvolvimento

to de família, o indivíduo casado, não tendo trânsito na codificação outro projeto parental que não a família matrimonial hierarquizada. Para o contrato, também somente o contratante era reconhecido como sujeito, ficando à margem aquele sem dotação patrimonial mínima, para participar do jogo do trânsito jurídico.[7] O direito das coisas, zona central e sensível da codificação, não destoou da perspectiva oitocentista que inspirou o diploma civil.

Adotando a teoria dualista, que cinge o direito patrimonial em duas categorias, dos vínculos reais e dos vínculos pessoais, em matéria de propriedade e suas derivações no que diz respeito a patrimônio alheio, somente o interesse dos respectivos titulares guardava relevância e jurisdicidade. Na lição de Giuseppe Provera:

> Ma perché questa immagine si formi bisognaque il diritto risulti opponibile ai terzi, dovedosi intendere l'opponibilità nel duplice significato di tutela dell'interesse alla titolarità ed all'esercizio del diritto da un lato e di c.d. diritto di seguito o di sequela dall'altro.[8]

Ou seja, regulando a vida, a partir de um filtro artificial denominado relação jurídica, é traçada uma linha entre o direito e o não direito, cujo pórtico de entrada ao trânsito jurídico se dá em face do reconhecimento da condição de sujeito de direito, que, no caso do direito das coisas, implica a titularidade, e não a condição humana, ubicada em um mínimo social.[9]

A posse não trouxe novidades. Visitada como o *foyer* da propriedade privada, principalmente propriedade privada da terra, meio de produção por excelência desde o Brasil colonial – realidade que perdurou nas primeiras repúblicas –, abre o capítulo dedicado ao direito

---

econômico, mas legitimou abusos, ao favorecer a prepotência das pessoas economicamente fortes. No pórtico de sua codificação, poder-se-ia ter inscrito, a talho de foice, a legenda: *beati possidentes"*

[7] HOLLANDA, Sérgio Buarque de. *Raízes do Brasil*. 26. ed. São Paulo: Cia. das Letras, 1997, p. 95: "Essa primazia acentuada da vida rural concorda bem com o espírito da dominação portuguesa, que renunciou a trazer normas imperativas e absolutas, que cedeu todas as vezes que as conveniências imediatas aconselharam a ceder, que cuidou menos em construir, planejar ou plantar alicerces, do que em feitorizar uma riqueza fácil e quase ao alcance da mão".

[8] PROVERA, Giuseppe, La distinzione fra diritti reali e diritti di obbligazione alla luce delle istituzioni di Gaio. In: *Il modello di Gaio nella formazione del giurista*. Milão: Giuffrè, 1981, p. 389-390: "Mas para que esta imagem se forme, é preciso que o direito resulte oponível a terceiros, devendo compreender-se a oponibilidade no duplo significado, de um lado, tutela do interesse à titularidade e ao exercício do direito, de outro, o direito de seguimento ou seqüela". (Tradução livre)

[9] SARLET, Ingo Wolfgang. *A eficácia dos direitos fundamentais*. Porto Alegre: Livraria do Advogado, 1998, p. 63: "No âmbito de um Estado social de Direito – e o consagrado pela nossa evolução constitucional não foge a regra – os direitos fundamentais sociais constituem exigência inarredável do exercício efetivo das liberdades e garantia de igualdade de chances (oportunidades), inerentes à noção de uma democracia e um Estado de Direito de conteúdo não meramente formal, mas, sim, guiado pelo valor de justiça material".

das coisas, oscilando entre as teorias alemãs clássicas mais aceitas (objetiva e subjetiva), adaptando-as para servirem de escudo a eventuais ataques à propriedade imobiliária.

A percepção da realidade brasileira que permeou a codificação conta uma triste história de exclusão social, à qual o Direito contemporâneo luta para mitigar,[10] e que o denominado novo Código Civil não pode importar em retrocesso. Para tanto, o processo de decapagem hermenêutica que se observou ao longo de mais de oitenta anos no Código Beviláqua não foi um desafio maior do que o apresentado pelo novo Código.

O sentido do que ora se verte guarda um papel no espaço e no tempo, cediço a importância do momento que o Direito Civil brasileiro atravessa. O projeto em nada inovou o Código de 1916, na medida em que se manteve adrede à moldura patrimonialista que ancorava a codificação do início do século XX.[11] Deve-se, pois, tomar o cuidado de não ser vertida uma dogmática engessante, do qual é auspiciosa uma nova codificação.[12] O viés hermenêutico continua apto ao reconstruir do *status quo*, sem que se deixe de reconhecer eventuais claudicações, no curso de uma jornada cujo "por vir", ainda que reflita, possa não depender do "de vir" de maneira absoluta, de modo que a opção pela codificação não derive, no processo da história nacional, como um momento decisivo em que o país tenha feito uma escolha equivocada.[13]

---

[10] FACHIN, Luiz Edson. *Teoria crítica do direito civil*. Rio de Janeiro: Renovar, p. 1: "Para captar as transformações pelas quais perpassa o Direito Civil contemporâneo, há lugar para uma nova introdução que se proponha a reconhecer a travessia em curso e que se destine a um olhar diferenciado sobre as matérias que compõem o objeto de análise. Clara premissa que instiga a possibilidade de reconhecer que o reinado secular de dogmas, que engrossaram as páginas de manuais e que engessaram parcela significativa do Direito Civil, começa a ruir. Trata-se de captar os sons dessa primavera em curso".

[11] TEPEDINO, Gustavo. *O velho projeto de um revelho código civil*. Ob. cit., p. 438: "Do ponto de vista social, o retrocesso não é menos chocante. Os últimos 30 anos marcaram profunda transformação do direito civil, simplesmente desconsiderada pelo projeto do novo (?) código:os institutos de direito privado, em particular a família, a propriedade, a empresa e o contrato, ganharam função social que passa a integrar o seu conteúdo. As relações patrimoniais são funcionalizadas à dignidade da pessoa humana e aos valores sociais inculpidos na Constituição de 1988. Fala-se, por isso mesmo, de uma *despatrimonialização do direito privado*, de modo a bem demarcar a diferença entre o atual sistema em relação àquele de 1916, patrimonialista e individualista. Os quatro personagens do Código Civil – o marido, o proprietário, o contratante e o testador –, que exauriam as atenções (sociais) do codificador, renascem, redivivos, com o projeto, agora em companhia de mais um quinto personagem: o empresário".

[12] PLANIOL, Marcel; RIPPERT, Georges. *Tratado practico de derecho civil frances*. Havana: Cultural, 1946, Tomo 3, p. 7.

[13] PAIM, Antonio. *Momentos decisivos da história brasileira*. São Paulo: Martins Fontes, 2000, p. XI-XII: "Momentos decisivos de nossa história são aqueles nos quais o país poderia ter seguido rumo diverso do escolhido. [...] Barbara Tuchman (1912-1989), ao escolher as situações que figurariam no livro que intitulou de A Marcha da Insensatez, adotou como critério a presença contemporânea de opositores. Cassandra advertiu que o cavalo de madeira traria desgraças a

Nesse passo, carece de utilidade comentar, acima da superficialidade, a disciplina da pertença, seja pela apropriação ou titularidade, dentro do "novo" Código, ou seja, partir da codificação para chegar nela mesma,[14] sem aterrar a interlocução com o sistema em que o Código aporta e a sociedade para a qual se destina.[15] Talvez aí se consiga manter o estudo da reforma do Direito Civil, no contexto evolutivo já alcançado e não estancar em um evento deste processo, que é a aprovação do Novo Código.[16]

> O marco inicial da reflexão está no combate ao aparente triunfo da indiferença que parece ganhar espaços no eloqüente silêncio sobre a temática da reforma do direito civil brasileiro. [...]

> Pode ser paradoxal apontar esse esmaecimento dos vôos epistemológicos e da interlocução científica na seara do direito que se propõe a governar juridicamente o que se apresenta na base organizativa da sociedade: as titularidades de apropriação, o projeto parental e o trânsito jurídico. Afinal, esse debate deveria radiografar os três pilares que mostram, numa breve lição de anatomia jurídica, a arquitetura social e o seu reflexo normativo sobre os bens de uso, de consumo e de produção.

> Ubica-se aí essa primeira nota de conclamação destinada não apenas ao debate imprescindível sobre o projeto do novo Código Civil, mas sim sobre o debate conjunto

---

Troia. Mesmo assim, deixaram-no entrar. No caso brasileiro, as opções também se configuraram, quase sempre tão claras como no confronto entre separatismo e unidade nacional ou entre sistema representativo e autoritarismo".

[14] TEPEDINO, Gustavo. *A parte geral do novo Código Civil – Estudos na perspectiva civil-constitucional*. Rio de Janeiro: Renovar, 2002, p. XI e XII: "A leitura dos artigos da Parte Geral nesta perspectiva permite superar as inúmeras perplexidades suscitadas pela reforma legislativa, garantindo estabilidade ao sistema jurídico, com base nos valores culturais consagrados na Constituição da República. Afasta-se, portanto, a *visão neo-exegética*, ainda presente no espírito nostálgico de tantos autores, que imaginavam no Novo Código a oportunidade se restaurar a pureza técnica do corpo normativo, visto como um conjunto (neutro) de dispositivos a ser utilizado para a segurança das relações patrimoniais".

[15] GONNARD, René. *La propriété dans la doctrine et dans l'histoire*. Paris: LGDJ, 1943. p. 1-2: "Dans les sociétés humaines même les plus rudimentaires, se pose le problème de l'appropriation, c'est-á-dire le problème de la manière dont sera assurée, aux individus ou aux groupes, la faculté, plus ou moins durable et plus ou moins exclusive, de disposer des biens.

[...] Et le droit de propriété, dans sa forme et dans son organisation, on a beaucoup varié dans le temps et dans l'espace". "Na sociedade humana, mesmo nas mais rudimentares, é colocado o problema da apropriação, quer dizer a maneira que será assegurada, aos indivíduos ou aos grupos, a faculdade, mais ou menos durável e mais ou menos exclusivo, para se dispor dos bens. [...] E o direito de propriedade, na sua forma e na sua organização, alterou-se no espaço e no tempo". (Tradução livre)

[16] PASQUALINI, Alexandre. Sobre a interpretação sistemática do direito. *Revista do Tribunal Regional Federal da 1ª Região*, Brasília: O Tribunal, v. 7, n. 4, p. 96, 1995: "Em outras palavras, a lei se apresenta tão-só como o primeiro e menor elo da encadeada e sistemática corrente jurídica, da qual fazem parte, até como garantia de sua resistência, os princípios e os valores, sem cuja predominância hierárquica e finalística o sistema sucumbe, vítima da entropia e da contradição. Vale dizer, a unidade só é assegurada por obra do superior gerenciamento teleológico, patrocinado pelos princípios e valores constituintes da ordem jurídica. Vai daí que a ideia de sistema jurídico estava a reclamar conceituação mais abrangente, sob pena de se tornar incapaz de surpreender o fenômeno jurídico em toda a sua dimensão, principalmente na esfera decisória".

de transformações necessárias pelas quais passou e deve ainda passar o direito civil brasileiro. Daí o sentido dessa clivagem entre os limites da codificação e as possibilidades da reforma.

A reforma é um processo em construção. A codificação enquanto proposição de unidade é um evento, evento esse que no tempo opera, mediante a tradição, uma função de modo. Em ambas observamos um mapeamento tributário dos valores culturais predominantes, e, para ambas dirigimos nossa atenção.[17]

Pode-se, outrossim, manter a reflexão à luz dos pressupostos e paradigmas contemporâneos de "repersonalização", "publicização" e "constitucionalização", fruto da própria inflexão da moldura axiológica constitucional despatrimonializante,[18] que perfaz a base e o topo do ordenamento e, a partir dela, perseguir, sem prejuízo de retrocesso, a unidade que o Código apenas se propõe a fornecer, mas que resulta por voltar seu regime de garantias, tão somente aos três pilares[19] do Direito Civil tradicional.

Nada obstante a pragmaticidade dessa decapagem hermenêutica, não carece de utilidade científica o estudo crítico da disciplina como versada no novo Código, servindo de ponte a instrumentalizar interlocução entre o clássico e o contemporâneo, percebendo-se, no mínimo por questões didáticas, senão pedagógicas,[20] as superações de paradigmas e dogmas[21] neste percurso, ainda pseudodoutrinariamen-

---

[17] FACHIN, Luiz Edson. A reforma no Direito Brasileiro: novas notas sobre um velho debate no Direito Civil. *Revista dos Tribunais*, São Paulo, RT, n. 757, p. 64-65

[18] NALIN, Paulo; CASTRO, Carlos Alberto Farracha de. Economia, mercado e dignidade do sujeito. In: FACHIN, Luiz Edson; TEPEDINO, Gustavo; MORAES, Maria Celina Bodin, *et al.* (orgs.). *Diálogos sobre direito civil – Construindo a racionalidade contemporânea*. Rio de Janeiro: Renovar, 2002, p. 99-125.

[19] CARBONNIER, Jean. *Flexible droit: pour une sociologie du droit sans riguer*. Paris: LGDJ, 1992, p. 201.

[20] GILISSEN, John. *Introdução histórica ao direito*. 2. ed. Lisboa: Calouste Gulbenkian, 1995, p. 648: "A descrição histórica das situações reais tem sido severamente afectada por utilizações retrospectivas de esquemas conceituais e dogmáticos. Sendo as situações reais, nomeadamente sobre bens imóveis, situações duradouras, elas estão sujeitas a contínuas reinterpretações conceituais. Assim a dogmática oitocentista, dominada pelo paradigma da propriedade absoluta e da oposição público/privado reinterpretou a seu modo as formas de deter as coisas herdadas do passado (exemplar, neste plano, a discussão oitocentista sobre a questão dos forais); a dogmática do direito comum, por sua vez, já reinterpretara, de acordo com as categorias doutrinais tardo-medievais e modernas, as fórmulas dos documentos medievais ou as relações reais estabelecidas na prática; por fim, os notários dos sécs. XII e XIII já tinham procurado classificar as situações vividas nos esquemas terminológico-conceituais da *ars notariae*. De tudo isso resulta a necessidade de uma progressiva decapagem da tradição, que nem sempre tem sido levada a cabo pela historiografia dominante, pelo que o panorama actual da história dos direitos reais, também em Portugal, se revela ainda bastante grosseiro, apesar da atenção que tem despertado".

[21] CORTIANO JR., Eroulths. Para além das coisas (Breve ensaio sobre o direito, a pessoa e o patrimônio mínimo. In: FACHIN, Luiz Edson; TEPEDINO, Gustavo; MORAES, Maria Celina Bodin, *et al.* (orgs.). *Diálogos sobre direito civil – Construindo a racionalidade contemporânea*. Rio de Janeiro: Renovar, 2002, p. 155-165.

Propriedade e Domínio – A TEORIA DA AUTONOMIA

te afirmados,[22] principalmente na seara da posse, vasto celeiro de conservadorismo no Direito Civil.[23]

2. Em busca de uma radiografia da posse codificada

A posse, na disciplina da pertença, atende ao comando dos regimes de apropriação. Tradicionalmente, é a regulação do ter, não raro em prejuízo do ser, diante de sua arquitetura fulcrada na retenção física dos bens de apropriação.

Independe das titularidades, guardando autonomia institucional (classicamente mais propalada do que sistematizada), imiscuindo-se no domínio,[24] em sua percepção mais arejada, mas tampouco confunde-se com ele, constituindo ainda um desafio para a civilística, no sentido de ter muito a ser dito sobre o tema, não obstante muito já ter sido dito.[25] Neste viés, há de ser acompanhado Darcy Bessone:

> Não estamos a refletir apenas na figura complexa da posse. Queremos saltar para fora de um círculo tão estrito para vermos todo o descompasso entre o Direito e a vida, especialmente no campo do Direito privado. Tem faltado imaginação e criatividade aos cientistas do Direito. Não conseguem vincular-se à evolução resultante das novas descobertas e inventos. De ordinário, viram-se para trás, em lugar devolverem-se para frente.
>
> Querem descobrir, em Roma agrária, de dois mil anos atrás, as soluções para os conflitos do século XX ou do terceiro milênio. Os cajados romanos refletiam a singeleza da vida, então destituída das complexidades que, agora, a todos nós envolvem. Àquele

---

[22] Com a mesma afirmação vide TEPEDINO, Gustavo. Contornos constitucionais da propriedade privada. *Temas de direito civil*. Rio de Janeiro: Renovar, 1999, p. 268.

[23] CORDEIRO, António Menezes. Problemas de direitos reais. *Estudos de direito civil*. Coimbra: Almedina, 1991, v. 1, p.201: "O Direito encontra-se em evolução, permanentemente, quer em obediência às modificações sociais, quer em consonância com a sua própria dinâmica interna. As modificações registradas no tecido jurídico não são uniformes: em cada momento histórico, certas disciplinas jurídicas apresentam um dinamismo particular, superior às demais. Nesta panorâmica, existe divulgado o entendimento de que o Direito privado comum, com tónica, pois, no Direito das Obrigações e em Direitos Reais, se situaria numa zona de estabilidade acentuada, o que é dizer, pouco permeável a inovações. Francamente inexacto no tocante às Obrigações, esta asserção bem poderia colher em Direitos Reais".

[24] ARONNE, Ricardo. *Propriedade e domínio – reexame sistemático das noções nucleares de direitos reais*. Rio de Janeiro: Renovar, 1999, p. 124-125.

[25] Importantes, pela contemporaneidade e aplicação, as lições sobre a autonomia da posse trazidas por Teori Albino Zavascki no texto "A tutela da posse na Constituição e no projeto do novo Código Civil" (In: MARTINS-COSTA, Judith. (org.). *A reconstrução do direito privado*. São Paulo: RT, 2002, p. 843-861). Na mesma obra vide também Laura Beck Varela (A tutela da posse entre a abstração e autonomia: uma abordagem histórica, p. 789-842)

tempo, a propriedade, virtualmente, não era titulada, circunstância que levou, naturalmente, a situações fáticas em que a posse viceja.[26]

A posse, pela perspectiva clássica, fulcra-se em duas teorias[27] que partem dos muitos sistemas jurídicos que Roma erigiu, sucessivamente, na constante busca sociológica de adequação de seus institutos jurídicos às muitas transformações de seu povo e cultura.

Isto não sem prejuízo das distorções medievais em sede de direitos reais que, na medida de sua utilidade, foram aproveitadas pelos seus representantes.[28] É esta a armadura que foi imposta à disciplina da apropriação, no que se pode chamar Direito Moderno, alinhado ao interlúdio da Revolução Francesa até as grandes guerras, que marcam a pós-modernidade.

Sem que este texto se volte para um estudo das teorias possessórias, o que não é seu objeto, *tomá-las* como ponto de partida, a ubicar uma reflexão que não as *tome* como compromisso, porém como dado, o qual integra, diante de sua inelutável importância histórica, o que ainda se verifica por construir, na existência de uma "nova" codificação, mas, principal e primordialmente, a partir de um Direito Civil constitucionalizado e pluralizado.[29]

A primeira destas teorias, derivada do intelecto de Carl von Savigny, arauto da Escola Histórica, se denomina Teoria Subjetiva da Posse. Subjetiva na medida em que compreende a posse como a soma de seus dois *famulus*, o *corpus e o animus*, cuja ausência de um destes a descaracteriza.[30]

A *intentio* ganha um papel prevalente, no sentido de não bastar para a configuração da posse, em um sentido juridicamente hábil, apenas a retenção física, o apoderamento da coisa, estratificada

---

[26] BESSONE, Darcy. *Da posse*. São Paulo: Saraiva, 1996, p. 7.

[27] SOARES, Fernando Luso. *Ensaio sobre a posse como fenómeno social e instituição jurídica*. Coimbra: Almedina, 1996, p. XXI: "Não necessitamos de grandes explicações para entender o fenómeno da 'estabilidade' teórica da posse. A 'responsabilidade' cabe ao facto de este instituto se encontrar poderosamente ligado (ou espartilhado ?) pela opulência das investigações históricas que se lhe referem. E não só, aliás. Em grande parte ela pertence também ao gigantesco prestígio científico daqueles dois homens que foram (e continuam a ser) os alicerces fundamentais dos estudos possessórios. Refiro-me, evidentemente, a Savigny e Ihering. É impossível, *hoje* tal como ontem, analisar as questões da posse e criticar os pontos de vista adoptados pelo legislador, sem que as ideias básicas se orientem ou se determinem por uma referência (em regra, *polémica*) a estes dois gigantes da História do Direito.

[28] GILISSEN, John. Ob. cit., p. 648.

[29] FACHIN, Luiz Edson. *A função social da posse e a propriedade contemporânea*. Porto Alegre: Sergio Fabris, 1988, p. 25.

[30] SAVIGNY, Friedrich Carl von. *Traité de la possession – En droit romain*. 4ª ed. Bruxelles: Bruylant, 1893, p. 87-91.

Propriedade e Domínio – A TEORIA DA AUTONOMIA

na noção de *corpus*. É necessário ainda o *animus*, a vontade de possuir (*animus possidendi*), não raro superposto à vontade de ser dono (*animus domini*), ou a vontade de ter para si (*animus sibi habere*) o bem, ou melhor, a *res*.

Ou seja, um fator psicointelectual, aliado à *detentio*, marca o delimitador entre a posse juridicamente tutelada e reconhecida e a posse não reconhecida e carecedora de tutela. Daí subjetiva, a adjetivação que se agregou para designação desta corrente clássica.

Para a Teoria Subjetiva, a posse é um fato, enquanto a propriedade é um direito, carecedor, este último, da visibilidade que a posse agrega de modo ínsito, por ser um fato, no entendimento dos respectivos adeptos.

Savigny partiu seus estudos fulcrado na análise da tutela interdital e petitória romana,[31] sem perder de vista até mesmo as publicianas. Parte de uma percepção primária de que ao possuidor titular, guindado à condição de proprietário ou assemelhado (como o enfiteuta), naturalmente, pela sua condição, advinha-lhe a tutela de sua posse.

Ao ter sua posse reconhecida pelo Direito, do modo assinalado, Savigny classificou-a como *naturalis*.[32] Por identificar a natureza interdital com as possessórias, denomina de posse *ad interdicta*, toda aquela que é tutelada, e daí compreendida por ele como reconhecida pelo Direito. Assim, a posse *naturalis* era *ad interdicta*.

Em outros casos, é o sistema jurídico que concedia tutela à posse, ainda que o possuidor estivesse desprovido de titularidade, mas preenchesse condições de especialidade, cujas iniciais seriam o *corpus* e o *animus*, os fâmulos desta. Tal posse resultou classificada como *civilis*, pois a tutela era advinda do Direito Civil, e não de sua condição natural de possuidor.[33]

A posse *civilis* era, assim, uma posse *ad interdicta*, mas como o sistema tende a corrigir seus "miasmas", von Savigny agregou-lhe a condição de *ad usucapionem*, para que fosse atribuída a titularidade ao

---

[31] Insere-se, ao contrário de outros comentaristas da teoria, a análise das petitórias, pois a *vindicatio, actio* que visa a tutelar ou a viabilizar o *dominium*, em última instância, e que repousa na oponibilidade *erga omnes* da *proprietas*, seria a *suma obligatio* decorrente do dever de abstenção dos não titulares, positivado a partir do período das *legis actiones* (Ricardo Aronne, *Propriedade e Domínio*, ob. cit., p. 92-98). Difere, pois, até em natureza, das *interdictas* atinentes à seara possessória, indentificadas com a *reintegratio* e a *mantentio*.

[32] SAVIGNY, Friedrich Carl von. *Traité de la possession...*, p. 49.

[33] Idem, ibidem, p. 49-77.

possuidor, cuja posse mudaria sua condição, de *civilis* para *naturalis*, trazendo-a à condição de normalidade (natural = *naturalis*).[34]

No que diz com a *Teoria Objetiva da Posse*, obra do discípulo de von Saviny, Rudolf von Jhering – então, já opositor, em mais dois *fronts* científicos, de seu antigo mentor –, a posse é um direito e, ainda que aprecie e discorra sobre a presença do *animus*, reconhecendo sua existência, tal fâmulo não tem o condão de caracterizar ou descaracterizar o regime possessório, para aquele.

A posse, enquanto escudo da propriedade, se caracteriza pelo *corpus*, daí se denominar objetiva tal corrente, não obstante traçar longas elucubrações, não raro desprezadas pela manualística pátria, sobre a destinação econômica do bem, com vistas a compreender figuras como o abandono ou a posse justa e injusta.

O debate entre tais correntes pautou na Alemanha interessante formulação, não só de ordem metodológica, na medida em que cruzavam espadas os seguidores da Jurisprudência Histórica com os da Jurisprudência dos Interesses, escolas respectivamente de Savigny e Jhering, bem como da oportunidade ou não de codificar o Direito Privado alemão. Interessante, pois é claramente visível esta discussão nas entrelinhas da contenda, em que as teorias possessórias em desfile são mais cenários do que atores, na novela do desenvolvimento do Direito Civil continental.[35]

Importante ter em vista que, ao fim e ao cabo, os embates doutrinários que se travam em Ciência do Direito são debates entre metodologias. No que se refere às teorias possessórias clássicas, oriundas da Escola Histórica – Teoria Subjetiva – ou da Jurisprudência dos Interesses – Teoria Objetiva –, ambas se mostram estritamente positivistas, como se pode colher na origem.

Savigny entende que o papel da Ciência do Direito, cuja metodologia é instrumento, seria apresentar historicamente as funções legis-

---

[34] Neste sentido, aliado ao ideário de racionalismo kantiano, fulcrando as teorias liberais, colhe-se de Hegel (*Enciclopédia das ciências filosóficas em epítome*. Lisboa: Edições 70, 1992. v. 3, p.107), a íntima ligação entre o sentido de liberdade, personalidade, posse e propriedade, onde uma coisa emerge quase como uma emanação da outra. Sobre a crítica, vide Ricardo Aronne (*Por uma nova hermenêutica dos direitos reais limitados – das raízes aos fundamentos contemporâneos*. Rio de Janeiro: Renovar, 2001, p. 168-170).

[35] Neste sentido, é o próprio Jhering que sugere sobre Savigny, que "ficará sempre a glória imorredoura, inexpugnável, de haver restaurado, na dogmática do direito civil, o espírito da jurisprudência romana, de modo que, seja qual for, afinal, a soma dos resultados práticos, incólume lhe restará, em todo caso, esse merecimento." (*Foundement des interdits possessoires*. Paris: Meuleneare, s.d., p. 1).

Propriedade e Domínio – A TEORIA DA AUTONOMIA

lativas do Estado. Textualmente: *"El objetivo de la ciencia jurídica es, por tanto, presentear históricamente las funciones legislativas de un Estado".*[36]

Quanto à jurisprudência dos interesses, também é profícua em legalismo positivista, ao identificar o direito subjetivo como derivado da relação jurídica, bem como ser este um interesse juridicamente protegido.[37] Interesse, como esclarece o autor, aporta com sentido de elemento substancial do direito subjetivo, diz com o *animus* do titular, adrede à sua seara de proteção jurídica. Já o sentido de jurídico se refere à chancela estatal da produção jurídica, operando com a noção de completude.

> Ponha-se em lugar de *juridicamente* protegidos, *legalmente protegidos*, e tudo ficará bem. Se utilizei a primeira expressão, é porque a lei não é a única fonte de direito no sentido objetivo; há ainda o direito consuetudinário, que não pode ser compreendido na expressão 'legalmente protegidos'.[38]

No trecho transcrito, Jhering se defende das críticas à sua concepção de direito subjetivo, formuladas pelos adeptos da Escola da Exegese e da Pandectista, diante das noções que buscou introduzir em seu *Geist des Römischen Rechts.*[39]

Observe-se que o termo "jurídico" tem, para o autor, o sentido de legal; o que a lei explicita estar protegido. O termo "consuetudinário", tendo em vista que a unificação alemã ainda era um projeto, a ser embalado pelo BGB e se consolidar em Weimar – ou seja, no início do Século XX –, volta-se muito mais para o sentido jurisprudencial da *Equity* e, portanto de *Common Law*, do que para os costumes no sentido do direito latino.[40] É de sentido mais insular do que continental.[41]

---

[36] Friedrich Carl von Savigny. *Metodologia jurídica.* Buenos Aires: De palma, 1994, p. 5.

[37] JHERING, Rudolf von. *Questões de direito civil.* Rio de Janeiro: Garnier, 1910, p. 104.

[38] JHERING, Rudolf von. *Teoria simplificada da posse.* São Paulo: Saraiva, 1986, p. 93-94.

[39] JHERING, Rudolf von. *L'esprit du droit romain.* Paris: Librairie Marescque Ainé, 1888, t. 4, p. 317.

[40] Sobre a distinção, especificamente no que diz com o direito das coisas, vide CANDIAN, Albina; GAMBARRO, Antonio; POZZO, Barbara. *Property – propriété – eigentum: corso di diritto privato comparato.* Milão: CEDAM, 1992, *passim.*

[41] Idem, ibidem, p. 56-57: *"Uno dei segreti dell'Equity risiede nell'aver mutuato il criterio del better title con cui il common law ha da sempre regolato i conflitti proprietari assegnado il diritto a colui tra i due contendenti che era munito del titolo migliore, seza pretendere che si trattasse di un titolo 'assoluto'. In Equity questo criterio viene universalizzato facendo prevalere quello dei due interessi in gioco che appare il più meritevole, senza tener conto della 'regolarità' legale. Con ciò le esperienze di common law vennero private del più usuale di esclusione della una categoria legale ed i confini della law of property divennero necessariamente sfumati poiché tutto ciò che non poteva trovare riconscimento in law poteva aspirare a trovare efficace tutela in Equity".*

"Um dos segredos do *Equity* reside na alteração do critério do *better title* com o qual o *commom law* sempre regulou os conflitos dos proprietários para afirmar o direito entre dois adversários que se apresentavam ambos munidos do melhor título, sem considerar que se tratasse de um título 'absoluto'. *In Equity* este critério vem universalizado, fazendo prevalecer entre os interesses

Aporta nestas teorias o ponto de partida da reflexão sobre a apropriação, pois é nestas teorias que, ainda hoje, a manualística assenta suas parcerias epistemológicas com vistas a traduzir o fenômeno da posse em sua dimensão jusprivatista. Questionar o dado, importa retomar a dogmática em sede de posse pelas suas vigas mestras, daí partir-se do ancoramento temático e dos lastros teóricos que frutificaram no racionalismo do século XIX.

Compreender a posse na "nova" codificação – e não para a "nova" codificação – importa repensá-la em suas bases, como fenômeno imbricadamente histórico e social, que pode alavancar uma perpectiva contemporânea e funcionalizada da apropriação e pertença.[42]

Tanto no que diz com o Código Beviláqua, como em relação ao vindouro, mantêm-se as investigações acerca de qual das teorias é adotada, ainda que, como discorre Fachin, "as diferenças são bem menos substanciais do que se apregoa".[43]

Ainda assim, colhe-se do autor do, então, projeto do que viria a ser o Código Beviláqua, comentando os dispositivos sobre a matéria (arts. 561 a 601 do Projeto do CCB de 1916), aduzir não ter a doutrina formulado um conceito hábil de posse, para utilização na codificação.

> Não há certamente assumpto, em todo o direito privado, que tenha mais irresistivelmente captivado a imaginação dos juristas do que o da posse, mas tambem difficilmente se encontrará outro que mais tenazmente haja resistido á penetração da analyse, ás elucidações da doutrina.

> Si é um facto ou um direito, dissentem os auctores; si conceitualmente differe da detenção, é objecto de interminaveis discussões; quaes os seus elementos constitutivos, dizem por modo diverso os mais conspicuos tratacdistas.[44]

Luiz Roldão de Freitas Gomes, apreciando as "alterações" havidas no direito das coisas da nova codificação, a partir do anteprojeto, acaba por subscrever e transcrever a crítica de Caio Mário, quanto à indecisão conceitual, diante das teorias clássicas.

---

em jogo quese apresentasse mais merecedor, sem levar em conta a 'regularidade' legal. A partir da experiência do common law foram excluídas várias categorias legais e os limites da *law of property* tornaram-se necessariamente fluidos, porque tudo aquilo que não podia encontrar reconhecimento in law poderia aspirar ser reconhecido para ser *tutelado in Equity*". (Tradução livre)

[42] Para um início de estudo específico neste ponto veja-se Eduardo Takemi Kataoka (Declínio do individualismo e propriedade. In: TEPEDINO, Gustavo. (org.). *Problemas de Direito Civil-Constitucional*. Rio de Janeiro: Renovar, 2000, p. 457-466).

[43] FACHIN, Luiz Edson. *A função social da posse e a propriedade contemporânea*. Ob. cit., p. 25.

[44] BEVILÁQUA, Beviláqua. *Em defeza do projecto de Código Civil Brazileiro*. Rio de Janeiro: Francisco Alves, 1906, p. 107.

O Código de 1916, em definição programática, abraçou sem rebuços a escola objetivista de von Jhering.

> Ao mesmo tempo que conceituou a posse em termos precisos, teve a coragem de oferecer ao seu intérprete, desde logo, o supedâneo doutrinário, tanto mais indispensável, define a posse no art. 1.390 (agora 1.196) em tais termos que não se sabe bem a que subsídio recorrer em termos conceituais.[45]

Finda por verificar-se na prática, que muitas investigações e lacunas atinentes à codificação de 1916, não se resolverão com a entrada do novo diploma legal. Ao contrário. Tendencialmente serão reacesos temas que poderiam restar pacificados, como se colhe em sede de posse. Demonstra isto, que a carência pela qual o Direito Civil atravessa, efetivamente não é pouca, mas, certamente, seu conteúdo não é de ordem legislativa.

Na esteira do disposto, cumpre, até por ser básico à reflexão, buscar a natureza da posse no sistema vigente e, na mesma linha, verificar seu trânsito no CCB e no NCCB.[46]

3. A aporética possessória e a teoria tríptica

Admitida – com vistas, tão só, a problematizar o tema – a percepção positivista de sistema formal de regras, ordenado a partir da codificação, a adoção de uma ou de outra teoria, por si só, deixa à margem do sistema a esfera jurídico pessoal da posse, classicamente designada de posse precária, em jargão que até hoje é vastamente utilizado na contratualística brasileira, bem como retira, da tutela possessória, ou a posse fática ou a denominada posse indireta.[47]

Se a posse é um fato (Teoria Subjetiva), não se tutela àquele que não controverta o fato da posse, ou a postule tendo por base um direito de posse ou direito à posse, e não o fato da posse. Não menos preciso seria dizer que se a posse é um direito real, e assim entende Jhering em sua Teoria Objetiva,[48] qualquer postulação possessória, se não embasada em uma titularidade, não terá guarida no ordenamento.

---

[45] GOMES, Luiz Roldão de Freitas. Notas sobre o direito das coisas no projeto do Código Civil. *Revista Trimestral de Direito Civil*, nº 1, Rio de Janeiro, Padma, 2000, p. 78.

[46] Compreenda-se por CCB o Código Civil Brasileiro e por NCCB o Novo Código Civil Brasileiro.

[47] BESSONE, Darcy. Ob. cit., p. 103-106.

[48] JHERING, Rudolf von. *Teoria Simplificada da Posse*. Ob. cit., p. 104: "A posse aparece como uma relação imediata da pessoa com a coisa; pertence, pois, ao direito das coisas".

Não se quer buscar definir algo a partir de sua própria definição, mas para que a instrumentalidade ínsita ao Direito seja atendida, tem-se que perceber como o sistema jurídico procede o trânsito do instituto da posse em suas entranhas, ou seja, após sofrer um *input* do sistema social,[49] através de uma demanda veiculando interdito desta natureza.

Transitar-se-ão quatro casos específicos no âmbito da apropriação, para leitura no sistema jurídico vigente. Casos de contornos e características próprias, a servirem de problematizadores, enquanto exercício aporético de compreensão da posse. Para tanto, partir-se-á de uma compreensão do fenômeno possessório como apreensão física do bem da vida. É uma compreensão sabidamente insuficiente, em que a própria noção de posse indireta não cabe, mas presta-se, diante de sua primariedade e clareza, para início de aporética, a ser posteriormente desenvolvida no presente texto.

Tenha-se presente o proprietário singular, de titularidade regular e domínio consolidado, exercendo posse sobre seu próprio bem. O segundo caso trata-se de um locatário de imóvel residencial urbano, cuja posse deriva do pacto locatício, formal e materialmente contratado. O terceiro caso possível é o do sujeito que se apossa de *res nullius*, de um bem abandonado, que toma para si e procede sua destinação econômica. Esse caso interessa enquanto posse *ad usucapionem*, ou seja, antes de se implementar o lapso de aquisição do domínio. Por fim, tome-se o caso do caseiro que guarda um bem para o respectivo proprietário, seu contratante.

No caso do proprietário, sua relação possessória assenta as respectivas bases de legitimação perante o sistema jurídico, no domínio, ou seja, o *ius possidendi*, um direito de possuir, é o substrato legitimante do escopo possessório do titular da propriedade de tal bem.

Em face do ordenamento, o proprietário carrega um direito subjetivo real que faz imediata sua relação possessória. Ao menos em tese, para o exercício da posse, o detentor de tal espectro dominial de posse, identificada como *ius possidendi* pela dogmática estabelecida classicamente,[50] sendo o bem objeto direto, na esfera de vínculo jurídico. Tal posse é regulada, desta forma, na codificação de 1916, assim como no novo Código.

---

[49] ARONNE, Ricardo. *Por Uma Nova Hermenêutica dos Direitos Reais Limitados – Das Raízes aos Fundamentos Contemporâneos*. Rio de Janeiro: Renovar, 2001, p. 50-61.

[50] FULGÊNCIO, Tito. *Da posse e das ações possessórias*. 9. ed. São Paulo: Forense, 1995. v. 2. p. 251: "*Jus Possessionis* e *Jus Possidendi* – Tratando-se do *jus possessionis* e não do *jus possidendi*, de causa possessória e não de causa petitória, cumpre ao A. provar que, estando na posse de suas terras, foi esbulhado, e não que as terras em questão lhe pertenciam. Trib. de São Paulo".

É posse reconhecida, que se legitima no ordenamento por sua jurisdicidade de direito subjetivo real. Nesse caso, trata-se de posse essencialmente jurídica, que permanece reconhecida e tutelável, independentemente de sua faticidade.

Em caso de conflito possessório, o que legitima o pleito interdital, nesse caso, é o direito dominial do autor, subjetivado pelo *jus possidendi*, que é o direito de possuir, cuja tutela é requerida ao Estado, na figura do Juiz. É o caso, não só do proprietário, como de todo aquele possuidor na esfera real, como o usufrutuário, credor pignoratício, enfiteuta, entre outros.

O Código Beviláqua, no art. 485, reconhece textualmente a figura do *jus possidendi*, quando parte da titularização dos elementos dominiais, juntamente com as respectivas titularidades, enunciando: "Considera-se possuidor todo aquele que tem de fato o exercício, pleno, ou não, de algum dos poderes inerentes ao domínio, ou propriedade".

Repisa-se, é o domínio ou sua titularidade que legitima, nestes casos, o pedido possessório, advindo o respectivo interesse de agir à demonstração da violação positiva de tal espectro possessório, atingindo o poder dominial e/ou titularizado pelo que demanda tutela.

Nada é efetivamente inovado pelo "novo" Código, neste tocante. A supressão do termo *domínio*, no dispositivo correlato, o art. 1.196, em nada altera a *ratio iuris* ou mesmo a *mens legis*, ainda que tenha havido uma oscilação na *mens legislatoris*.[51] Assim se encontra a redação do dispositivo: "Considera-se possuidor todo aquele que tem de fato o exercício, pleno, ou não, de algum dos poderes inerentes à propriedade."

Propriedade, comparece no texto, como ocorrera no texto de 1916, com o sentido de titularidade, diante do sentido que a racionalidade intersubjetiva do ordenamento jurídico lhe consigna. Existindo no art. 485 do CCB o termo *domínio*, implica que o possuidor que tenha o bem na esfera dominial, poderia propor a possessória, alegando *jus possidendi*, independente da titularidade ser ou não ostentada.

Quando o termo *domínio* é excluído do dispositivo, como fez o art. 1.196 do NCCB, há um intento de fechamento, pois àquele que

---

[51] ARONNE, Ricardo. *O princípio do livre convencimento do juiz*. Porto Alegre: Fabris, 1996, p. 43-44: "O pensamento do legislador não é apenas obra dele, é, isto sim, um fruto de origem infinita, produto de uma ideação de séculos, resultante de vivências, não só de um indivíduo, mas de civilizações, que se imiscui no cérebro por obra da criação e/ou do estudo, de forma que o legislador sequer percebe. Eis aí a significação sociológica da lei, em seu nascedouro, posto que, de forma pura, esta significação só haverá de surgir a partir dos efeitos sociais que esta norma provocar".

ainda não tiver titularidade de seu domínio, não possibilitaria opor seu *jus possidendi*.

Haveria efeitos nocivos decorrentes do exposto, na opção por uma interpretação literal, como se colhe na usucapião. Tome-se uma usucapião extraordinária, regida pelo art. 550 do CCB, que assim resta vertido: "Aquele que, por 20 (vinte) anos, sem interrupção, nem oposição, possuir como seu um imóvel, adquirir-lhe-á o domínio, independentemente de título e boa-fé que, em tal caso, se presume, podendo requerer ao juiz que assim o declare por sentença, a qual lhe servirá de título para transcrição no Registro de Imóveis".

Nesse caso, quando a *posse ad usucapionem*, que é posse estritamente fática, estribada na boa-fé do possuidor, transforma-se em *jus possidendi*, pela implementação do domínio, na medida que o lapso temporal de exercício possessório qualificado se integrou completamente, poderia o possuidor demandar interdito na condição de detentor do direito real de posse que, de plano, ostenta.

Já carrega direito real na esfera possessória, e assim um efetivo direito de posse, pois uma sentença de usucapião apenas declara domínio e não o constitui. Ou seja, o julgador reconhece um domínio que já existe e, assim, o declara.[52] Ocorre que, já aduziu Jefferson Guedes[53] estribado em Pontes de Miranda, a presença da declaração não exclui as demais forças eficaciais da sentença, sempre presentes, ainda que não preponderantes.[54]

Como demonstra a teoria da autonomia,[55] o usucapiente adquire domínio quando implementa o lapso temporal para a usucapião, mas somente será proprietário, com titularidade oponível *erga omnes*, passível de exigibilidade instrumentalizada pela reivindicatória, após a transcrição da sentença (eficácia mandamental), pois é na sentença que sua propriedade é constituída e a anterior desconstituída.[56] Titularidade é autônoma do domínio, sem prejuízo de sua interdependência.[57]

---

[52] FACHIN, Luiz Edson. *A função social da posse e a propriedade contemporânea*. Ob. cit., p. 39.

[53] GUEDES, Jefferson Carús. *Exceção de usucapião*. Porto Alegre: Livraria do Advogado, 1997, p. 115.

[54] PONTES DE MIRANDA. *Tratado das ações*. t.2. São Paulo: RT, 1974, p. 3-4.

[55] ARONNE, Ricardo. *Propriedade e domínio*. Ob. cit., p. 76-80.

[56] Daí a baixa da antiga matrícula, com a abertura de uma nova, espelhando a aquisição originária, fruto do nascimento de um novo domínio, que se instrumentaliza por uma nova propriedade, ainda que tudo isto diga respeito a um mesmo bem.

[57] Neste sentido, Adilson J. P. Barbosa e José Evaldo Gonçalo, em parecer de Bancada à Câmara dos Deputados sobre o NCCB (O direito de propriedade e o "novo" Código Civil, Brasília, Câmara dos Deputados, capturado na Internet em <http://www.cidadanet.org.br/dados/arts_

Portanto, uma interpretação insular e literal do art. 1.196 do NCCB afasta a possibilidade do usucapiente aforar, na condição que ocupa após a implementação do domínio, uma possessória, até que adquira a respectiva titularidade, mediante a respectiva sentença que reconhece seu domínio (declaratividade), lhe dá titularidade, fazendo-o proprietário (constitutividade), produz a publicidade registral através da nova matrícula que determina registro (mandamentalidade), retirando a oponibilidade do anterior proprietário, o usucapido, em face da baixa da anterior matrícula (desconstitutividade), e apreciando a sucumbência (condenatoriedade).

Em outros termos, desimportaria se o mesmo veicula *jus possidendi* ou posse *ad usucapionem*. Em ambos os casos, teria o mesmo trato pelo sistema jurídico, pois em ambos os casos não existe a titularidade de proprietário. Assim, neste interlúdio entre a sentença de usucapião e a implementação do prazo para efetivação material da usucapião, a condição jurídica do possuidor seria desprezada.

Uma leitura sistemática da rede principiológica, regrativa e axiológica do ordenamento, verifica trato diferido para a matéria. O sistema jurídico reconhece a exceção de usucapião como arma pela qual pode-se contrapor uma pretensão reivindicatória, reconhecendo-a como oposição de domínio. Então, o sistema jurídico reconhece a con-

---

novo_codigo_civil_e_propriedade.htm>, acesso em 19.02.2001), explicitam a necessidade da adoção da teoria da autonomia entre domínio e propriedade: "Em face do exposto, nada mais natural do que, com a promulgação de um novo Código Civil, aproveitar-se a oportunidade para dotar o País de uma legislação que, além de abrigar os avanços normativos e socioculturais trazidos pela Constituição Federal de 1988, e elaborados quotidianamente na luta dos Movimentos Sociais espalhados pelo Brasil, pudesse, através de um programa normativo claro e objetivo, direcionar os operadores jurídicos e interpretes em geral para construção de um modelo de sociedade mais justa e igual. Não é o que estamos assistindo. Ao contrário, no que diz respeito ao Livro III, referente aos 'Direitos das Coisas', em nome da 'salvação' de um trabalho de 25 (vinte e cinco) anos – tempo que o projeto tramita no Congresso – o Brasil pode ter um Código Civil, com um programa normativo que nos remete aos direitos de primeira geração elaborados no final do século XVIII, no qual o direito de propriedade era concebido como um direito subjetivo de caráter absoluto. [...] O PL 634/75, aparentemente, fundiu os conceitos de propriedade e domínio, eliminando a polêmica sobre a existência ou não de identidade entre os dois termos. Entretanto, conforme visto alhures, o absolutismo com que é tratado o direito de propriedade pela doutrina e operadores jurídicos no Brasil, deve-se ao tratamento unitário dado a termos que traduzem conceitos autônomos, o que tem merecido forte crítica de autores preocupados com a pouca efetividade que as alterações do ordenamento econômico e social, promovidas pelo texto constitucional de 1988, têm provocado no tratamento da propriedade. [...] As codificações emanadas do Estado e tomadas como única fonte do Direito, abriram caminho para o positivismo jurídico, doutrina que considera o direito como um fato e não como um valor. O PL 634/75, no Título que trata dos 'Direitos das Coisas', não se afasta dessa concepção. Ao contrário, fazendo-se surdo ao novo tratamento dado à propriedade pela Constituição Federal, reflexo dos avanços da sociedade e das lutas sociais, expõe um texto decrépito e atrasado, no qual, por força das normas positivada no texto constitucional e na legislação ordinário agrega alguns avanços, sem contudo avançar no que diz respeito ao tratamento dado as várias formas de propriedade que aparecem na realidade brasileira".

dição mutativa da posse na usucapião, passando a tutelar o domínio do possuidor, na medida em que o reconhece, até mesmo contra a pretensão reivindicatória do proprietário.

Como se colhe, a modificação semântica do dispositivo codificado, em nada alterou a tutela possessória neste tocante, atinente ao *jus possidendi*, com a supressão do termo domínio do dispositivo, o que também procedeu nos dispositivos atinentes à usucapião de bens imóveis (arts. 1.238 a 1.244).

O reconhecimento do *jus possidendi* pelo Direito Civil brasileiro afina-se com a Teoria Objetiva da Posse. Para von Jhering, a posse é um direito subjetivo real, devendo, com isto ser regulada no livro dedicado ao direito das coisas, forte na concepção dualista dos direitos patrimoniais, devendo, no entanto, segundo o autor, ser precedida da regulação de titularidade.

> Depois do que ficou dito, essa localização indica-se a si mesma. A posse aparece como uma relação *imediata* da pessoa com a coisa; pertence, pois, ao direito das coisas. Não existe acordo para determinar a sua classificação anterior ou posterior à propriedade. Dado o seu fim legislativo, conforme expus, e não vendo nela senão um complemento da proteção da propriedade, deve-se considerá-la depois da propriedade, porque é preciso expor-se a insuficiência da proteção da propriedade para se poder compreender a necessidade da proteção possessória.[58]

Conforme von Jhering, e como visto nos casos trabalhados topicamente, a posse é reconhecida como direito real, "uma relação *imediata* da pessoa com a coisa".[59] Mas isso não quer necessariamente dizer que o ordenamento apenas reconhece e dá trânsito a tal esfera possessória. É isto que é alcançado ao afirmar ser a posse, simplesmente, direito real.

A posse é um direito real porque possuir é uma das muitas "relações" possíveis entre sujeito e bem. Como tal, transmuda-se em vínculo real que integra o domínio da coisa, reconhecido domínio como o conjunto de vínculos reais, direitos subjetivos reais, possíveis de estabelecimento entre o sujeito e o objeto de sua apropriação.

Este conjunto de direitos subjetivos reais é mutante. Bens diversos possuem domínios distintos, cujo conteúdo varia de acordo com a fruibilidade, ductibilidade ou residualidade do bem. Bens infrugíferos, desse modo, não possuem *jus fruendi*, impossibilitando o gravame de usufruto ser constituído. No âmbito possessório, pode-se afirmar que os bens imateriais não possuem esfera possessória, diante de sua ductibilidade que não permite apreensão física. Na carência de um

---

[58] JHERING, Rudolf von. *Teoria simplificada da posse*. Ob. cit., p 104.

[59] Idem, ibidem.

Propriedade e Domínio – A TEORIA DA AUTONOMIA

corpus, não se verifica o *jus possidendi* na respectiva esfera de domínio.[60]

Ocorre que a posse apresenta outra dimensão jurídica que desafia a Teoria Objetiva. Leciona Manoel Rodrigues, em clássico português sobre a matéria: "Como é que a posse se pode considerar um direito real se ela hoje incide sobre coisas que alguém detém por simples relação pessoal".[61]

A resposta fácil, para tanto, seria colher em von Savigny que toda posse é protegida por interditos.[62] Não é assim. De fato, observa-se que o locatário, o comodatário, o arrendatário, o promitente comprador, dentre outros tantos, detêm o bem em condição de possuidor, ao contrário da percepção clássica.

O locatário, por exemplo, alcançando a segunda figura elencada para análise, exerce a posse em nome próprio, tendo seu direito à mesma reconhecido legislativa e contratualmente. Não é um direito de posse, mas, sem dúvida, um direito à posse de tal bem, fruto de um vínculo contratual.

Deste modo, o que legitima a posse do locatário não é a facticidade de sua existência, mas a regulação intersubjetiva que reconhece seu exercício, entre ele e o detentor do domínio possessório, do *jus possidendi*. Ele não representa o locador, ainda que a posse que tem derive daquele. Jamais se configuraria como um mandatário da posse.[63]

Quando busca tutela possessória, prova possuir e a qualidade de possuidor jurídico, e não tão somente fático, bem como de uma posse sua e não posse por outro. Este caso está fora de ambas as teorias clássicas, apesar de ser corriqueiro. No caso do locatário, verifica-se que há, por parte dele, o *jus possessionis*, não um direito de posse (*jus possidendi*), mas sim um direito pessoal à posse, reconhecido no ordenamento vigente.

---

[60] ARONNE, Ricardo. *Propriedade e Domínio*. Ob. cit., p. 126-127.

[61] RODRIGUES, Manuel. *A Posse*. 2ª ed. Coimbra: Coimbra Ed., 1940, p. 40.

[62] SAVIGNY, Carl von. *Traité de la possésion*. Ob. cit., p. 350, v. 1.

[63] Importante salientar que a teoria clássica e a dogmática produzida em seu escopo não dão conta das questões mais comezinhas na matéria, como é o caso das relações jurídico contratuais, onde a posse é cedida em seu exercício, preservando-se o titular, o direito real de possuir. São os casos do depositário, arrendatário, comodatário ou locatário. Observe-se a digressão de Limongi França (*À posse no Código Civil – Noções fundamentais*. São Paulo: José Buchatsky, 1964, p. 15): "*Posse direta e indireta*. Ambas são posses *jurídicas (jus possidendi)* e não apenas posse de fato, pois implicam exercício de efetivo direito sobre a coisa." Sem dúvida são posses jurídicas, porém um caso dá posse *da* coisa e outro posse *na* coisa. Nem toda a posse jurídica, implica em um direito real de posse no bem, podendo gerar um direito à posse do bem, em perspectiva pessoal.

O bem é objeto indireto no vínculo locatício, o qual tem, usando a terminologia adotada por Jhering, por objeto imediato à prestação dos sujeitos. O vínculo é obrigacional, derivando a posse do contrato firmado. A posse de um, diante das qualidades muito distintas, não elimina o reconhecimento da posse do outro, ainda que não exista composse entre ambos.[64]

Há *jus possidendi* por parte do locador e *jus possessionis* por parte do locatário, ambas as posses sem superposição e coincidentes, passível o direito possessório do locatário, ainda que pessoal, sobrepor-se ao do locador. A tecitura jurídica reconhece tal condição, nominando tais posses, diante da lacuna teórica das posições tradicionais, de posse direta e posse indireta.

A posse indireta é aquela que se mantém pelo reconhecimento do liame jurídico-possessório, do *jus possidendi*, o direito de posse, sem que haja correspondência fática do exercício possessório. O direito de posse, neste caso, não perde eficácia pela falta de posse fática. Com isto elimina-se a possibilidade de adoção da teoria subjetiva.

Ocorre que o reconhecimento da posse direta, que implica o direito à posse, o *jus possessionis*, como posse jurídica e eficaz, porém de natureza pessoal, afasta-se da teorização obrada pela Teoria Objetiva, onde a posse é um direito real.

Assim o tema é regulado pelo Código Beviláqua, no art. 486: "Quando, por força de obrigação, ou direito, em casos como o do usufrutuário, do credor pignoratício, do locatário, se exerce temporariamente a posse direta, não anula esta às pessoas, de quem eles a houveram, a posse indireta". Ou seja, o Código rompe com as teorias clássicas, ainda que titubeie em relação à matéria.

O explicitado perfaz uma crítica na medida em que o credor pignoratício e o usufrutuário, possuidores por força de um direito real de posse, o *jus possidendi*, não se encontram na mesma posição do locatário. No caso de um usufruto, o *jus possidendi* – juntamente com o *jus*

---

[64] HERNANDEZ GIL, Antonio. *La función social de la posesión*: ensayo de teorización sociológico-jurídica. Madrid: Alianza, 1969. p. 7: *"La 'propiedad privada' es la expressión jurídica culminante – sobre todo en la línea histórica del liberalismo y el capitalismo – del poder de la persona sobre las cosas. El propietario ostenta una prerrogativa de rango superior que le permite decidir acerca del destino de lo apropiado. Las facultades de utilización, secuela del derecho, puden consistir, ya en el uso, ya más ampliamente en el aprovechamiento y disposición de los bienes como capital creador de dinero o renta. Todo acto de gestión o disposición jurídica que no traiga consigo la enajenación (o sea la transferencia a otro del poder dominical) es compatible con la subsistencia del derecho de propiedad que, por lo mismo, puede revestir las más diversas manifestaciones. No requiere de suyo servirse de las cosas de modo personal directo Cuenta su utilización económica. Propietario es el receptor de las ventajas derivadas de la adcripción dominical. Más aún, a la propiedad privada le es indiferente cualquier contenido concreto. La cualidad de propietario se sobrepone al actuar como propietario. La titularidad formal es lo importante".*

Propriedade e Domínio – A TEORIA DA AUTONOMIA

utendi e *fruendi* – é destacado em favor do usufrutuário, não restando posse ao proprietário do bem.[65]

O proprietário não pode, sequer indiretamente, em tese, usar, fruir, ou mesmo possuir o bem, em face do princípio da exclusividade.[66] O bem somente possui um *jus possidendi*, o qual, estando destacado em favor de um beneficiário, não pode estar concomitantemente com terceiro, que não lhe seja condômino, ou, no caso, compossuidor.[67]

Melhor se mostra a redação do NCCB, para o dispositivo correlato, o art. 1.197: "A posse direta, de pessoa que tem a coisa em seu poder, temporariamente, em virtude de direito pessoal, ou real, não anula a indireta, de quem foi havida, podendo o possuidor direto defender sua posse contra o indireto".

Persiste problemática a questão de um possuidor real, não proprietário, ser equiparado ao possuidor direto da locação. Observe-se que no usufruto, conforme o art. 717 do CCB,[68] o exercício possessório (direito à posse, *jus possessionis*), pode ser cedido gratuita ou onerosamente para terceiro, sem atribuição de titularidade.

O art. 1.399 do NCCB procede de igual forma, ao regular que o "usufrutuário pode usufruir em pessoa, ou mediante arrendamento, o prédio", podendo, então ceder obrigacionalmente sua posse. Repise- -se que a posse é sua, fruto de uma relação direta com o bem. Não há posse na esfera dominial do proprietário, sendo, portanto, denominado nu-proprietário, para tal instituto.

Com o enfiteuta ou o superficiário, assim como o usuário, o credor pignoratício e anticrético, também ocorre desdobramento do *jus possidendi*. O proprietário é qualificado nu-proprietário, justamente porque sua propriedade, desprovida de posse – na percepção clássica o escudo da propriedade –, ficaria a descoberto.[69] Consolidando-se o domínio, diante do termo do gravame, a posse enquanto direito subjetivo real, e, dessa forma, imanente ao domínio – que é elástico –,[70] retorna ao titular da propriedade.

---

[65] ARONNE, Ricardo. *Por uma nova hermenêutica dos direitos reais limitados*. Ob. cit., p. 273-305.

[66] Idem, ibidem, p. 139.

[67] FREIRE, Rodrigo da Cunha Lima. Princípios regentes do direito das coisas. *Revista dos Tribunais*, São Paulo: RT, n.735, 1997, p. 70.

[68] Art. 717 do CCB. "O usufruto só se pode transferir, por alienação, ao proprietário da coisa; mas o seu exercício pode ceder-se por título gratuito ou oneroso".

[69] JHERING, Rudolf von. *Teoria simplificada da posse*. Ob. cit., p. 104.

[70] ARONNE, Ricardo. *Por uma nova hermenêutica dos direitos reais limitados*. Ob. cit., p. 140.

Uma leitura sistemática e integrativa do dispositivo em apreço demonstra que, desdobrado o *jus possidendi*, para erigir um *ius in re aliena*, retira a condição de possuidor do proprietário, não sendo este sequer possuidor indireto. Esta condição é ficcional, decorrente da titularidade, sendo recurso dispensável pelo manejo do princípio da elasticidade.

Quando um usufrutário loca o bem, ele é possuidor indireto, e o locatário, possuidor direto. O proprietário somente terá posse ao termo do gravame, quando, inclusive, poderá denunciar a locação. Neste sentido, colhe-se da Lei do Inquilinato:

> Art. 7º. Nos casos de extinção de usufruto ou de fideicomisso, a locação celebrada pelo usufrutuário ou fiduciário poderá ser denunciada, com o prazo de trinta dias para a desocupação, salvo se tiver havido aquiescência escrita do nu-proprietário ou do fideicomissário, ou se a propriedade estiver consolidada em mãos do usufrutuário ou do fiduciário.
>
> Parágrafo único. A denúncia deverá ser exercitada no prazo de noventa dias contados da extinção do fideicomisso ou da averbação da extinção do usufruto, presumindo-se, após esse prazo, a concordância na manutenção da locação.[71]

Falta possibilidade jurídica ao proprietário, em situação como a ora reverberada, para postular a posse, no curso do usufruto. Sequer pode postular para dar ao usufrutuário. Objetivando haver a posse do bem, seja por uma desídia ou inação do usufrutário, deve o nu-proprietário, antes, desconstituir o gravame, para então ajuizar o desejado interdito possessório.[72]

Daí poder-se dizer que um direito à posse não é sinônimo de um direito de posse, podendo haver conflito entre ambos. Neste ponto, o NCCB, no art. 1.197, avançou quanto ao Código Beviláqua, prevendo a defesa do *jus possessionis* até mesmo em detrimento do *jus possidendi*.

> Art. 1.197. A posse direta, de pessoa que tem a coisa em seu poder, temporariamente, em virtude de direito pessoal, ou real, não anula a indireta, de quem aquela foi havida, podendo o possuidor direto defender a sua posse contra o indireto.

Reconhece, o dispositivo, uma bifurcação da posse, sem superposição, mas com largos efeitos jurídicos que passam a colocar em

---

[71] Art. 7º da Lei nº 8.245, de 18 de outubro de 1991. Dispõe sobre as locações dos imóveis urbanos e os procedimentos a elas pertinentes.

[72] Neste sentido, cediço a ordinariedade de uma ação desconstitutiva, em caso de urgência, implementados os requisitos do art. 273 do CPC, poderia ser obtida a desconstituição liminarmente, mediante uma antecipação atípica de tutela, passível de agasalho no dispositivo indicado. A partir daí, viável o ajuizamento da possessória, pelo proprietário, citando o réu e intimando o usufrutuário, na condição de terceiro interessado, da demanda. Finda a desconstitutiva do usufruto, o respectivo trânsito em julgado implicaria a condição de estranho ao procedimento possessório, do agora ex-usfrutuário.

xeque, explicitamente, contraditórias percepções tradicionalmente repetidas.[73]

Uma delas é a da natureza da posse, na qual já se percebe uma bipartição. A outra é o dogma da sequela, perpetrado pela dogmática. No caso, o NCCB está reconhecendo expressamente a possibilidade de preponderar uma relação possessória contratual sobre uma relação possessória real, ou seja, percebendo o estreitamento de eficácia dos direitos reais, no compasso dado pela jurisprudência brasileira.

O Código Beviláqua também reconhecia tais efeitos, porém de um modo menos direto. Assim regulava o CCB:

Art. 486. Quando, por força de obrigação, ou direito, em casos como o do usufrutuário, do credor pignoratício, do locatário, se exerce temporariamente a posse direta, não anula esta às pessoas, de quem eles a houveram, a posse indireta.

Reconhece a bifurcação da natureza possessória, ainda que não cogite textualmente do conflito, mas, logo ao art. 621, cria uma tradição ficta de posse, que denuncia a apreensividade do codificador na matéria.

A posse transita, como desde logo se vê, em duas dimensões jurídicas patrimoniais. Uma dimensão jurídico-obrigacional, ou contratual, que caracteriza o *jus possessionis*, e outra jurídica-real, ou patrimonial *stricto sensu*, caracterizadora do *jus possidendi*, por ser de ordem dominial.

Ocorre que a riqueza do fenômeno possessório, ainda que filtrado pela lente do Direito, não se esgota em apenas estas duas figuras. O sistema reconhece e dá trânsito a uma posse fática que não depende de uma legitimação nas figuras contratuais ou nas titularidades do direito das coisas.

O possuidor *ad usucapionem* é um exemplo rico da espécie em análise. Um sujeito que adentra bem em abandono, no caso uma *res nullius*, tomando-a para si, com vistas a residir no local. A partir de seu apossamento e ocupação, o sistema jurídico já situa este sujeito na condição de possuidor. Tanto o é, que caso o bem estivesse na posse de alguém, este teria a posse esbulhada, perdendo-a para o ocupante.

---

[73] Entre as críticas que daí derivam, transcreve-se a havida no parecer de Bancada à mesa da Câmara, havido por Adilson J. P. Barbosa e José Evaldo Gonçalo (*O direito de propriedade e o "novo" Código Civil*, ob. cit., s.p.): "O "direito" de posse, realidade jurídica de milhões de brasileiros no campo e na cidade, como ocorre no atual Código Civil, foi colocado, pelo PL 634/75, em uma parte do "novo" Código Civil, integrando o "Direito das Coisas", nos artigos 1.196 a 1.224, mas fora do direito à propriedade, cuja regulamentação somente se inicia no art. 1.225, do Título II. Por conseguinte, a posse não se inclui na área da propriedade ou dos direitos reais que o referido art. 1.225 enumera. Baila no espaço, como um corpo estranho, senão vejamos: [...]".

Se isto é correto, surge uma terceira dimensão da posse no sistema jurídico contemporâneo, dando-lhe uma configuração tríptica, não apreendida pelas teorias tradicionais, cujas dimensões se excluem mutuamente.

Atente-se que este sujeito que ocupou o bem da vida, tem a posse efetiva da coisa. De outra banda, sua posse não é legitimada por direito subjetivo de natureza alguma, e sim, pelo fato de deter o bem em nome próprio. Tenha-se presente que os valores existenciais hão de guardar privilégio diante dos patrimoniais, em uma ordem jurídica repersonalizada. Daí dizer que uma das grandes ausências na codificação é o princípio da função social da posse, sem positivação expressa.

O ocupante do bem exerce deste modo, faticamente, um dos poderes inerentes ao domínio – e indiretamente à propriedade –, na esteira do art. 1.196 do NCCB e do art. 485 do CCB. Sua posse está sob o abrigo do sistema jurídico, para que seja tutelada enquanto fato da posse.

Poderá haver conflito entre possuidores de fato, tendo que ser tutelada pelo Estado, em face do art. 5º, XXXV, da CF/88, quando, por exemplo, o possuidor *ad usucapionem* é esbulhado por um terceiro. Ao interpor a reintegração, o faz por ter perdido o fato da posse para o réu,[74] não tendo direito subjetivo algum, na esfera material possessória, que legitime seu pleito.

O Estado, de pronto, intervém tendo que dizer qual das duas posses fáticas é melhor. Diante do esbulho, cuja prova aponta a má-fé do réu, no mínimo indiciariamente,[75] denuncia uma melhor posse do autor, alinhada à sua boa-fé e funcionalização mediante destinação. Nestas bases tem sua posse tutelada e reintegrada, provavelmente.

Então a posse no sistema jurídico vigente, com franco trânsito na codificação vigente e no NCCB, tem uma tríplice dimensão não hierarquizada, senão topicamente. A posse assume uma configuração tríptica, ao desnudar-se com uma natureza fática e duas outras jurídicas, uma real e outra pessoal.[76]

---

[74] Neste sentido, o inc. IV do art. 927 do CPC, determina ao autor a prova da perda de sua posse.

[75] ARONNE, Ricardo. *O princípio do livre convencimento do juiz*. Ob. cit., p. 36.

[76] GARCEZ NETO, Martinho. *Temas atuais de Direito Civil*. Rio de Janeiro: Renovar, 2000, p. 370: "Estas ligeiras observações, este exame perfunctório da natureza jurídica da posse, indispensáveis para compreendermos o fundamento da proteção possessória e como funciona o sistema de defesa da posse, servem ao menos para fornecer uma pálida idéia dos inumeráveis problemas que a todo o instante assaltam o estudioso do tema e, máxime, o aplicador da lei, levando-os mesmo ao desespero, ante o reconhecimento de sua inópia, da carência do engenho e arte que o

A posse, enquanto direito real, confunde-se com a propriedade, na medida em que integra o domínio, sem que perca sua autonomia ínsita. A posse não é só um direito real, ao contrário do que pregava Jhering, mas também é um direito real. O *jus possidendi* não esgota as dimensões da posse.

A posse, enquanto fenômeno jurídico de natureza obrigacional, o *jus possessionis*, traduz uma derivação, sem serviência, daquele que possui o direito de possuir, cedendo seu exercício contratualmente para que outro possua, sem uma relação imediata de posse, mas sim intersubjetivada, decorrente de conduta prevista contratualmente.

A intersubjetivação do *jus possidendi*, de outra banda, ocorre na titularidade. Não intersubjetivada, transita como fato da posse, cuja alegação de domínio pode subsidiar, dando-lhe mais força.

São duas posses jurídicas que não se confundem, mas que tampouco afastam o reconhecimento que o ordenamento dá ao possuidor não legitimado juridicamente, tutelando o fato da posse. Não se reduz, com isso, a posse a um fato, como apregoado por von Savigny, ainda reconhecendo-se a posse indireta, unicamente jurídica, sem elementos fáticos preponderantes.

Por fim, aquele que possui em nome de alguém, como um representante material do possuidor, não possui. É o caso do zelador e do caseiro, que guardam o bem para alguém, não necessariamente proprietário, porém sempre o possuidor. Trata-se de detenção, figura diversa da posse e que, na esfera dos efeitos, o mais importante é a inexistência de tutela. O detentor não pode propor interdito possessório, pois não é possuidor.

Radiografada a posse e analisada na percepção tridimensional em que se apresenta, cumpre perquirir de seu *telos* na tecitura axiológica, pois a percepção do papel da posse para a realização de um Estado Social e Democrático, é meta constitucionalmente "imantada", para o intérprete contemporâneo, tal qual a segurança do *status quo* fora para os oitocentistas.[77]

---

assunto requer. Entretanto, que vastidão imensa restaria ainda a percorrer, mesmo que ficássemos rigidamente confinados nas fronteiras precisas da proteção possessória! Quanta sombra a esbater! Quantas teias de aranha a afastar para a limpidez de uma visão perfeita da planura ou das escarpas! Que mundo abismal de interrogações, a desafiar a presumida argúcia dos pesquisadores insatisfeitos ou ambiciosos".

[77] PASQUALINI, Alexandre. *Hermenêutica e sistema jurídico: uma introdução à interpretação sistemática do direito.* Porto Alegre: Livraria do Advogado, 1999, p. 23: "A exegese, portanto, não se dá a conhecer como simples e secundário método ancilar à ciência jurídica. Como fenômeno algo transcedental da cognição, o acontecer hermenêutico não é exterior, passivo, muito menos neutro em face do seu objeto. A experiência interpretativa se sabe interior e imanente à ordem jurídica. Na sua relação com o intérprete, o sistema não atua como um sol que apenas fornece

4. Posse e função social

Toca na matéria possessória, com tanta expressividade quanto no âmbito da propriedade, contrato e empresa, o princípio da função social erigido à condição de direito fundamental, indiscutivelmente dotado de eficácia direta e horizontal, bem como norteador vinculante para a ordem econômica do Brasil.

O princípio da função social da propriedade é densificado pelo princípio da função social da posse, sem descuido da devida autonomia, mas sem desleixo da notável e classicamente reconhecida inter--relação. Este fenômeno, já analisado em Hegel,[78] colhe-se também em Rousseau.

> O que o homem perde pelo contrato social é a liberdade natural e um direito ilimitado a tudo quanto deseja e pode alcançar; o que ele ganha é a liberdade civil e a propriedade de tudo o que possui. Para que não haja engano a respeito destas compensações, importa distinguir entre a liberdade natural, que tem por limites apenas as forças do indivíduo, e a liberdade civil, que é limitada pela vontade geral, e ainda entre a posse, que não passa do efeito da força ou do direito do primeiro ocupante, e a propriedade, que só pode fundar-se num título positivo.[79]

Os elos estabelecidos entre a posse e a propriedade são fato inarredável ao estudioso do Direito, os quais não se ignora, ainda que se apregoe a identidade autônoma da posse, presente desde tempos imemoriais nas regulações positivas.[80] Na mesma intensidade que o liberalismo aproxima a noção de liberdade à propriedade,[81] a noção de posse também se afilia para com a de propriedade.

---

sem nada receber em troca. Que fique claro que o sistema ilumina, mas também é iluminado. A ordem jurídica, enquanto ordem jurídica, só se põe presente e atual no mundo da vida através da luz temporalizada da hermenêutica. São os intérpretes que fazem o sistema sistematizar e, por conseguinte, o significado significar".

[78] ARONNE, Ricardo. *Por uma nova hermenêutica dos direitos reais limitados*. Ob. cit., 168-170.

[79] ROUSSEAU, Jean-Jacques. *O contrato social – princípios do direito político*. 3ª ed. São Paulo: Martins Fontes, 1998, p. 26.

[80] GARCEZ NETO, Martinho. Ob. cit., p. 369-370.

[81] BUENELLI, Francesco D. *Il diritto e le nuove frontiere delle vita umana. Diriti Umani, Poteri Degli Stati e Tutela DellAmbiente*, Milão: Giufere, 1993. p. 48: "Una precisa scelta ideologica ispira un secondo, meno vistoso ma non meno importante, tentativo di distacco del diritto dalla realtà 'naturale' della vita umana. Esso rappresenta, per così dire, la 'faccia nascosta' di quella che potrebbe definirsi lesaltazione del 'moderno individualismo': una ideologia, questa, che si ispira allobjettivo della 'ricerca della felicità da parte di uomini liberi' (pursuit of hapiness by free man), e che giuridicamente si traduce in un right of privacy, destinato con il tempo a divenire 'uno dei diritti più assoluti del sistema giuridico nordamericano'".

"Uma precisa escolha ideológica inspira uma segunda, menos evidente mas nem por isso menos importante, tentativa de destacar o direito da realidade 'natural' da vida humana. Isto representa, por assim dizer, a 'face oculta' daquilo que se poderia definir como a exaltação do 'individualismo moderno': uma ideologia, que se inspira no objetivo da 'busca da felicidade pelos homens

Partindo do ora explicitado, uma questão merece trato. Qual o efeito do inc. XXIII do art. 5º da Constituição, que positiva o princípio da função social da propriedade, abraçado sem rebouços pela regulação da ordem econômica (art. 170) e que possui eficácia horizontal e direta indiscutível, em face do § 1º do art. 5º?[82]

Por primeiro, deve-se ter presente que toda a interpretação jurídica é interpretação sistemática,[83] de modo que toda a exegese há de ser uma interpretação conforme a Constituição. A Constituição Federal é a matriz axiológica de todo o ordenamento jurídico, de modo que a tecitura normativa é por ela alicerçada teleologicamente para o alcance do programa constitucional de promover um Estado Social e Democrático de Direito.

Na medida em que a Constituição vincula o direito de propriedade ao atendimento da função social, o que é controlado judicialmente é a eficácia e oponibilidade, ou seja exigibilidade da pretensão do titular e, via de consequência, da ação do proprietário.[84]

O novo Código reconhece cabalmente isto no § 4º do art. 1.228, quando em sede de reivindicatória, dando ao julgador, logo em seguida (§ 5º), poderes para proceder à expropriação do bem. Daí não poder causar espanto a exigência de prova de funcionalização da propriedade, em face do aforamento de pretensão de abstenção por via de demanda petitória.

---

livres' (*pursuit of hapiness man*), e que juridicamente se traduz em um *right of privacy*, destinado com o tempo a se tornar 'um dos direitos mais absolutos do sistema jurídico norte-americano'". (Tradução livre).

[82] JOSSERAND, Louis. Derecho civil. Buenos Aires: Bosch, 1952. v.3. Tomo 1. p. 104: "Como lo hemos indicado precedentemente, es de la esencia de los derechos el ser, no absolutos, soberanos, sino relativos: la comprobación es pertinente para los derechos reales mismos y para su prototipo, el derecho de propiedad, absoluto en el sentido de que puede oponerse a todos. Este derecho es relativo en su ejercicio, en su realización, en el sentido de que no puede ser utilizado impunemente sino en el plano de su misión social, en la línea de su espíritu en otro caso, su titular, a decir verdad, no usa ya, sino que abusa del derecho de propiedad; comete un abuso del derecho de propiedad es decir, una desviación de ese derecho con relación a su objeto, y compromete con ello su responsabilidad. Si los poderes públicos nos reconocen derechos, no es para realizar la injusticia, sino para hacer uso legítimo y regular de dichos derechos".

[83] FREITAS, Juarez. *A interpretação sistemática do direito*. São Paulo: Malheiros, 1995, p. 16.

[84] TJRS, 6ª C. Cível. Ap. 597163518, Rel. Des. João Pedro Freire, j. 27.12.2000: "Ação Reivindicatória. Improcedência. Área de Terra na posse de centenas de famílias, há mais de 22 anos. Formação de verdadeiro bairro, com inúmeros equipamentos urbanos. Função social da propriedade como elemento constitutivo do seu conceito jurídico. Interpretação conforme a Constituição. Inteligência atual do art. 524 do CC. Ponderação dos valores em conflito. Transformação da gleba rural, com perda das qualidades essenciais. Aplicação dos arts. 77, 78, e 589 do CC. Consequências fáticas do desalojamento de centenas, senão milhares, de pessoas, a que não pode ser insensível o juiz. Nulidade da sentença rejeitada por unanimidade. Apelação desprovida por maioria".

Em sede de função social do contrato, também verifica-se o explicitado quando o credor ajuiza sua pretensão de cumprimento, na esteira dos dispositivos densificadores da liberdade contratual, podendo ter o conteúdo da obrigação integralmente revisto, diante dos dispositivos concretizadores da isonomia contratual, à luz dos valores agasalhados na relação jurídica controvertida e sua inserção social.

A questão que suscita polêmica se trava em sede de possessória. Cumpre perquirir dos poderes do magistrado, à luz do princípio da legalidade, para exigir prova de funcionalização do bem, em sede de possessória. Ocorre que a função social redesenhou o direito de propriedade, como lavrou a pena do Min. Celso de Mello, ainda em 1993, expondo que a titularidade "dispõe de perfil jurídico-constitucional próprio e traduz, na concreção do seu alcance, uma reação do Estado a descaracterização da função social que inere a propriedade privada".[85]

Ou seja, a realização da função social da propriedade pelos particulares é meta a ser perseguida pelo Estado, para o que este é municiado pelo ordenamento com diversos institutos, como o da desapropriação sanção, progressividade fiscal, ou parcelamento compulsório do solo.

Se o dever de funcionalizar não informa o exercício possessório, limitando-se às titularidades, descabe indagar em juízo acerca da funcionalização do bem em sede de possessória. Em outras palavras, não se tutela a titularidade atinente a bem que não atenda à função social, porém seria tutelável a posse deste bem.

Visível é a contradição performativa desta interpretação. Tal contradição traduziria uma incoerência material no seio do sistema jurídico que põe em risco a unidade axiológica da tecitura normativa constitucional e infraconstitucional.[86]

---

[85] STF, Tribunal Pleno, MS-21348/MS, Rel. Min. Celso de Mello, j. 02.09.1993.

[86] CANARIS, Claus-Wilhelm. *Pensamento sistemático e conceito de sistema na ciência do direito*. Trad. A. Menezes Cordeiro. Lisboa: Fund. Calouste Gulbenkian, 1989. p. 76-78: "Mas isso significa que, na descoberta do sistema teleológico, não se pode ficar pelas 'decisões de conflitos' e dos valores *singulares*, antes se devendo avançar até os valores *fundamentais* mais profundos, portanto até aos *princípios gerais* duma ordem jurídica; trata-se, assim, de apurar, por detrás da lei e da *ratio legis, a ratio iuris* determinante. Pois só assim podem os valores singulares libertar-se do seu isolamento aparente e reconduzir-se à procurada conexão 'orgânica' e só assim se obtém aquele grau de generalização sobre o qual a *unidade* da ordem jurídica, no sentido acima caracterizado, se torna perceptível. O sistema deixa-se, assim, definir como uma ordem axiológica ou teleológica de princípios gerais de Direito, na qual o elemento de adequação valorativa se dirige mais à característica de ordem teleológica e o da unidade interna à característica dos princípios gerais".

Propriedade e Domínio – A TEORIA DA AUTONOMIA

Sendo exigida funcionalização da propriedade, a posse há de se circunscrever no programa constitucional destinado à titularidade que centraliza o direito das coisas, diante de sua abrangência que alcança a disciplina da apropriação como um todo.

Despiciendo de sentido seria destilar tinta sobre a conexão entre os fins da posse e da propriedade em um Estado Social e Democrático de Direito, cediço a pertença inserir-se na regulação da ordem econômica. Isto é evidenciado pela positivação expressa da habitação como direito fundamental, sendo que esta transita nos regimes possessórios, tanto quanto procede nas titularidades.

Não obstante há de ser referido, repisando-se que a dogmática não perfaz o suporte metodológico destas linhas, o fato das teorias possessórias clássicas sempre identificarem a noção de posse à noção de propriedade. Isso, além de incontroverso atualmente, já era denunciado por Fachin desde a aurora da Constituição vigente.[87]

Se a proteção possessória, classicamente considerada, é a guarda avançada da propriedade, e, para o exercício do direito principal, na via petitória, exige-se a funcionalização do bem, não seria na defesa primária do bem que, tão básico dever constitucional – o qual informa positiva e negativamente todos os cidadãos brasileiros –, não seria exigido.

Sem dúvida que a propriedade liga-se com a posse, ainda que estas não se identifiquem. Na medida em que a propriedade plena instrumentaliza o domínio consolidado e, considerando que a posse na esfera real, uma de suas três dimensões, integra o domínio, os institutos possuem similitudes e conexões.

A posse é uma forma de manifestação dominial, de expressão da apropriação humana sobre os bens, e, como tal, sujeita ao influxo constitucional, derivação expressa do conjunto de direitos fundamentais e regulação da ordem econômica. Isto atinge diretamente o NCCB, tanto quanto atingiu o CCB, sob pena de, respectivamente, inconstitucionalidade ou não recepção.

Pela axiologia constitucional, o papel de cada norma no sistema jurídico é teleologicamente condicionado e, não raro, redesenhado. Isso ocorre pelo fato das normas esclarecerem-se reciprocamente na tessitura normativa, sendo alimentadas pelos valores positivados no ordenamento. Por isto compreender uma norma importa em concretizar principiologicamente seu conteúdo.

---

[87] FACHIN, Luiz Edson. *A função social da posse...* Ob. cit, p. 25-26.

"Compreender" y, con ello, "concretizar" sólo es possible con respecto a un problema concreto. El intérprete tiene que poner en relación condicho problema la norma que pretende entender, si quiere determinar su contenido correcto aqui y ahora. Esta determinación, así como la "aplicación" de la norma al caso concreto, constituyen un proceso único y no la aplicación sucesiva a un determinado supuesto de algo preexistente, general, en si mismo compreensible. No existe interpretación constitucional desvinculada de los problemas concretos.[88]

É, pois, a melhor interpretação dentre as muitas possíveis, àquela que mais eficácia traga ao princípio da função social, direito fundamental que angula o ordenamento jurídico trazendo ao bojo valores protetivos da pessoa humana, com vistas a uma sociedade fraterna, justa e igualitária.[89]

A partir do princípio da dignidade humana, vetor jurídico-axiológico, principiologicamente recebido,[90] a existencialidade preponderá sobre a patrimonialidade, retomando a dimensão ontológica do homem à quadra central dos mecanismos protetivos do sistema, em detrimento da pertença que migra para a periferia, em papel nitidamente instrumental.

Percebe-se, deste modo, implicitamente no art. 170 e no art. 5º, XXIII, da CF/88, a positivação do princípio da função social da posse como via de realização, concretização no dizer de Hesse, do princípio da função social da propriedade.

Independentemente da natureza que ostente a posse controvertida, para que seja reconhecida e tutelada, o sistema jurídico impõe um filtro axiológico através do princípio da função social da posse.

A posse não funcionalizada traduz um direito subjetivo virtualizado, pois ainda que possa derivar pretensão deste, não há tutela a ser-lhe concedida pelo Estado, e a autotutela se apresenta vedada.[91]

---

[88] HESSE, Konrad. *Escritos de derecho constitucional.* Madrid: Centro de Estudios Constitucionales, 1983, p. 44-45.

[89] SARLET, Ingo Wolfgang. *A eficácia...*, ob. cit., p. 62: "Os direitos fundamentais, como resultado da personalização e positivação constitucional de determinados valores básicos (daí seu conteúdo axiológico), integram, ao lado dos princípios estruturais e organizacionais (a assim denominada parte orgânica ou organizatória da Constituição), a substância propriamente dita, o núcleo substancial, formado pelas decisões fundamentais, da ordem normativa, revelando que mesmo num Estado constitucional democrático se tornam necessárias (necessidade que se fez sentir da forma mais contundente no período que sucedeu à Segunda Grande Guerra) certas vinculações de cunho material para fazer frente aos espectros da ditadura e do totalitarismo".

[90] Art. 1º, III, CF/88.

[91] Cumpre explicitar que, apesar de ser tema passível de controvérsia, inclusive suscitado no Congresso Nacional pelos Senadores Gabeira e Requião, quando das discussões acerca do projeto do NCCB, entende-se inconstitucional o desforço imediato, pois à luz da dignidade humana, como princípio fundamental do ordenamento, não se admite norma infraconstitucional a permitir, ainda que em regime de exceção, o risco à pessoa para defesa do patrimônio. Desforço imediato não se confunde com legítima defesa, onde o bem protegido é a própria integridade.

Propriedade e Domínio – A TEORIA DA AUTONOMIA

Do mesmo modo como foi redesenhado o art. 524 do CCB, [92] a partir da eficácia irradiante dos direitos fundamentais, o que também acontece com o art. 1.228 do NCCB,[93] importando um repensar integral do direito de propriedade, a função social traduz um paradigma de leitura dos arts. 1.196 e 1.210 do NCCB.[94]

A posse somente ganha trânsito jurídico quando se apresenta funcionalizada, quando é instrumento de funcionalização da propriedade. Dessa forma, tal qual a posse se apresenta autônoma em face da propriedade, há de se reconhecer a autonomia da função social da posse em relação à função social da propriedade, tal qual dignidade e igualdade se apresentam como noções autônomas.

O bem poderá não estar atendendo suas finalidades junto à coletividade, em razão da posse, ainda que a propriedade esteja atendendo sua função social.[95] Isso pode ser facilmente observado no sub-aproveitamento da terra. Atente-se à uma propriedade rural de boas proporções, regularmente arrendada para efetivar suas potencialidades econômicas, individuais e sociais.

O proprietário, impossibilitado por qualquer razão de funcionalizar a terra que titulariza, redireciona-a para outros particulares, me-

---

Hoje não se percebe mais o patrimônio como extensão da pessoa. Desta feita, compreende-se inconstitucional o § 1º do art. 1210 do NCCB.

[92] Art. 524, CCB. A lei assegura ao proprietário o direito de usar, gozar e dispor de seus bens, e de reavê-los do poder de quem quer que injustamente os possua.

[93] Art. 1.228, NCCB. O proprietário tem a faculdade de usar, gozar e dispor da coisa, e o direito de reavê-la do poder de quem quer que injustamente a possua ou detenha. § 1º O direito de propriedade deve ser exercido em consonância com as suas finalidades econômicas e sociais e de modo que sejam preservados, de conformidade com o estabelecido em lei especial, a flora, a fauna, as belezas naturais, o equilíbrio ecológico e o patrimônio histórico e artístico, bem como evitada a poluição do ar e das águas. § 2º São defesos os atos que não trazem ao proprietário qualquer utilidade, e sejam animados pela intenção de prejudicar outrem. § 3º O proprietário pode ser privado da coisa, nos casos de desapropriação, por necessidade ou utilidade pública ou interesse social, bem como no de requisição, em caso de perigo público iminente. § 4º O proprietário também pode ser privado da coisa se o imóvel reivindicado consistir em extensa área, na posse ininterrupta e de boa-fé, por mais de cinco anos, de considerável número de pessoas, e estas nela houverem realizado, em conjunto ou separadamente, obras e serviços considerados pelo juiz de interesse social e econômico relevante. § 5º No caso do parágrafo antecedente, o juiz fixará a justa indenização devida ao proprietário; pago o preço, valerá a sentença como título para a transcrição do imóvel em nome dos possuidores.

[94] Art. 1.210, NCCB. O possuidor tem direito a ser mantido na posse em caso de turbação, restituído no de esbulho, e segurado de violência iminente, se tiver justo receio de ser molestado.

[95] Interessante noção de suporte pode ser colhida na lição de Milton Santos (*A natureza do espaço – Técnica e tempo. Razão e emoção*. 3ª ed. São Paulo: Hucitec, 1999, p. 174): Mas os objetos em si apenas carregam informações puras e somente adquirem uma informação definida, informação 'momential', quando utilizados, isto é, preenchidos e animados por eventos. É exatamente G. Simondon (1958, 1989, p. 247) quem nos fala dessa 'information événementielle'. Concretude e conteúdo em informação são, juntos, sinônimos de intencionalidade na sua concepção, isto é, da busca de adequação entre a estrutura, a natureza interna do objeto e a função a que se destina."

diante preço, para que estes a cultivem, arrendando-a. A propriedade, em tese, restou funcionalizada, pois o proprietário deu destinação social a um bem, cujos fins se atrelam à produção primária.

Ocorre que os arrendatários poderão, ainda que atentem aos encargos contratuais do arrendamento rural, deixar a terra sem cultivo, ou dar-lhe destino aquém do devido. Quem deve responder pela desídia, não se verificando conluio, são os arrendatários, e não o arrendante.

Neste passo, a própria progressividade do ITR recai sobre os arrendatários, pois arcam com o ônus fiscal do bem arrendado. Não reconhecido o princípio da função social da posse, enquanto concretizador do princípio da função social da propriedade, decorre uma redução do instrumental principiológico, apto para aferir da jurisdicidade da conduta do possuidor, o qual não necessariamente é o proprietário.

Perceber a interpretação que mais eficácia dê aos direitos fundamentais, bem como a toda principiologia do ordenamento, é um dos papéis da hermenêutica contemporânea, lastreada pelos princípios objetivadores, em especial os princípios da unidade, hierarquização axiológica, concordância prática e otimização.

Coerentemente com o comando constitucional estatuído, a posse somente é apta a ser tutelada quando se mostrar funcionalizada pelo respectivo possuidor, ou ainda, como pode advir da imissão, a tutela servir de instrumental para a funcionalização do bem.

A cláusula geral de funcionalização, a partir do regime planificado da ordem econômica,[96] informa toda e qualquer conduta dos particulares, na mesma medida em que o interesse público há de informar e pautar a jurisdicidade da conduta dos órgãos e administradores públicos.

Integrando a função social à noção contemporânea de posse, no caso de conflito possessório a ser dirimido na via interdital, sem dúvida que é dado ao julgador perquirir do autor acerca da funcionalização da posse.

Quando o inc. I do art. 927 do CPC[97] onera o autor com a incumbência da prova de sua posse, à luz do princípio inquisitivo,[98] faculta ao julgador indagar e determinar a produção de prova no sentido do cumprimento da função social.

---

[96] Art. 170, CF/88.

[97] Art. 927, CPC. Incumbe ao autor provar: I – a sua posse; II – a turbação ou o esbulho praticado pelo réu; III – a data da turbação ou do esbulho; IV – a continuação da posse, embora turbada, na ação de manutenção; a perda da posse, na ação de reintegração.

[98] ARONNE, Ricardo. *O princípio do livre convencimento do juiz*. Ob. cit., p. 29-32

Sem dúvida, trata-se de ônus do autor da demanda, pois assim como a ele incumbe provar sua posse, incumbe provar a qualidade de sua posse, enquanto fato constitutivo de direito, com vistas a obter a tutela interdital objetivada.

Dizer que seria ônus do demandado provar a não funcionalização do bem da vida, não seria interpretação mais adequada. Primeiro porque a prova da posse, consoante já explicitado, é ônus do autor, e não do réu, integrando seu ônus subjetivo de prova. Em segundo lugar, não atribui a qualquer das partes provar fato negativo ou não existente e, sem dúvida, falta de funcionalização trata-se de fato negativo. E, por fim, por ser incumbência do aparelho estatal, sem discriminação de poderes, exigir a funcionalização dos bens, para realização dos direitos fundamentais.[99]

Não é devido agrilhoar um direito fundamental a uma interpretação que lhe reduza eficácia. Daí por que a constante busca da efetivação de todo o catálogo de direitos fundamentais, e o incessante arejamento do círculo hermenêutico, evitando-se a estagnação da jurisprudência como um todo, não só na esfera do Direito Civil.

A noção de função social adere à noção de posse a partir da irradiação principiológica que alimenta axiologicamente o sentido das regras jurídicas. Trata-se de existencializar uma disciplina tradicionalmente patrimonialista, afetando-a à realização do Estado Social e Democrático de Direito, como princípio estruturante do ordenamento, a orientar teleologicamente o esforço interpretativo da comunidade de operadores jurídicos.

Tratar a posse é, pois, tratar os efeitos da posse, para o que, inevitável se apresenta o enfrentamento do tema de tutela interdital, redimensionado pela cláusula fundamental de funcionalização.

5. Possessórias e função social da posse

Quanto aos efeitos da posse, apesar de manter um viés adjetivo, o NCCB suprimiu a regulação da concessão de liminar, deixando-a ao CPC.

---

[99] FREITAS, Juarez. *A interpretação...*, ob. cit., p. 40: Em tal linha, sempre em atenção a imprescindível e irrenunciável meta de um conceito harmônico com racionalidade intersubjetiva, entende-se mais apropriado que se conceitue o sistema jurídico como uma rede axiológica e hierarquizada de princípios gerais e tópicos, de normas e de valores jurídicos cuja função é a de, evitando ou superando antinomias, dar cumprimento aos princípios e objetivos fundamentais do Estado Democrático de Direito, assim como se encontram consubstanciados, expressa ou implicitamente, na Constituição.

Este último espelha, nos respectivos comandos, o modelo do Código Beviláqua, disciplinando ser cabível a liminar, sempre que intentado o interdito até ano e dia do esbulho ou turbação. Importa pensar, após as anteriores digressões, como bem instrumentalizar a função social da posse, no âmbito dos conflitos.

O tema, na sociedade contemporânea, traz a lume uma de suas maiores mazelas, que é a questão da exclusão e dos movimentos sociais, principalmente no que pertine à questão agrária.

Dois valores agregam um potencial de conflito, no caso das invasões coletivas, a segurança social e a manutenção das instituições, bem como a igualdade de oportunidades e o acesso a uma ordem jurídica justa. Resolver o conflito de tais valores, em suas expressões normativas, sem resultar na eliminação de nenhum deles, é um desafio a ser enfrentado desde logo, sob pena de virtualização teórica.

Sem dúvida, as invasões não devem ser alimentadas, sob pena de eliminação da segurança social diante de uma insurgência contra as instituições. Por outro lado, a manutenção do *status quo*, não é um objetivo do Estado, descabendo ignorar a não funcionalização dos bens.

O tema advém à ótica do intérprete, prismado por uma ordem jurídica repersonalizada, de modo aos valores existenciais guardarem a devida precedência protetiva.

Uma das soluções se encontra na regulação do § 5º do art. 1.228 do NCCB.[100] Porém, com vistas a não impulsionar as invasões ou eliminar o direito de propriedade, importa não alcançar a posse nem para os invasores, nem para o possuidor esbulhado.

A partir de tal via, possibilita-se seja fixada uma indenização justa, pelo juízo, a ser integralizada nos termos do *caput* do art. 184 da CF/88,[101] ou seja, da desapropriação sanção. Com o surgimento do interesse da União, o feito, originariamente da competência da Justiça Comum, haverá de migrar para Justiça Federal, com a intervenção desta.

Consoante a regulação da norma expropriatória para interesse social, o proprietário receberá a respectiva indenização em TDAs resgatáveis em vinte anos, a partir do segundo. Como somente a partir do segundo ano inicia-se o adimplemento gradual da indenização, sequer problemas de orçamento público são verificáveis.

---

[100] Art. 1.228, § 5º, NCCB. No caso do parágrafo antecedente, o juiz fixará a justa indenização devida ao proprietário; pago o preço, valerá a sentença como título para transcrição do imóvel em nome dos possuidores.

[101] Art. 184, CF/88. Compete à União desapropriar por interesse social, para fins de reforma agrária, o imóvel rural que não esteja cumprindo sua função social, mediante prévia e justa indenização em títulos da dívida agrária, com cláusula de preservação do valor real, resgatáveis no prazo de até vinte anos, a partir do segundo ano de sua emissão, e cuja utilização será definida em lei.

Propriedade e Domínio – A TEORIA DA AUTONOMIA

A partir do explicitado, cabe ao ente público buscar a imissão de posse contra os invasores, para que proceda o assentamento devido. Aos invasores, descabe assentar, para não motivar a conduta insurgente, como também descabe tutelar posse não funcionalizada. A melhor solução é o redirecionamento do bem.

De outra banda, com a negativa da liminar, o objeto litigioso permanece na posse dos invasores, desde que haja a precedência axiológica gizada, não estando a conduta pautada por valores patrimoniais. É situação temporária, compatível com o redirecionamento do bem e com a sensibilidade necessária a um juízo possessória. O bem é mantido, provisoriamente, com quem buscou a funcionalização desse, ainda que por via inadequada. Com isso é alcançado lapso temporal hábil à respectiva relocação.

Ao possuidor que não funcionaliza, possuindo virtualmente, prejuízo não decorre do ato, pois não derivam lucros da coisa improdutiva e sem função implementada. Ademais, a titularidade será indenizada, nos termos constantes do ordenamento, relativizando-se a patrimonialidade pela existencialidade, sem eliminação mútua.

Observe-se que tal caminho supera a impossibilidade de vistoria por dois anos pelo INCRA, de terras que tenham sido invadidas, pois a prova do não atendimento da função social logrou ser produzida judicialmente, no curso da possessória, não se tratando do procedimento administrativo previsto em lei. Sabedor o Estado da não funcionalização do bem, cumpre expropriar, conforme estatuído constitucionalmente.

A partir da respectiva imissão de posse pela autoridade federal, desde logo o bem passa a integrar o Programa Nacional de Reforma Agrária, sendo a sentença um substitutivo do decreto expropriatório. A indenização pertine ao titular, e não ao esbulhado, caso não haja correspondência de sujeitos.

Assenta-se em tal via interpretativa uma seara de manutenção da unidade axiológica e teleológica do sistema jurídico, superando a possibilidade de contradição material do ordenamento.

6. Considerações finais

À guisa de conclusão, tem-se presente que a ideia de unidade e sistematização que o NCCB se propõe não tem condições de manutenção em um viés codicista ou codificante.

É na Constituição que o ordenamento angula e alimenta de sentido, as normas que integram ou se agregam à tecitura jurídica. Pensar o Código, apartado de dispositivos externos (o uso do termo é intencional, pois pensar de modo codificante é pensar sistema fechado), como o Estatuto da Cidade, o Estatuto da Terra e, principalmente, a Constituição da República, é fatiar o ordenamento, vislumbrando significantes como significados.

O Direito não se presta a ser pensado em tiras. Refletir sobre o sentido da "nova" codificação, é refletir como este novo conjunto normativo expressa os valores e princípios consagrados na pedra fundamental do sistema.

Assim, refletir sobre a posse é investigar sobre como ela se integra no corpo legislativo que desenha o Estado Social, cuja concretização é papel do intérprete, no exercício de sua função social como operador jurídico.[102]

Reconhecida a tríplice dimensão que a posse transita no ordenamento, sem uma pré-hierarquização no âmbito das regras, é na esfera principiológica que uma solução hábil e transparente, alinhada ao estado da arte da metodologia jurídica, oferta-se ao intérprete.

É pela compreensão da natureza possessória que se observa o reconhecimento da apropriação física dos bens na malha axiológica do Direito, porém é pelo princípio da função social da posse que a expressividade da tutela se apresenta mensurável. A hierarquização tópica das esferas dimensionais de posse é informada na via principiológica, sob pena de exclusão recíproca.

Daí a razão do manuseio hábil com as espécies de normas existentes, eis ser conflitual a relação principiológica e antinômica a convivência das regras. Os princípios hierarquizam e relativizam-se mutuamente, enquanto as regras se excluem.

Há de aportar, dessa forma, a novidade codificada, nem tão alvissareira, pelo prisma metodológico contemporâneo. O NCCB já nasce velho, sendo o seu compreender um repensar. Vislumbrá-lo como

---

[102] Já denunciava Juarez Freitas, no outono do séc. XX (*As grandes linhas da filosofia do direito*. 3ª ed. Caxias do Sul: EDUCS, 1993, p. 119): "O jurista, sob pena de omissão e de cumplicidade farisaica, deve captar a mensagem para o seu tempo, não lhe cabendo acastelar-se em elocubrações vãs, na ânsia de interpretar fossilizados textos legais, em função de suas vírgulas ou reticências. Não pode limitar-se a uma postura estática na defesa de uma ordem senil, que não assimila o impacto das exigências sociais. Ao contrário, o jurista tem de colocar seu pensamento e sua cultura a serviço de uma missão evangelizadora no objetivo de desfazer a rede de peias arquitetadas pelo egoísmo em sua voracidade autofágica de lucro. Sem inovação e rejuvenescimento, todo o conservadorismo é misoteísta, ao enredar-se no passado. O jurista tem de compreender que, do mesmo modo que o reino dos bacharéis está sendo desconstituído, também o será o reino dos economistas. Deve abandonar, pois, todo o medo de utopias concretas e colocar-se despojadamente ao lado do povo".

sistema jurídico fechado de Direito Privado, a ser percebido na esteira da Escola da Exegese, expressa um retorno ao auge do século XIX – na esfera de pensamento jurídico –, bem como um abraçar dos valores da sociedade do século XVIII.

Muito mais há para ser dito e enfrentado. Mesmo os temas que ora transitaram nestas primeiras linhas de estudo, hão de ser aprofundados e refletidos sem a brevidade que o texto se propôs. É a partir da operação hermenêutica, de consecução dos valores constitucionalmente positivados, que se pode manter a evolução da reforma, tendo por certo que o papel do intérprete opera uma função de modo, que se ubica no espaço e no tempo.

O espaço é o cenário das relações interprivadas da sociedade brasileira do século que se descortina, velada por um abismo entre classes sociais, conflitos em razão da terra, miséria, fome e intolerância.[103] O tempo é o hoje, descabendo que um pensamento codificador remeta o operador aos valores de dois séculos atrás.

No mais, a função de modo é entregue à esfera metodológica, sem que o intérprete lave suas mãos do papel que desempenha. Quanto aos destinatários da norma, o cidadão, o povo, este toma a palavra na sua expressão mais popular e sensível, quando já denunciava que "a gente não quer só comida, a gente quer comida, diversão e arte".[104]

Se outrora, no esmaecer do absolutismo e ascensão do liberalismo burguês, a tutela da aparência se justificava no âmbito da posse, como expressão do pensamento de então, vertido na máxima *in dubio pro libertate*, hodiernamente não.

Sem compromisso com o *status quo*, a partir de um mapeamento tributário de novos valores e de uma cartografia que denuncia diversos voos epistemológicos, a máxima aplicável na espécie, com vistas à consecução do Estado Social, importa *in dubio pro dignidade*.

Com este desafio, remonta-se o instituto da posse, em paradigma distinto do tradicional. Não se trata de novas roupagens a encobrir uma mesma percepção, mas de uma guinada teleológica, amalgamando o instituto a uma sociedade pluralizada, para a qual o Direito há de ser instrumento, e não um severo e insensível grilhão, transformando a posse em um Prometeu acorrentado, cujo fígado exposto denuncia a fratura social que dela emerge.

---

[103] SANTOS, Milton. *Por uma outra globalização – do pensamento único à consciência universal*. Rio de Janeiro: Record, p. 111: "Neste caso, o território não é apenas o lugar de uma ação pragmática e seu exercício comporta, também, um aporte da vida, uma parcela de emoção, que permite aos valores representar um papel".

[104] ANTUNES, Arnaldo. Titãs. *Comida*. Acústico. MTV: São Paulo, 1997, f. 1.